"Não há revolução sem canções"

Utopia revolucionária na **Nova Canção Chilena**, 1966-1973

NATÁLIA AYO SCHMIEDECKE

"Não há revolução sem canções"

Utopia revolucionária na **Nova Canção Chilena**, 1966-1973

alameda

Grafia atualizada segundo o Acordo Ortográfico da Língua Portuguesa de 1990, que entrou em vigor no Brasil em 2009.

Edição: Joana Monteleone/ Haroldo Ceravolo Sereza
Editor assistente: João Paulo Putini
Projeto gráfico e diagramação: João Paulo Putini
Capa: Camila Hama
Assistente acadêmica: Bruna Marques
Revisão: Ana Lígia Martins

Imagem da capa: Capa do álbum Quilapayun 4 de Quilapayún

Esta edição contou com o apoio da Fapesp

CIP-BRASIL. CATALOGAÇÃO NA PUBLICAÇÃO
SINDICATO NACIONAL DOS EDITORES DE LIVROS, RJ

S379N

Schmiedecke, Natália Ayo
"NÃO HÁ REVOLUÇÃO SEM CANÇÕES" : UTOPIA REVOLUCIONÁRIA NA NOVA CANÇÃO CHILENA, 1966-1973
Natália Ayo Schmiedecke. - 1. ed.
São Paulo : Alameda, 2015
352 P. : IL. ; 23 CM.

Inclui bibliografia
ISBN 978-85-7939-315-0

1. Música - América Latina - História e crítica.
2. Chile - História.
I. Título.

15-20176 CDD: 788.7098
CDU: 788.7098

ALAMEDA CASA EDITORIAL
Rua Conselheiro Ramalho, 694 – Bela Vista
CEP 01325-000 – São Paulo – SP
Tel. (11) 3012-2400
www.alamedaeditorial.com.br

Aos meus pais, Silvia e Winston

"Sonho utópico? Sem dúvida. Com a condição de compreender a utopia em seu sentido etimológico e original: o que ainda não existe em parte alguma. Sem utopias deste tipo, o imaginário social seria limitado ao horizonte estreito do 'realmente existente' e a vida humana a uma reprodução alargada do mesmo".

(Michael Löwy e Robert Sayre)

SUMÁRIO

PREFÁCIO

Ainda são escassos no Brasil os estudos que elegem o cancioneiro latino-americano como fonte e objeto de pesquisa. Grande parte da produção que se debruça sobre a canção como ponto de partida para análises políticas, sociais e/ou culturais se restringe à música popular ou erudita brasileira. Certamente isto está relacionado ao pouco contato que se tem por aqui com a música dos nossos vizinhos. Se nos anos de 1970 houve uma geração de brasileiros que ouvia e comprava nas lojas da sua cidade os LPs de Violeta Parra e Mercedes Sosa ou escutava essas canções interpretadas por artistas brasileiros como Elis Regina e Milton Nascimento, passado o furor revolucionário, a canção popular latino-americana nos visita esporadicamente, tanto em shows como em discos.

"Não há revolução sem canções": utopia revolucionária na Nova Canção Chilena, 1966-1973, de Natália A. Schmiedecke, constitui um dos raros trabalhos que vêm rompendo com esse silêncio. A partir da trajetória artística de Víctor Jara, Quilapayún e Inti-Illimani, a autora se envereda por um período conturbado da história política do Chile que mobilizou, para além dos comumente interessados em política, intelectuais e artistas. Inspirados pelas utopias de esquerda que naqueles anos contagiaram o imaginário dos jovens latino-americanos, escritores, atores, artistas

plásticos e músicos colocaram sua sensibilidade e seu potencial criativo a serviço de um ideal.

Numa narrativa instigante, povoada de inquietações, a história da Nova Canção Chilena é contada por Natália desde seus primórdios até o golpe militar que vem pôr um ponto final às transformações em curso.

Sem perder de vista as particularidades estéticas e midiáticas que caracterizam o movimento, abarcando suas conexões com a história da canção popular urbana no Chile, a autora dá voz aos artistas que, nesses anos, acreditaram convictamente na força da arte como meio de conscientização e mobilização da sociedade para a "revolução", sem a violência da luta armada. Diferentemente de Cuba – modelo revolucionário que inspirou tantos jovens no mundo inteiro –, no Chile, a ruptura radical com a política institucional vigente foi descartada a favor de uma transição pacífica para o socialismo, preservando os princípios democráticos.

Motivados pela necessidade de denunciar a desigualdade e propagar o ideal de um devir redentor, esses músicos experimentaram novos temas, exploraram instrumentos, propondo novos acordes e arranjos. Num diálogo de filiação e ao mesmo tempo de ruptura com a tradicional música folclórica chilena, constituíram o movimento que daria formato à Nova Canção.

A partir da escuta metódica dos 25 LPs lançados entre 1966 e 1973 por Víctor Jara, Quilapayún e Inti-Illimani, a autora constrói um mapa das opções estéticas e das representações políticas contidas na poética e nas tessituras melódicas desse repertório. Um dos achados dessa escuta minuciosa é a forma que o discurso revolucionário ganha nas canções. Pautada em François Hartog, a autora demonstra como a relação com o tempo assume, no repertório, um "regime de historicidade moderno". O discurso de progresso típico do Positivismo, impregnado no imaginário do século XIX, atinge também o marxismo, alcançando os movimentos sociais da segunda metade do século XX. Com os olhos no futuro, na esperança de um novo devir, é reinterpretada, pelos músicos da Nova Canção, a história do Chile e da América Latina.

Também chama atenção no livro a pluralidade da documentação explorada e a preocupação da autora em demarcar o lugar social de onde provém cada discurso. As informações sonoras contidas nos LPs são cotejadas com artigos de imprensa, álbuns de outros músicos, livros de caráter memorialístico e alguns vídeos. Fugindo à regra da bibliografia que explora o assunto, tanto no Chile como fora do Chile, Natália evita confundir memória e história, sem deixar de dar voz às diferentes narrativas e visões de mundo. As biografias e os textos memorialísticos são valorizados no que possuem de fundamentais para a reconstrução da atmosfera do período, desde o mapeamento do circuito frequentado pelos músicos e as redes de relações estabelecidas pelo movimento, até as gravadoras responsáveis pela produção e distribuição dos discos.

"Não há revolução sem canções" contribui, de modo especial, com a historiografia chilena ao eleger a canção popular como fonte principal para a escrita desse episódio da história. Espero que o leitor partilhe desses "achados" e faça suas próprias descobertas!

Tânia da Costa Garcia
Departamento de História
Universidade Estadual Paulista – Unesp

INTRODUÇÃO

Este livro é resultado da dissertação de mestrado intitulada *"Tomemos la historia en nuestras manos": utopia revolucionária e música popular no Chile (1966-1973)*, orientada pela professora Tânia Garcia e defendida em 2013 junto ao Programa de Pós-Graduação em História da Unesp de Franca. Desenvolvida entre março de 2011 e janeiro de 2013, nossa pesquisa investigou as relações estabelecidas entre música e política no conturbado contexto chileno de fins dos anos 1960 e início dos 1970, buscando relacionar os diferentes elementos envolvidos no discurso politizado[1] sustentado no interior do movimen-

1 Como destacou o historiador Marcos Napolitano, o campo da arte politizada pode ser dividido em duas tendências: arte militante e arte engajada. A primeira "procura mobilizar consciências e paixões, incitando a ação dentro de políticas específicas, com suas facções ideológicas bem delimitadas", enquanto a segunda possui caráter mais amplo e difuso e "define-se a partir do empenho do artista em prol de uma causa ampla, coletiva e ancorada em um imperativo 'moral e ético'" (NAPOLITANO, Marcos. "A Relação entre Arte e Política: uma Introdução Teórico-Metodológica". *Temáticas*, Campinas, n. 37/38, jan.-dez. 2011, p. 29). Ainda segundo o autor, estas duas dimensões são complementares e muitas vezes estão presentes em uma mesma obra de arte ou trajetória artística. No caso dos músicos estudados, que eram filiados ao Partido Comunista do Chile (PCCh), observamos que seu discurso político não se limitou ao âmbito da militância, embora tampouco possa ser pensado fora dela. Assim, optamos por trabalhar com a noção de "arte politizada", sem colocar ênfase em uma ou outra de suas dimensões. Paralelamente, valemo-nos do termo engajamento para remeter à busca dos artistas por "participar

to da Nova Canção Chilena (NCCh). Reunindo músicos que pretendiam vincular seu ofício ao processo de mudanças experimentado pelo país com a ascensão de governos de orientação democrático-popular, a NCCh defendeu a renovação do cancioneiro popular – associado ao folclore nacional e latino-americano –, propondo-se a explorar seu potencial transformador. Batizado com o termo empregado pela primeira vez no *I Festival de la Nueva Canción Chilena* – realizado em Santiago em 1969 –, o movimento ficou fortemente identificado com o projeto da *via chilena ao socialismo*,[2] encampado pela Unidade Popular (UP) na figura do presidente Salvador Allende (1970-1973).

De acordo com o historiador Marcos Napolitano, "a música tem sido, ao menos em boa parte do século XX, a tradutora de nossos anseios nacionais e veículo de nossas utopias sociais".[3] Daí a possibilidade e o interesse em trabalhar com fontes musicais para examinar os diferentes "sonhos coletivos" esboçados e perseguidos pelos homens e mulheres do passado – tema de grande relevância, conforme destacou o historiador Hilário Franco Júnior na apresentação do livro de Elias Thomé Saliba: "Para o sentimento de identidade coletiva, tão importante quanto viver uma mesma realidade concreta é sonhar os mesmos sonhos. Por isso, talvez nenhum fenômeno expresse tão bem a dinâmica histórica quanto o incessante construir de utopias".[4]

Dado que as utopias – projetos de futuro baseados em uma ordem social ideal – se nutrem simultaneamente da realidade e da possibilidade

---

plenamente e diretamente, através de suas obras, no processo revolucionário [...] para tentar *fazê-la servir* (à revolução, às lutas políticas e sociais em geral etc.)", conforme o conceito proposto pelo crítico literário Benoît Denis em *Literatura e engajamento: de Pascal a Sartre* (Bauru: Edusc, 2002, p. 24-25, grifo no original).

2 Nome dado ao programa de governo da Unidade Popular – coalizão de partidos de esquerda liderada pelos comunistas e socialistas –, que se propunha a atingir o socialismo no Chile pela via democrática, deixando de lado a alternativa da guerrilha, ou "via cubana".

3 NAPOLITANO, Marcos. *História e música: História cultural da música popular*. Belo Horizonte: Autêntica, 2005, p. 7.

4 FRANCO JÚNIOR, Hilário. "Apresentação". In: SALIBA, Elias Thomé. *As utopias românticas*. São Paulo: Brasiliense, 1991, p. 10.

de uma mudança radical na história (quebra com o passado),[5] não é de surpreender que a problemática central que atravessa os anos 1960/1970 latino-americanos seja a concretização do sonho socialista. Para a historiadora Claudia Gilman, a singularidade daquela época consiste justamente na "percepção de que o mundo estava prestes a mudar",[6] somada à "crença na inevitabilidade do socialismo"[7] – diagnóstico pautado em "acontecimentos verdadeiramente inaugurais, como a Revolução Cubana".[8] Na mesma linha, o economista Jorge Castañeda assinalou que

> Antes de Fidel entrar em Havana, a esquerda latino-americana havia sido reformista, gradualista ou resignadamente pessimista diante da possibilidade de um triunfo revolucionário. Nas três décadas seguintes, a revolução passou a ser o primeiro item de sua ordem do dia.[9]

No caso chileno, as crescentes conquistas trabalhistas e a incorporação de novos atores sociais na vida política a partir da década de 1950 alimentaram as esperanças dos partidos de esquerda a respeito da realização de uma revolução nacional. Não obstante as visões divergentes – e frequentemente antagônicas – sobre os meios, ritmos e atores que deveriam orientá-la, prevaleceu a opção pela *via democrática*, pautada na compreensão de que seria possível utilizar o marco político-institucional vigente para atingir o socialismo no país.[10]

5 *Ibidem.*, p. 15.

6 GILMAN, Claudia. *Entre la pluma y el fusil.* Buenos Aires: Siglo XXI, 2003, p. 37. Salvo indicação em contrário, todas as traduções de obras estrangeiras foram feitas livremente pela própria autora.

7 *Ibidem*, p. 42.

8 *Ibidem*, p. 33.

9 CASTAÑEDA, Jorge. *Utopia desarmada: intrigas, dilemas e promessas da esquerda latino-americana.* São Paulo: Companhia das Letras, 1994, p. 69.

10 Sobre as propostas conflitantes que conviveram no interior da UP, ver PINTO VALLEJOS, Julio. "Hacer la revolución en Chile". PINTO VALLEJOS, Julio (ed.). *Cuando hicimos*

A fim de observar como a valorização da política e a expectativa revolucionária se traduziram musicalmente nesse contexto, centramos nossa análise nos diferentes referenciais simbólicos evocados na construção do discurso politizado da NCCh, partindo da concepção de que "não há prática ou estrutura que não seja produzida pelas representações, contraditórias e afrontadas, pelas quais os indivíduos e os grupos dão sentido a seu mundo".[11]

As questões centrais que nortearam nossa pesquisa foram: de que maneira as transformações nos cenários nacional e internacional foram vivenciadas e representadas pelos músicos? Como eles conceberam seu ofício e como procuraram definir a NCCh? Qual sua proposta estética e como ela dialoga com os ideais revolucionários? Como esse discurso revolucionário se apresenta nos discos que lhe servem de suporte?

No desenvolvimento dessa problemática, trabalhamos com duas hipóteses centrais:

- O termo "Nova Canção Chilena" constituiu um terreno de disputa no período em questão, expressando a necessidade sentida por alguns músicos de se distinguirem de outros e de pontuar quais seriam os elementos definidores de uma "nova" música. Tal busca por definição esteve intimamente relacionada com o engajamento de determinados artistas na campanha eleitoral de 1970 e no governo de Salvador Allende.
- Os músicos pautaram suas expectativas revolucionárias em determinada leitura do processo histórico. Em suas obras, buscaram relacionar o contexto político-cultural chileno de fins dos anos 1960 e início dos 1970 a um suposto sentido da história, a fim de legitimar a *via chilena* como caminho para o triunfo do socialismo.

---

historia: La experiencia de la Unidad Popular. Santiago: LOM, 2005, p. 5-34; e AGGIO, Alberto. *Democracia e Socialismo: a experiência chilena*. São Paulo: Annablume, 2002.

11 CHARTIER, Roger. *À beira da falésia: a História entre certeza e inquietude*. Porto Alegre: Ed. UFRGS, 2002, p. 66. De acordo com o autor, as "representações" são compreendidas como o modo pelo qual em diferentes lugares e momentos uma determinada realidade é construída, pensada, dada a ler por meio da correlação entre uma imagem presente e um objeto ausente.

Dada a necessidade de realizar um recorte adequado ao tempo disponível para realização da pesquisa, foram privilegiados os *Long Plays* (LPs) lançados entre 1966 e 1973 no Chile por Víctor Jara, Quilapayún e Inti-Illimani. Esse período abarca suas respectivas trajetórias musicais desde as primeiras gravações até o golpe civil-militar de 11 de setembro de 1973 – passando pela campanha presidencial de 1970 e pelos três anos de governo da UP. Remontando ao período anterior ao da utilização do termo "Nova Canção Chilena", pretendemos investigar de que modo os artistas que foram identificados ao movimento se relacionaram com as diferentes tendências musicais dos anos 1960 voltadas à modernização do repertório folclórico, agrupadas genericamente sob o nome de *Neofolklore*. Por sua vez, a eleição de 1973 como marco final de nossa análise se fundamentou no fato de que o golpe assinalou uma ruptura no movimento da NCCh, já que os músicos que apoiavam o governo de Allende passaram a ser perseguidos, mortos (caso de Víctor Jara) ou exilados (caso dos dois conjuntos).[12]

A escolha do repertório de Víctor Jara, Quilapayún e Inti-Illimani se justifica pela recorrência, em seus discos, de canções que abordam temáticas culturais e políticas, constituindo fonte privilegiada para trabalhar com a problemática levantada. Além disso, tais músicos foram considerados desde o princípio como grandes expoentes da NCCh – ao lado de Ángel e Isabel Parra, Rolando Alarcón e Patricio Manns. Daí o interesse em examinar de que modo os elementos tradicionalmente utilizados para caracterizar o movimento se apresentam em seu discurso e em sua prática artística.

O diálogo proposto entre as três trajetórias musicais se baseia na proximidade estabelecida pelos artistas no período analisado, tanto no âmbito pessoal quanto no profissional, sendo que Víctor Jara foi diretor dos dois conjuntos ao passo que estes fizeram várias colaborações em seus LPs, destacando-se a participação de membros do Quilapayún até 1970 e

12 Nesse novo contexto, os temas que expressavam a expectativa do sucesso da *via chilena ao socialismo* deram lugar à denúncia das medidas impostas pela ditadura, sendo possível observar a continuidade da NCCh em duas tendências distintas – uma delas desenvolvida no Chile (Canto Nuevo) e a outra nos países em que os músicos se encontravam exilados.

do Inti-Illimani entre 1970 e 1972. Nesse sentido, é possível conceber que suas obras estiveram fortemente integradas.

Ao estabelecer vínculos com o folclorismo,[13] o *Neofolklore*[14] e as artes cênicas,[15] a figura de Jara sintetizou algumas características que viriam a influenciar os artistas ligados à NCCh – como a busca de "autenticidade" por meio da aproximação com a tradição musical chilena e latino-americana; a defesa da modernização do repertório "folclórico"; e o estabelecimento de diálogos entre música popular e outras artes. Em seu trabalho como diretor artístico dos conjuntos supracitados, estes aspectos estiveram presentes tanto no repertório cultivado quanto no modo de apresentá-lo – conforme veremos no segundo capítulo do livro.

Outro aspecto que motivou a escolha de Víctor Jara, Quilapayún e Inti-Illimani como objetos de nossa análise foi sua militância política no período considerado. Filiados ao Partido Comunista do Chile (PCCh) e ligados ao meio universitário[16] – ocupando posições de destaque nos processos de Reforma Universitária (1967-1973) –, ligaram-se ao governo da UP, sendo integrados à Secretaria de Extensão e Comunicações da Universidad Técnica del Estado e nomeados Embaixadores Culturais do Governo Popular entre 1970 e 1973.

Circulando pelo universo das esquerdas, apresentando-se em casas folclóricas, gravando discos, promovendo a integração entre

---

13 Jara integrou o conjunto de canto e dança Cuncumén entre 1957 e 1962. Identificado com a tendência de "projeção folclórica", o grupo se dedicava a recopilar e interpretar repertórios tradicionais chilenos. Voltaremos a tratar do tema no capítulo 1.

14 Abordaremos o *Neofolklore* no capítulo 1. Por ora, interessa demarcar que esse estilo musical promoveu a renovação da música popular nacional gravada em disco, incorporando novos gêneros e modernizando-os de acordo com o interesse em atingir um público urbano e juvenil.

15 Formado em atuação (1959) e direção teatral (1961) pela Escola de Teatro da Universidad de Chile – posteriormente rebatizada Instituto de Teatro da Universidad de Chile (ITUCH) –, Jara se integrou à sua equipe permanente de diretores em 1963, cargo que ocupou até 1970. Paralelamente, exerceu a função de professor (1964-1967) da mesma instituição.

16 Os dois conjuntos eram formados por estudantes universitários, sendo que o Inti-Illimani se originou na Escola de Artes e Ofícios da Universidad Técnica del Estado (UTE).

diferentes expressões artísticas e reivindicando o comprometimento social destas, tais músicos estabeleceram diálogos intensos entre o mundo das artes e o da política no polarizado contexto chileno dos anos 1960/1970. Portanto, constituem um objeto privilegiado para analisar a dinâmica da inserção das esquerdas e do seu temário nos espaços de produção cultural.

A eleição dos LPs como fonte principal da pesquisa se baseou na compreensão de que o discurso revolucionário sustentado pelos músicos deveria ser considerado em relação às suas condições materiais de veiculação através de um suporte específico. Constituindo um material híbrido que integra imagens, textos e sons, os discos permitem analisar a articulação entre os ideais estéticos e políticos defendidos pelos artistas, por um lado, e os fatores implicados em sua transformação – mediada pelo mercado – em objetos difundidos em escala massiva, por outro.

Devido à amplitude do repertório examinado – composto por 25 LPs –, fez-se necessário desenvolver um método de análise que permitisse mapear os diferentes elementos constituintes do engajamento dos músicos. Pretendendo, por um lado, abarcar as especificidades de cada faixa musical compreendendo-a no todo do disco e, por outro, comparar os discos entre si, desenvolvemos um modelo de tabela que foi aplicado a toda a produção considerada. Para formulá-lo, partimos de três eixos principais: de onde provêm as músicas gravadas? Em que estilo são interpretadas? Quais as principais temáticas presentes nas canções?

O modelo de tabela resultante abarca as seguintes informações: título[17] e tempo duração de cada faixa; autoria da composição (própria, pertencente ao folclore ou outros autores); temática presente na letra e sua abrangência (mundial, continental, nacional); instrumentação utilizada na música (voz, violão, outras cordas, sopros, teclas, percussão); e estilo em que é interpretada. O processo de elaboração das tabelas implicou na

17 Utilizamos a denominação e a ordem apresentadas textualmente nas capas ou encartes dos discos.

escuta integral dos LPs analisados, que foi confrontada com a bibliografia[18] quando necessário e/ou possível.

O interesse em demarcar a duração das faixas esteve relacionado à intenção de demonstrar a importância do suporte na elaboração dos discos. Não obstante a crítica dos artistas à padronização dos produtos musicais que seria imposta pela indústria fonográfica, observa-se que – salvo algumas exceções – as canções gravadas não fugiram ao formato da duração entre 2 e 4 minutos.

No que se refere à composição, objetivamos mapear as possíveis influências recebidas pelos artistas, bem como as relações estabelecidas entre suas próprias composições (em parcerias[19] ou não), as músicas de domínio público identificadas como folclore nacional ou latino-americano[20] e as composições de outros autores. Investigando a região provável de origem das segundas e os dados biográficos dos últimos, buscamos identificar a quais tradições Víctor Jara, Quilapayún e Inti-Illimani pretenderam se vincular a fim de legitimar sua proposta musical. Cabe explicar que nem sempre seguimos as indicações dos discos para preencher esse campo, pois observamos que os dados ali apresentados eram por

18 Nossas principais referências foram os livros: GONZÁLEZ *et al. Historia Social de la Música Popular en Chile, 1950-1970*. Santiago: Ed. Universidad Católica de Chile, 2009; CIFUENTES SIEVES, Luis. *Fragmentos de un sueño: Inti-Illimani y la generación de los 60*. 2 ed. (para a internet), 2000; CARRASCO, Eduardo. *Quilapayún: la revolución y las estrellas*. Santiago: RIL, 2003; JARA, Joan. *Canção inacabada: a vida e a obra de Víctor Jara*. Rio de Janeiro: Record, 1998; e ACEVEDO *et al.* Víctor Jara: obra musical completa. Santiago: Fundación Víctor Jara, 1999. Também consultamos os sites www.cancioneros.com e www.nuevacancion.net, além de utilizar informações presentes em capas e encartes dos discos produzidos pelos músicos – incluindo alguns posteriores a 1973.

19 Distinguimos as parcerias das interferências em músicas ou poemas já existentes. Identificamos as parcerias através do uso da conjunção "com", por exemplo, Víctor Jara com Alejandro Sieviking. No caso da incorporação de letras a músicas (ou da musicalização de poemas) de outros compositores com os quais os músicos não tiveram contato direto, utilizamos a conjunção "e", por exemplo, Quilapayún e Juan Ramón Jiménez.

20 Nos casos excepcionais em que as músicas pertenciam ao repertório folclórico de países que não integram a América Latina, fizemos a indicação de sua procedência entre parênteses na coluna "Folclore AL".

vezes errôneos, sendo que diversas músicas que constam como "folclóricas" são de autoria conhecida, identificada pela bibliografia consultada.

A amplitude das temáticas abordadas nas canções demandou um recorte fundamentado nos objetivos específicos da pesquisa. Não obstante, consideramos importante demarcar quais são os outros temas presentes nas discografias – o que contribuiu para situar nosso objeto no repertório geral dos músicos. As categorias com as quais trabalhamos foram as seguintes:

- Política nacional: medidas políticas adotadas por governantes chilenos; ações individuais ou grupais voltadas a desestabilizar ou apoiar os governos instaurados.
- Política internacional: medidas políticas adotadas por governos estrangeiros (incluindo as medidas intervencionistas dos Estados Unidos); confrontos entre países.
- Acontecimento contemporâneo: fatos recém-ocorridos ou ainda em desenvolvimento, como ocupações de terrenos, repressões policiais, guerras, reforma universitária etc. A diferença deste campo em relação aos dois anteriores consiste em não se limitar aos acontecimentos de caráter político.
- Episódio histórico: fatos ocorridos em momentos passados que foram apropriados em um novo contexto.
- Heróis/mártires: personagens históricos ou contemporâneos apresentados como exemplos de conduta.
- Mundo do trabalho: ofícios; relação entre empregado e empregador; organizações trabalhistas.
- Desigualdade social: pobreza; luta de classes.
- Tradições culturais: práticas culturais identificadas ao universo rural pré-moderno e relacionadas às figuras dos camponeses ou indígenas. São exemplos: costumes, paisagem, festas, modos de falar, gêneros musicais etc.

- Ofício do músico: aspectos envolvidos no fazer musical; representações do artista.
- Outra: temas não abarcados nos itens anteriores, como romance, infância e viagem.

Dados os vários cruzamentos existentes entre as temáticas, houve ocasiões em que assinalamos dois ou mais campos simultaneamente, evitando eleger arbitrariamente algum tema mais importante ou central. No caso de músicas instrumentais, fizemos a indicação por extenso no campo "Outra".

A pergunta pela abrangência das músicas foi sugerida pelas variações musicais observadas. Procuramos distinguir se se tratava do trabalho com temas e gêneros nacionais, latino-americanos ou mundiais – verificando qual a projeção buscada pelos artistas e como diferentes identidades foram articuladas em seus discos.

Por fim, os aspectos propriamente musicais considerados em nossa análise foram a instrumentação utilizada nas faixas e os estilos aos quais correspondem. Optamos por não trabalhar com o conceito de *gênero* musical – o que implicaria em elaborar uma classificação baseada em detalhes estéticos, a qual não tivemos intenção de realizar. Nosso objetivo se limitou a identificar – pautando-nos nos instrumentos utilizados nos arranjos, na disposição dos versos e nas indicações oferecidas pela bibliografia e pelos próprios músicos – de quais formas musicais os artistas pretenderam aproximar seu repertório. Em relação aos instrumentos,[21] diferenciamos o violão das outras cordas para facilitar o preenchimento do campo.

No processo de elaboração das tabelas, deparamo-nos com dificuldades ocasionadas pela aplicação de um modelo único a um repertório heterogêneo. Conscientes das limitações implicadas nesta operação, mas acreditando em sua validade, mantivemo-nos alertas no sentido de reconhecer

21 Embora tenhamos nos esforçado para reconhecer todos os instrumentos utilizados em cada música, em alguns casos foi bastante difícil fazer diferenciações entre os cordófonos ou percussões. Assim, é provável que tenhamos cometido equívocos.

quando nossos critérios eram inadequados ou nossos conhecimentos insuficientes para classificá-las e optamos por não preencher alguns campos.

Um último esclarecimento a ser realizado diz respeito ao fato de nosso método de classificação ter sido concebido para identificar aspectos que interessam à presente pesquisa em particular. Nesse sentido, valemo-nos das palavras da historiadora Mariana Villaça – que também desenvolveu um modelo classificatório em sua pesquisa de Mestrado para comparar as produções musicais da Nova Trova (Cuba) e da Tropicália (Brasil) – quando ressaltou que

> não se trata, de forma alguma, de uma "ficha universal". Além disso, esta, como toda proposta de classificação, peca por alguns reducionismos, simplificações ou critérios de interpretação não isentos de certa subjetividade, inevitável em qualquer abordagem que lide com o chamado documento artístico.[22]

As tabelas elaboradas se encontram reproduzidas na seção "Anexo", incluída ao final do livro. Esperamos que a disponibilização dessas informações estimule o desenvolvimento de novas pesquisas sobre a temática.

A análise dos LPs foi realizada em perspectiva com outros documentos (fontes auxiliares), dentre os quais se encontram: artigos de imprensa[23] e álbuns de outros músicos produzidos no período em questão; livros de caráter memorialístico escritos posteriormente por artistas que foram ligados à NCCh;[24] e os escassos registros encontrados no formato de ví-

22 VILLAÇA, Mariana. *Polifonia tropical: Experimentalismo e engajamento na música popular (Brasil e Cuba, 1967-1972)*. São Paulo: Humanitas FFLCH-USP, 2004, p. 34.

23 Recolhemos a maior parte do material a ser utilizado durante a viagem feita ao Chile entre fevereiro e março de 2012.

24 Entre esses relatos, encontram-se os livros: *Canção inacabada: a vida e a obra de Víctor Jara*, escrito pela viúva do artista (1983); *Quilapayún: la revolución y las estrellas* (1984), do integrante do Quilapayún Eduardo Carrasco; *Cantores que reflexionan: notas para una história personal de la Nueva Canción Chilena* (1984) e *La Nueva Canción Chilena: complejidad y reflexo* (1986), ambos do cantor e escritor Osvaldo Rodríguez Musso; *Fragmentos de un sueño: Inti-Illimani y la generación de los 60* (1989), de Luis Cifuentes, que integrou

deo de suas apresentações artísticas. No que tange às fontes impressas, privilegiamos o trabalho com a seção cultural do jornal *El Siglo* de Santiago – órgão de imprensa oficial do PCCh que fez uma cobertura ampla sobre o movimento da NCCh em seu período de desenvolvimento.

Nossa abordagem se insere no quadro dos trabalhos voltados à compreensão da música popular produzida no século XX a partir de sua redefinição na sociedade moderna, urbana e industrial. Defendendo a aproximação entre História e música popular, os autores dedicados à temática apontam para a necessidade de considerar as canções enquanto conjunto de letra e música. Segundo José Geraldo Vinci de Moraes, a análise interna do documento musical deve levar em conta a relação entre "duas instâncias diferentes, mas nunca dissociadas: a da linguagem poética e a da linguagem musical".[25] Reconhecendo, porém, as limitações do historiador para lidar com os códigos e a linguagem musical, o autor ressalta que

> essa dificuldade não pode ser impeditiva [...] mesmo não sendo músico ou musicólogo com formação apropriada e específica, o historiador pode compreender aspectos gerais da linguagem musical e criar seus próprios critérios, balizas e limites na manipulação da documentação.[26]

Complementarmente, a historiadora Tânia Garcia aponta que "se, por um lado, a metodologia para se trabalhar com a música é multidisciplinar, por outro, os trabalhos são desenvolvidos dentro dos programas específicos das disciplinas",[27] de modo que apesar de existirem intersecções e fron-

---

o Inti-Illimani; e *La guitarra y el poncho de Víctor Jara* (1990), do jornalista Leonard Kósichev, que foi correspondente da televisão e rádio soviéticos no Chile de Salvador Allende. Os livros estão listados nas Referências (Fontes) ao final do livro.

25 MORAES, José G. V. "História e música: canção popular e conhecimento histórico". *Revista Brasileira de História*, São Paulo, vol. 20, n. 39, 2000, p. 214-215. Disponível em: <www.scielo.br/pdf/rbh/v20n39/2987.pdf>. Acesso em: 9 jul. 2015.

26 *Ibidem*, p. 210.

27 GARCIA, Tânia. "História e Música: consenso, polêmicas e desafios". In: FRANÇA, Susani S. L. (org.) *Questões que incomodam o historiador*. São Paulo: Alameda, 2014, p. 209.

teiras porosas entre as diferentes disciplinas que se dedicam à música, é possível adotar um enfoque marcadamente historiográfico. Nesse sentido, vale explicitar que não tivemos qualquer pretensão de realizar uma abordagem musicológica do repertório analisado. Situando nossa pesquisa no campo da História, apropriamo-nos na medida do possível e do cabível de elementos constituintes das disciplinas propriamente musicais.

Daí que não tomamos como pressuposto a *necessidade* de incorporar a *toda* a análise os diferentes elementos constituintes da canção. Compreendendo que a importância de qualquer dado documental jamais está dada, sendo a análise condicionada à pergunta feita pelo historiador – como já ensinava Marc Bloch no clássico *Apologia da história ou o ofício do historiador* –, optamos por selecionar os dados efetivamente pertinentes para abordar cada questão proposta no decorrer do texto. Assim, colocamos ênfase ora na relação estabelecida entre letra e música, ora em apenas uma dessas dimensões e ora em elementos "externos" à canção, como os textos integrantes dos LPs ou os artigos de imprensa consultados.

O enfoque histórico responde por uma parte significativa dos estudos sobre a NCCh. Embora este campo – constituído fundamentalmente por pesquisas em nível de Graduação e Mestrado, além de artigos e capítulos de livros – ainda seja incipiente, é possível identificar alguns vícios e tendências na produção acadêmica. No primeiro caso, observa-se a preferência pelo trabalho com fontes já bastante exploradas pela bibliografia – em especial, alguns discos e canções tomados como representativos do movimento. Outro vício recorrente é a utilização acrítica das informações presentes nos livros de caráter memorialístico. Nesses casos, os pesquisadores acabam inserindo seus objetos de estudo no debate historiográfico, desconsiderando as especificidades daquele gênero literário. No presente trabalho, procuramos superar tal limitação, valendo-nos das memórias sobretudo como documentos a partir dos quais é possível apreender a visão de mundo de seus autores e dos grupos em que eles estavam inseridos. Também buscamos confrontar, quando possível, as informações apresentadas nos livros com outras fontes antes de incorporá-las ao nosso texto.

Entre os trabalhos que fugiram às abordagens supracitadas, procurando trazer novos elementos para a análise, destacam-se os livros *Historia Social de la Música Popular en Chile, 1950-1970*, de Juan Pablo González, Claudio Rolle e Oscar Ohlsen; e a dissertação de Mariana Oliveira Arantes, intitulada *Representação sonora da cultura jovem no Chile (1964-1970)*, ambos de 2009.[28] Esses estudos partiram da imprensa musical para relacionar as diferentes propostas musicais que conviveram nos períodos analisados – dentre elas, a NCCh –, evidenciando a possibilidade de ampliar o leque de fontes para estudá-las. Trilhando pelo caminho aberto por tais autores, optamos por considerar a totalidade dos discos produzidos por Víctor Jara, Quilapayún e Inti-Illimani entre 1966 e 1973, além de estabelecer conexões com artigos de imprensa.

No que se refere às tendências predominantes na produção acadêmica sobre o movimento, é possível distinguir quatro enfoques principais: a circunscrição da NCCh no quadro dos movimentos musicais engajados dos anos 1960/1970;[29] a contextualização da mesma no processo de modernização da música popular chilena, estabelecendo diálogos com

28 GONZÁLEZ, Juan Pablo, OHLSEN, Oscar; ROLLE, Claudio. *Historia Social de la Música Popular en Chile, 1950-1970*. Santiago: Ed. Universidad Católica de Chile, 2009; e ARANTES, Mariana. *Representação sonora da cultura jovem no Chile (1964-70)*. Dissertação (Mestrado em História) – Faculdade História, Direito e Serviço Social, Unesp, Franca, 2009.

29 GARCIA, Tânia. "Nova Canção: *manifesto* e manifestações latino-americanas no cenário político mundial dos anos 60". *Anais do VI Congresso da IASPM-AL*, Buenos Aires, 2005, p. 1-11. Disponível em: <http://www.iaspmal.net/wp-content/uploads/2012/01/costagarcia.pdf>. Acesso em: 15 jul. 2015; FAIRLEY, Jan. "La Nueva Cancion Latinoamericana". *Bulletin of Latin American Research*, vol. 3, n. 2, 1984, p. 107-115. Disponível em: <www.jstor.org/stable/3338257>. Acesso em: 15 jul. 2015; DONAS, Ernesto. "Problematizando la canción popular: un abordaje comparativo (y sonoro) de la canción latinoamericana 'comprometida' desde los años 1960". *Anais do V Congresso da IASPM-AL*, Rio de Janeiro, 2004, p. 1-15. Disponível em: <www.iaspmal.net/wp-content/uploads/2011/12/ErnestoDonas.pdf>. Acesso em: 15 jul. 2015; SILVA, Êça. "Chile e Cuba: a revolução na canção popular". *Anais do VII Encontro Internacional da ANPHLAC*, Campinas, 2006, s.n.p. Disponível em: <http://anphlac.org/upload/anais/encontro7/eca.pdf>. Acesso em: 15 jul. 2015; além da dissertação de Caio Souza Gomes, intitulada *"Quando um muro separa, uma ponte une": conexões transnacionais na canção engajada na América Latina (anos 1960/70)*, defendida no Programa de História Social da FFLCH-USP em 2013.

outras propostas de renovação do cancioneiro popular;[30] os discursos produzidos pelo movimento em torno de questões identitárias como "folclore" e "cultura popular";[31] e, por fim, a relação estabelecida pelos músicos com o governo da UP.[32]

Dialogando com essas diferentes tendências, nosso trabalho se dedica a uma questão frequentemente referida, mas ainda não aprofundada pela bibliografia: os elementos envolvidos na formulação e difusão de um

30 GONZÁLEZ *et al*, *op. cit.*; ARANTES, *op. cit.*; CÁNEPA-HURTADO, Gina. "La canción de lucha en Violeta Parra y su ubicación en lo complejo cultural chileno entre los años 1960 a 1973". *Revista de Crítica Literaria Latinoamericana*, Medford, n. 17, 1983, p. 147-170. Disponível em: <www.jstor.org/pss/4530091>; OSORIO FERNÁNDEZ, Javier. "Canto para una semilla. Luis Advis, Violeta Parra y la modernización de la música popular chilena". *Revista Musical Chilena*, Santiago, n. 205, jan./jun. 2006, p. 34-43; GARCIA, Tânia. "Canción popular, nacionalismo, consumo y política en Chile entre los años 40 y 60". *Revista Musical Chilena*, Santiago, n. 212, jul./dez. 2009, p. 11-28.

31 DONOSO FRITZ, Karen. *La batalla del folklore: Los conflictos por la representación de la cultura popular chilena en el siglo XX*. Monografia (Licenciatura em História) – Facultad de Humanidades, Universidad de Santiago de Chile, Santiago, 2006; SILVA, Carla. *Música popular e disputa de Hegemonia: A música chilena inspirada nas formas folclóricas e o Movimento da Nova Canção Chilena entre 1965-1970*. Dissertação (Mestrado em História) – Instituto de Ciências Humanas e Filosofia, UFF, Rio de Janeiro, 2008; PROM, Aurélie. *La réinvention du folklore: la Nouvelle Chanson Chilienne dans la construction de l'identité nationale, politique et culturelle du Chili, 1943-1973*. Dissertação (Mestrado em Estudos Hispano-Americanos) – École Normale Supérieure de Lyon, Lyon, 2012; OSORIO FERNÁNDEZ, Javier, "Música popular y postcolonialidad. Violeta Parra y los usos de lo popular en la nueva canción chilena". *Anais do VI Congresso da IASPM-AL*, Buenos Aires, 2005, p. 1-20. Disponível em: <www.iaspmal.net/wp-content/uploads/2012/01/javierosorio.pdf>. Acesso em: 15 jul. 2015.

32 ROLLE, Claudio. "Del *Cielito Lindo* a *Canta la gente*: música popular, campañas electorales y uso político de la música popular en Chile". *Anais do V Congresso da IASPM-AL*, Cidade do México, 2002, p. 1-19. Disponível em: <www.iaspmal.net/wp-content/uploads/2011/12/Rolle.pdf>. Acesso em: 15 jul. 2015; *Idem*. "La 'Nueva Canción Chilena', el proyecto cultural popular y la campaña de gobierno de Salvador Allende". *Anais do III Congresso da IASPM-AL*, Bogotá, 2000, p. 1-13. Disponível em: <www.iaspmal.net/wp-content/uploads/2011/10/Rolle.pdf>; ARANTES, Mariana. *O engajamento político da Nova Canção Chilena*. TCC (Licenciatura em História) – Faculdade História, Direito e Serviço Social, Unesp, Franca, 2006; SIMÕES, Sílvia. *Canto que ha sido valiente siempre será canción nueva: o cancioneiro de Víctor Jara e o golpe civil-militar no Chile*. Dissertação (Mestrado em História) – Instituto de Filosofia e Ciências Humanas, UFRGS, Porto Alegre, 2011.

discurso engajado pautado no repertório folclórico nacional e latino-americano. Para explorar tal problemática, dividimos o texto em três capítulos. O primeiro aborda a emergência e consolidação da NCCh em fins dos anos 1960 e início dos 1970, observando as mudanças de sentido sofridas pelo termo "Nova Canção Chilena" entre 1969 e 1971. A fim de compreender como os artistas que foram considerados expoentes do movimento buscaram defini-lo, examinaremos suas formulações discursivas sobre o papel do artista engajado e da arte revolucionária – elaboradas no momento decisivo que os protagonistas acreditavam estar vivenciando.

No segundo capítulo, acompanharemos as trajetórias musicais de Víctor Jara, Quilapayún e Inti-Illimani, observando as diferentes formas assumidas pelo compromisso político em seus respectivos repertórios. A partir daí, buscaremos evidenciar a importância de considerar a NCCh para além de seu contexto político de desenvolvimento, atentando para as demais referências presentes na configuração do movimento – como é o caso dos padrões associados à música industrializada.

O terceiro capítulo se centra nos fundamentos ideológicos em que se assentou a perspectiva revolucionária alimentada pelos músicos. Privilegiando as canções que abordam temáticas políticas, examinaremos as representações identitárias presentes nos discos e seu papel na reivindicação do protagonismo histórico dos setores identificados como oprimidos pela ordem vigente. Também observaremos os modos pelos quais os músicos articularam passado, presente e futuro na busca de estabelecimento de um sentido para a história.

Essa divisão dos capítulos teve como objetivo apreender não somente a realidade visada pelas canções, mas a própria maneira pela qual estas a visaram, na historicidade de sua produção e nas estratégias de sua difusão.[33] Procuramos, assim, aportar novas perspectivas para analisar o engajamento dos músicos ligados à NCCh, evidenciando o amplo universo de referências coexistentes nas manifestações da arte politizada e suas tensões constitutivas.

33 CHARTIER, *op. cit.*, p. 56.

I

"Cantores que refletem": autorrepresentações do artista engajado

A CONSOLIDAÇÃO DA NOVA CANÇÃO CHILENA EM FINS DOS ANOS 1960

A "revolução das expectativas" e o protagonismo juvenil

O período que vai de 1964 a 1973, no Chile, ficou caracterizado pela ideia de "revolução das expectativas", isto é, um momento em que diversos grupos que integravam aquela sociedade desenvolveram uma "paixão pela mudança",[1] acreditando fortemente na possibilidade de realizar grandes transformações políticas, econômicas, sociais e culturais. O reconhecimento do fracasso das políticas livre-cambistas impulsionadas pelos governos de Carlos Ibáñez (1952-1958) e Jorge Alessandri (1958-1964) e a emergência de novos atores políticos[2] nos anos 1950 e

1 JOCELYN-HOLT LETELIER, Alfredo. *El Chile perplejo: del avanzar sin transar al transar sin parar*. Santiago: Planeta, Ariel, 1998, p. 93.

2 De acordo com o historiador Alfredo Jocelyn-Holt Letelier (*op. cit.*, p. 45-46), houve um grande crescimento no número de eleitores ao decorrer dos anos 1950: se nas duas décadas anteriores apenas 10% da população do país votava, essa porcentagem subiria para 18% nas eleições presidenciais de 1952 e para 21% em 1958. Com a declaração da obrigatoriedade do voto em 1962, 35% dos chilenos se apresentaram para votar nas eleições de 1964. Tais cifras refletem a incorporação de novos setores sociais ao universo eleitoral, dentre os quais se encontravam mulheres, camponeses e moradores

1960 trouxeram para o centro das discussões a necessidade de integrar os setores sociais marginalizados no projeto de desenvolvimento nacional, a partir de uma intervenção direta e planificada do Estado. Esse projeto tinha como referência o novo diagnóstico elaborado pelos intelectuais da Comissão Econômica para a América Latina (CEPAL) sobre os países latino-americanos – a Teoria da Dependência,[3] que apresentava uma visão crítica em relação ao modelo de desenvolvimento capitalista, responsabilizando os países ditos de "Primeiro Mundo" pelo "subdesenvolvimento" dos demais. Apontando para a necessidade de subverter as estruturas tradicionais que vinham operando historicamente na América Latina, a Teoria da Dependência abriu espaço para os projetos políticos pautados na ideia de transformação radical da ordem vigente a partir da defesa dos interesses nacionais.[4]

As expectativas revolucionárias também tinham como referente um cenário internacional marcado pela Guerra Fria (1945-1991), Revolução Cubana (1959), descolonização africana (1956-1974), Guerra do Vietnã (1955-1975) e o Movimento pelos Direitos Civis nos Estados Unidos (1954-1980), todos acontecimentos inaugurais que pareciam indicar que o mundo estava prestes a mudar radicalmente. Nesse sentido, concordamos

---

pobres das regiões periféricas das cidades (*pobladores*). Esse fenômeno demandou a adaptação dos partidos políticos a uma lógica eleitoral inteiramente distinta da empregada nas campanhas anteriores e ocasionou uma acirrada competição na busca pelo apoio dos novos atores políticos.

3 "Teoria da Dependência" é um termo que engloba uma ampla variedade de intelectuais cuja produção teórica se voltou a reavaliar os princípios que vinham norteando o trabalho da CEPAL desde sua fundação, em 1948. Refutando a hipótese segundo a qual os países "periféricos" ou "de Terceiro Mundo"só poderiam se desenvolver por meio da repetição das fases evolutivas dos países "centrais", eles elaboraram um novo diagnóstico que encarava o "desenvolvimento" e o "subdesenvolvimento" como faces de uma mesma moeda, alimentando-se mutuamente. A Teoria da Dependência se assentava sobre uma matriz marxista e muitos dos conceitos e termos políticos desenvolvidos por seus divulgadores foram incorporados pelas esquerdas continentais, como é o caso das noções de "subdesenvolvimento", "Terceiro Mundo" e "imperialismo".

4 CORREA, Sofía; FIGUEROA, Consuelo; JOCELYN-HOLT, Alfredo; ROLLE, Claudio; VICUÑA, Manuel. *Historia del siglo XX chileno: balance paradojal*. Santiago: Sudamericana, 2001, p. 239.

com a concepção formulada pela historiadora argentina Claudia Gilman do bloco temporal 1960/1970 como *época*, cuja singularidade consistiria na "percepção compartilhada da transformação inevitável e desejada do universo das instituições, da subjetividade, da arte e da cultura".[5]

Em sua análise sobre o imaginário revolucionário característico daquele período, a historiadora chilena Ximena Goecke constatou a necessidade de remontar aos anos pós-Segunda Guerra Mundial, quando "a percepção de uma sucessão rápida de mudanças em diversos níveis [...] levou a palavra 'revolução' a adquirir conotações que a afastavam de seu significado tradicional como processo violento de mudança política",[6] passando a ser identificada primordialmente às noções de "novidade" e "rapidez" e aplicada às diversas esferas da vida coletiva. No Chile, a ideia de "revolução" – entendida como a transformação rápida, decidida e cabal da ordem estabelecida – foi reivindicada por partidos políticos de orientações diversas, transformando-se no fundamento das propostas políticas que vigoraram nos anos 1960 e início dos 1970, como indicam os nomes dados aos seguintes programas de governo: "Revolução em Liberdade" (campanha de Eduardo Frei, candidato pela Democracia Cristã em 1964); "A Nova Democracia" (campanha de Jorge Alessandri, candidato pelo Partido Nacional em 1970); e "Via chilena ao socialismo" (campanha de Salvador Allende, candidato pela Unidade Popular em 1970). Observa-se, deste modo, que diferentes discursos procuraram expressar a intenção, simulada ou não, de romper com a ordem pré-existente.[7]

Ximena Goecke assinala a importância do fator generacional para compreender tal apelo à mudança: a maior presença do "mundo jovem" na década de 1960 estaria relacionada tanto ao notável crescimento demográfico experimentado pela população quanto à ruptura que essa geração expressaria com respeito aos padrões de sociabilidade, a moda e

5 GILMAN, *op. cit.*, p. 33.

6 GOECKE, Ximena. *Nuestra sierra es la elección. Juventudes Revolucionarias en Chile 1964-1973*. Monografia (Licenciatura em História), Facultad de Historia, Geografía y Ciencia Política, Pontífica Universidade Católicado Chile, Santiago, 1997, p. 91.

7 CORREA *et al*, *op. cit.*, p. 239.

a estética das gerações anteriores. Ruptura esta que, cabe ressaltar, não implicou na isenção das gerações mais velhas do compromisso com o processo de mudanças e nem na elaboração de um projeto hegemônico que reunisse a totalidade dos jovens chilenos.[8]

A "questão jovem" começou a adquirir relevância no Chile já em fins do mandato de Jorge Alessandri, mas seria no governo seguinte, comandado pelo democrata-cristão Eduardo Frei (1964-1970), que a juventude conquistaria um espaço significativo dentro daquela sociedade. Desenvolvendo o conceito de "Pátria Jovem", Frei convocou os jovens a atuarem como protagonistas da "nova alvorada" que seria aberta por seu governo. É expressiva dessa aliança a Marcha da Pátria Jovem, constituída por cinco colunas de pessoas que marcharam por meses levando a "mensagem" de Frei a diversas localidades do país, convergindo em Santiago em julho de 1964 – ocasião em que o candidato discursaria para cerca de 300.000 ouvintes.[9]

Assim, a mudança generacional se faria notar no âmbito da política sobretudo a partir de 1964, "quando os jovens adquirem não somente protagonismo no discurso político, mas também buscam uma participação real na tomada de decisões políticas".[10] Este seria o momento em que muitas das chamadas juventudes políticas chilenas – como é o caso da Juventude Comunista (*la Jota*), à qual Víctor Jara e os integrantes dos conjuntos Quilapayún e Inti-Illimani eram filiados – começariam a manifestar explicitamente sua adesão a novos modelos ideológicos e de ação política, atuando como organizações com identidade própria e, em alguns casos, desprendendo-se dos tradicionais partidos políticos nos quais se originaram.[11]

Dotados de um sentimento ético e da percepção da necessidade e iminência das transformações desejadas, os jovens identificados com a

8 GOECKE, *op. cit.*, p. 17-18.

9 CORREA *et al*, *op. cit.*, p. 243.

10 GOECKE, *op. cit.*, p. 17.

11 *Ibidem*, p. 17-18. A fundação, em 1969, do Movimiento de Acción Popular Unitaria (MAPU), reunindo a ala jovem que rompeu com o Partido Democrata-Cristão, pode ser citada como exemplo desse processo.

esquerda adeririam com mais paixão aos ideais revolucionários, reivindicando protagonismo no processo que acreditavam estar vivenciando. Influenciados pelos debates em torno dos problemas dos países catalogados como "subdesenvolvidos" ou "de Terceiro Mundo", vincularam-se às correntes intelectuais que haviam popularizado "uma espécie de ideário latino-americanista de corte nacionalista",[12] o qual rechaçava a influência norte-americana nos países da região, defendendo o resgate de elementos entendidos como próprios destas sociedades. O ideal boliviariano de "unidade latino-americana" era, assim, apropriado em um novo contexto.

Compreendida como um processo revolucionário autenticamente latino-americano, jovem e libertador, a Revolução Cubana exerceu uma atração inédita sobre amplos setores da esquerda continental, conforme destacam os autores de *Historia del siglo XX chileno*:

> no início todos queriam ser testemunhas deste capítulo revolucionário que parecia abrir outra via para o curso da história, já que oferecia uma fonte de inspiração para quantos lamentavam a política de Moscou [...] A tradição revolucionária renascia em uma ilha caribenha.[13]

Assim, aos olhos de seus contemporâneos, a Revolução Cubana parecia assinalar a entrada em uma nova fase da história do continente, radicalmente distinta das anteriores, frequentemente referida como a "segunda independência". Desta vez, tratar-se-ia de, seguindo o exemplo cubano, combater o "imperialismo"[14] norte-americano em nome de um desenvolvimento autônomo que teria como horizonte a implementação

12 *Ibidem*, p. 92.

13 CORREA *et al*, *op. cit.*, p. 211-212.

14 Como expôs Claudia Gilman (*op. cit.*, p. 49), nos anos 1960 e 1970 "a categoria explicativa 'imperialismo' – formulada por Lênin em *O imperialismo, fase superior do capitalismo* – foi invocada com força para dar conta das razões pelas quais a revolução não se havia iniciado nas sociedades do capitalismo avançado como havia previsto Marx. Segundo tal explicação, a ausência de revoluções proletárias nos países desenvolvidos se deveu ao bem-estar material do qual, graças à exploração das colônias e as neocolônias, gozavam inclusive as classes menos favorecidas". Partindo desse conceito difundido pelos

do socialismo e a união política e cultural da América Latina. Adotando, deste modo, um posicionamento mais radical, as esquerdas passariam a encarar a "revolução" como um fruto maduro a ser colhido no presente.[15]

Juventude e renovação na música popular chilena

O desejo de ruptura se expressou fortemente no campo da música popular. No Chile, entre 1960 e 1973, desenvolveram-se três propostas musicais que procuraram renovar o repertório nacional difundido pelos meios de comunicação de massa: a Nova Onda (*Nueva Ola)*, o *Neofolklore* e a Nova Canção Chilena (*Nueva Canción Chilena*). Para compreender esses estilos, é importante ter como referência duas das tendências musicais atuantes nas décadas anteriores: a Música Típica e a Projeção Folclórica. A partir de interesses distintos, ambas procuraram se vincular a repertórios identificados como folclóricos e nacionais, contribuindo para a divulgação de gêneros até então pouco explorados pela indústria musical.

O surgimento da Música Típica, na década de 1920, esteve ligado à crescente migração de grupos de origem rural para as cidades. Voltados à evocação da vinculação desses setores com o campo, alimentando certa nostalgia pelo "paraíso perdido", os conjuntos de Música Típica promoveram uma reinterpretação urbana do repertório cultivado na região do Vale Central chileno.[16] Como representativos dessa tendência, podem ser destacados Los Cuatro Huasos, Los Huasos Quincheros e Los Provincianos – quartetos vocais masculinos acompanhados por violões, formados por estudantes universitários oriundos de famílias da oligarquia latifundiária e da classe média chilenas. De acordo com o musicólogo

teóricos da CEPAL, o termo passou a ser utilizado pelas esquerdas para designar a crescente influência dos Estados Unidos na América Latina em suas diversas facetas.

15 CORREA *et al*, *op. cit.*, p. 212-213.

16 GONZÁLEZ, Juan Pablo. "Evocación, modernización y reivindicación del folclore en la música popular chilena: el papel de la performance." *Revista Musical Chilena*, Santiago, n. 185, jan./jun. 1996, p. 26. O Vale Central é a zona formada pela região metropolitana de Santiago, além de Valparaíso, O'Higgins, Maule e o norte de Bío-bío. Historicamente, tem sido considerada a principal zona do país por concentrar a maior parte de sua população e produção econômica.

Juan Pablo González, "suas vozes eram cultivadas, de dicção articulada e afinação precisa, apropriadas para o meio social acomodado onde eram admirados. Ao mesmo tempo, reproduziam gritos de animação e modos de falar camponeses, numa tentativa de evocar o 'sabor típico' da música folclórica".[17] Esta fórmula alcançaria grande sucesso não apenas entre os grupos de maior poder aquisitivo, mas também entre os setores populares rurais e urbanos, constituindo-se em êxito comercial.

Quanto ao repertório, predominavam temáticas paisagistas – exaltando o campo chileno; costumeiras – ofícios, festas, vestimentas e modos de falar camponeses; e amorosas – idealização da mulher (virtuosa e atraente) e auto-compaixão do homem (honesto, esforçado, corajoso e patriota).[18] Elegendo a *tonada* como gênero emblemático da "chilenidade" – dado seu caráter lírico, sua estrutura flexível e simples e seu arraigo na cultura *criolla* – o projeto da Música Típica girou em torno do personagem do *huaso*,[19] que cumpria a dupla função de objeto (tema) e sujeito (voz) das canções, procurando representar a "alma nacional". Tal apelo permitiu que o estilo se convertesse na principal imagem sonora do Chile difundida em nível nacional e internacional na primeira metade do século XX.

Na década de 1950, a incorporação da mulher à vida pública e a própria necessidade de renovação do repertório nacional gravado em disco produziram o triunfo da cantora como artista do folclore. A inclusão de uma voz feminina aos grupos *huasos* de barítonos e tenores – como foi o caso de Ester Soré y Sus Huasos; Los (Cuatro) Hermanos Silva; Silvia Infantas y Los Baqueanos; e Carmen Ruiz y Fiesta Linda – enriqueceu a harmonia e aumentou a expressividade da interpretação.[20] Mas essa no-

17 *Ibidem*, p. 26.

18 GONZÁLEZ *et al*, *op. cit.*, p. 323.

19 Segundo Emmanuelle Rimbot, o termo *huaso* se referia originalmente ao peão da fazenda – o camponês de baixa condição financeira que trabalhava nos latifúndios com o gado e os cavalos. Com a Música Típica, "o huaso como figura conhece uma inesperada ascensão social", passando a se identificar com os donos das fazendas. Ver "Luchas interpretativas en torno a la definición de lo nacional: La canción urbana de raíz folklórica en Chile". *Voz y Escritura*, Mérida, n. 16, jan.-dez. 2008, p. 63-64.

20 GONZÁLEZ *et al*, *op. cit.*, p. 324.

vidade não significou o fim dos quartetos masculinos, que permanecem atuando na cena musical até os dias atuais.

Por sua vez, os artistas identificados à Projeção Folclórica desenvolveram uma relação bastante diferente com o repertório musical do país. Realizando um trabalho de investigação, compilação e divulgação de manifestações da "cultura popular tradicional", folcloristas como Margot Loyola, Gabriela Pizarro, Héctor Pavez e Violeta Parra percorreram o território chileno entre os anos 1940 e 1960. Esse trabalho motivou a criação, em 1943, do Instituto de Investigações Folclóricas, ligado à Facultad de Artes da Universidad de Chile e coordenado pelo historiador Eugenio Pereira Salas. Como assinala a pesquisadora Karen Donoso, várias foram as contribuições deste organismo para a instituição do Folclore como disciplina científica e para a sua aproximação com o mundo das artes:

> Os recursos dos quais dispôs este Instituto (que em 1947 passou a ser mais generalizado, e se chamou Instituto de Investigações Musicais), permitiu que se fizessem as primeiras gravações de cantores populares em terreno. Também provocou a abertura da área de estudo do folclore desde a academia até os estudantes que assistiam às Escolas de Temporada,[21] ou às cátedras que começou a ditar a Universidade, o que produziu que as investigações em torno ao campo cultural folclórico começassem a ser realizadas por pessoas mais próximas a este mundo. Isso significou que se incorporara a projeção artística como um elemento legítimo em torno ao trabalho com as tradições populares, avançando no estudo do repertório musical e das danças folclóricas.[22]

21 As Escolas de Temporada foram criadas em 1936 na Universidad de Chile com o objetivo de oferecer aulas sobre diferentes temas a um público não universitário. Desde 1938, foram oferecidos cursos sobre o folclore nacional, sendo alguns deles focados no repertório musical. Entre os professores, encontravam-se Carlos Mondaca, Cesar Octavio Müller Leiva, Margot Loyola e Oreste Plath.

22 DONOSO FRITZ, Karen. *La batalla del folklore: Los conflictos por la representación de la cultura popular chilena en el siglo XX*. Monografia (Licenciatura em História) – Facultad de Humanidades, Universidad de Santiago de Chile, Santiago, 2006, p. 44.

De acordo com os historiadores Gabriel Salazar e Julio Pinto, os investigadores formados dentro desta proposta, tendo Margot Loyola como principal referência, tenderam a ser mais "científicos" do que críticos ou criadores – caso de Héctor Pavez, Raquel Barros e os integrantes dos grupos Cuncumén (1955-1973) e Millaray (1958-1973).[23] Tomando como pressupostos o respeito pela autenticidade da representação e seu sentido coletivo, os conjuntos de projeção folclórica procuraram recolher junto aos camponeses das diversas localidades que visitavam "fontes puras", ou seja, formas que consideravam representativas. Difundindo repertórios de salão, andinos, pampianos, da Ilha de Chiloé e da Ilha de Páscoa, contribuíram para a diversificação do repertório nacional difundido pela indústria fonográfica. Como aponta o historiador Claudio Rolle, "uma das mais importantes consequências desta paixão pelo descobrimento musical do Chile realizado por acadêmicos e amadores cultivadores do folclore virá do fato de que se começa a ampliar o olhar e a descobrir outras paisagens e ambientes que formam parte do cenário cultural do Chile"[24] – ampliação que colocaria de modo manifesto uma dimensão socialmente mais complexa, na qual apareciam inclusos os cantos de trabalho.

Apesar da tendência predominante nas agrupações formadas na Universidad de Chile, solistas como Rolando Alarcón, Silvia Urbina e Víctor Jara – que foram integrantes do conjunto Cuncumén entre 1955-1962, 1955-1961 e 1958-1963, respectivamente – relacionaram-se de maneira menos rígida com os princípios folcloristas, desenvolvendo um trabalho de criação musical mais livre. Nesse sentido, estiveram próximos da postura sustentada por Violeta Parra, que desenvolveu um estilo pessoal de criação e interpretação de músicas baseadas no folclore chileno, introduzindo em suas canções, de maneira mais explícita, temáticas sociais.[25]

23 SALAZAR, Gabriel; PINTO, Julio. *Historia contemporánea de Chile. Vol. V: Niñez y juventud (construcción cultural de actores emergentes)*. Santiago: LOM, 2002, p. 150.

24 ROLLE, Claudio. "La geografía de la música popular tradicional en el Chile a mediados del siglo XX". *Anais do V Congresso da IASPM-AL*, Rio de Janeiro, 2004, p. 6. Disponível em: <http://www.iaspmal.net/wp-content/uploads/2011/12/ClaudioRolle.pdf>. Acesso em: 13 jul. 2015.

25 SALAZAR; PINTO, *op. cit.*, p. 150.

Voltaremos a falar de Violeta Parra no decorrer deste capítulo; por ora, importa demarcar que a artista não se limitou ao trabalho de projeção folclórica, mas procurou oferecer respostas aos desafios modernizantes da música popular que se impuseram a partir dos anos 1950.

Gabriel Salazar e Julio Pinto afirmam que, até meados desta década, a música era, no Chile, uma atividade adulta.[26] Esse quadro mudaria radicalmente com a chegada massiva de elementos que estavam sendo cultivados em países como Estados Unidos e Inglaterra: "da 'rebeldia sem causa', do *blue jean*, do *rock & roll*, do cabelo comprido, a revolução sexual e, em geral, tudo aquilo que simbolizou a irrupção mundial *do juvenil*".[27] Em um primeiro momento, a divulgação do *rock n'roll* se daria através de programas de *disc-jockeys* dedicados à música estadunidense. Nas palavras dos autores de *Historia Social de la Música Popular en Chile, 1950-1970*, "a juventude de todos os estratos sociais, sintonizando um receptor, bailava os êxitos dos Estados Unidos e cantarolava suas melodias".[28] Essa incorporação teria ocorrido com uma forte proteção à indústria nacional: por um lado, a importação de discos e instrumentos de *rock* foi dificultada; por outro, estimulou-se a produção discográfica chilena, contribuindo para a formação de conjuntos e solistas que imitavam a "nova onda" musical.[29]

A historiadora brasileira Mariana Arantes indica em sua dissertação de Mestrado que inicialmente os artistas da Nova Onda realizavam apenas *covers* de intérpretes estrangeiros, mas posteriormente muitos passaram a compor em espanhol, criando versões de canções norte-americanas e inglesas assim como canções próprias.[30] Gabriel Salazar e Julio Pinto distinguem duas linhas distintas nesse "*rock* castelhanizado à chilena": a primeira se caracterizaria por um estilo "temperado", de "balada" (ritmo lento; temática amorosa), menos rebelde e mais conforme com o

26 *Ibidem*, p. 147.

27 *Ibidem*, p. 151, grifos no original.

28 GONZÁLEZ *et al*, *op. cit.*, p. 607.

29 *Ibidem*, p. 609.

30 ARANTES, *op. cit.*, p. 36.

mercado musical (caso de Cecilia e José Alfredo Fuentes, entre outros); a segunda seria marcada pela busca de diálogo com temas e ritmos "folclóricos", além de apresentar-se mais complexa e reflexiva e menos ligada às tendências comerciais (Los Blops, Los Jaivas, Congreso).[31]

Esta segunda linha de desenvolvimento do *rock* nacional teria como principal influência o movimento contracultural internacional, iniciado com os *beatniks*[32] na década de1950. Os autores assinalam a diferença radical existente entre a "rebeldia ortodoxa" de esquerda – baseada em um discurso anticapitalista articulado e no conceito convencional de política – e a "rebeldia *beat*" – caracterizada pela imersão subjetiva e intersubjetiva no fluxo móvel da realidade, conduzindo a um rechaço não sistemático não somente das hegemonias do mundo moderno, mas também do modo ortodoxo de rebelar-se contra elas.[33]

A "avalanche norte-americana" suscitou duas respostas no âmbito da música popular: o *Neofolklore* e a Nova Canção Chilena. Surgidas nos anos 1960, expressando um desejo de renovação do repertório folclórico difundido massivamente, essas tendências se propuseram a defender o "próprio" frente à ameaça de homogeneização e descaracterização da cultura nacional. Para tanto, apontaram para a necessidade de desenvolver uma música popular moderna, que expressasse a identidade e os anseios dos sujeitos contemporâneos através de novos ritmos, timbres, harmonizações e interpretações, mas sem perder o vínculo com a tradição.[34]

---

31 SALAZAR; PINTO, *op. cit.*, p. 153.

32 O movimento poético e literário denominado *Beat* se desenvolveu nos Estados Unidos a partir dos anos 1950, tendo como expoentes Allen Ginsberg e Jack Kerowac. Valorizando a espontaneidade, a natureza e a expansão da percepção por meio das drogas, das religiões orientais e do *jazz*, os *beatniks* adotavam um estilo de vida alternativo, aventurando-se pelas estradas norte-americanas e criticando a sociedade tecnocrata e consumista do *american way of life*. Sobre o tema, ver CARMO, Paulo Sérgio. *Culturas da Rebeldia: a juventude em questão*. São Paulo: Editora SENAC, 2003.

33 SALAZAR; PINTO, *op. cit.*, p. 154.

34 GARCIA, Tânia. "Nova Canção: *manifesto* e manifestações latino-americanas no cenário político mundial dos anos 60". *Anais do VI Congresso da IASPM-AL*, Buenos Aires, 2005, p. 2-3. Disponível em: <www.iaspmal.net/wp-content/uploads/2012/01/costagarcia.pdf>. Acesso em: 15 jul. 2015.

O forte desejo de mudança expresso na música desse período encontrou paralelo na onda de modernização impulsionada pelo governo de Eduardo Frei. Desde sua formação, em 1957, o Partido Democrata-Cristão (PDC) procurou captar o apoio dos atores recém-inseridos na vida eleitoral, apresentando-se nas eleições de 1964 como alternativa tanto ao capitalismo desenfreado que marcou o governo anterior (conhecido como "governo dos gerentes"[35]) quanto ao socialismo, que vinha ganhando adeptos rapidamente, como ficou claro nas eleições de 1958.[36] Frei se propôs a realizar reformas estruturais que permitissem o desenvolvimento do país através da diminuição dos desequilíbrios socioeconômicos e da crescente participação política de setores sociais até então excluídos.[37] Entre essas mudanças, estavam previstas as reformas agrária, urbana, educacional e bancária; a nacionalização do cobre; além de programas de "promoção popular".[38] Estimulando o desenvolvimento da indústria nacional através de uma política de substituição das importações, especialmente de produtos não duráveis e intermediários, o projeto econômico

35 O governo do industrial Jorge Alessandri (1958-1964) procurou consolidar o projeto econômico dos setores de direita que propunham a liberalização dos mercados a fim de modernizar a economia capitalista. Incorporando empresários em altos cargos da administração estatal, promoveu a primazia do empresariado sobre os partidos políticos. Tendo como propósito principal transformar a economia do país de maneira a conceder mais autonomia à empresa privada e a restringir a intervenção estatal, esse governo ocasionou o déficit da balança comercial, já que o *boom* das importações não teve equivalente no volume das exportações. Com a instauração da crise financeira, grande parte do eleitorado retirou seu apoio, passando a apostar em projetos mais comprometidos com a realidade social chilena. Ver CORREA *et al*, *op. cit.*, p. 207-208.

36 Alessandri venceu as eleições por uma margem pequena: 31,2% dos votos contra 28,6% conseguidos por Salvador Allende (Frente de Ação Popular), 20,5% por Eduardo Frei (PDC) e 15,2% por Luis Bossai (Partido Radical). Ver *Ibidem*, p. 206.

37 *Ibidem*, p. 246.

38 Os programas de "promoção popular" previam a criação de cooperativas de trabalhadores além de novas organizações sociais, como juntas de vizinhos, centros de mães e centros juvenis. Os objetivos eram erradicar a marginalização social e a pobreza, por um lado, e desmobilizar algumas das organizações políticas existentes – em especial, os sindicatos –, por outro.

levado a cabo pelo PDC favoreceu o crescimento urbano e a ampliação do mercado consumidor interno.

No campo cultural, o Estado incentivou a consolidação da cultura de massas, defendendo o pluralismo do sistema comunicativo, fundado na liberdade de expressão e informação, mas estabelecendo limites éticos e políticos consonantes com a moral católica. Essa postura se explicitou na censura estabelecida pelas rádios nacionais à polca tradicional "*La beata*", gravada por Víctor Jara em um *single* de 1966 (Demon). Fazendo insinuações sexuais por meio de metáforas, a canção tematiza a paixão alimentada por uma beata em relação ao frade com quem se confessava: "*Estaba la beata un día / enferma del mar de amor / el que tenía la culpa, / era el fraile confesor. / [...] / No quería que la velaran / con vela ni con velón / sino con la vela corta / del fraile confesor*".[39] A gravação gerou uma forte polêmica no país, dividido entre os promotores da moral católica, que consideravam escandalosa a gravação de Jara, e os defensores do valor essencial de qualquer manifestação de origem folclórica, para os quais a censura ao disco significaria um ataque "à capacidade criadora do camponês chileno, do povo em geral".[40] Para os folcloristas, o valor da canção residiria em seu caráter "antigo" e "popular" – que lhe atribuiria o estatuto de "patrimônio nacional", independentemente do conteúdo presente em sua letra. Ao retirar o objeto gerador da polêmica das questões políticas postas no presente, afirmando sua transcendência, esse discurso indicava que o universo de valores em que a canção foi produzida já não vigorava mais.

O surgimento do *Neofolklore* se relaciona ao progressivo distanciamento estabelecido pela juventude urbana em relação à cultura camponesa. Como apontou Mariana Arantes, os intérpretes e o público consumidor desse repertório integravam setores médios da sociedade que,

39 Optamos por manter todas as citações de letras de música na língua original, a fim de evitar a perda de características tais como rimas e expressões que não encontram equivalente em português. Para a transcrição das letras, consultamos o site www.cancioneros.com.

40 JARA, Víctor. Entrevistado para o artigo "El folklore recibe nuevos ataques". *El Siglo*, 2 out. 1966, p. 18.

desde as décadas anteriores, emergiam na vida pública nacional.[41] Já não se tratava de migrantes ou seus descendentes que evocavam uma suposta origem rural, mas de jovens nascidos e criados na cidade, cuja relação com o folclore era mais distante e livre, mediada pela indústria musical.[42] Nesse sentido, os artistas do *Neofolklore* buscaram se diferenciar tanto dos conjuntos de *huasos* como dos intérpretes ligados à Projeção Folclórica. Trabalhando com vozes bem matizadas, deixaram de lado os gritos e interjeições utilizados na Música Típica; por outro lado, opuseram-se à interpretação de canções em seu estado "puro", propondo-se a realizar nelas "uma limpeza para espantar o pó".[43]

Em seu estudo supracitado sobre as representações na imprensa das diferentes tendências musicais associadas à cultura jovem no Chile dos anos 1960, Arantes constatou que nos primeiros anos desta década, a denominação "Nova Onda" foi utilizada para designar tanto os artistas ligados ao *rock* quanto aqueles que se propunham a dar nova vida ao folclore. Nesse sentido, consideramos pertinente a crítica da autora ao procedimento, predominante na bibliografia sobre esse repertório, de classificar os intérpretes "estritamente de acordo com as denominações das tendências musicais, sem aludirem à inter-relação e à falta de definição entre essas tendências, aspectos estes explicitados nos artigos das revistas [da época]".[44] Sem perder de vista tais cruzamentos, diferenciamos no presente trabalho três *tendências* existentes nessa proposta ampla de renovação da música popular. Assim, designamos "Nova Onda" o repertório vinculado ao *rock* e à balada romântica; "*Neofolklore*" a proposta de modernização da Música Típica; e "Nova Canção Chilena" o movimento que reuniu artistas identificados à ideia de compromisso com a realidade social nacional e latino-americana.

Também concordamos com a diferenciação estabelecida pelo músico Eduardo Carrasco (sob o pseudônimo Ignacio Santander) a respeito da

41 ARANTES, *op. cit.*, p. 41.

42 GONZÁLEZ, "Evocación, modernización...", p. 29.

43 Los Cuatro de Chile *apud* GONZÁLEZ *et al*, *op. cit.*, p. 338.

44 ARANTES, *op. cit.*, p. 73.

existência de duas tendências no interior do *Neofolklore*: conjuntos e solistas.[45] Em ambos os casos, observa-se a influência da música argentina dos anos 1950 e 1960. Em relação aos primeiros, o impacto de conjuntos como Los Trovadores, Los Huanca Hua e Los Cantores del Alba – que se propuseram a modernizar o estilo desenvolvido por conjuntos anteriores como Los Chalchaleros e Los Fronterizos –, se faria notar nos arranjos das canções, marcados pelo virtuosismo interpretativo e pela utilização de sons rítmicos vocais que imitavam os sons do *bombo leguero*, originando o famoso "bomborombom". Essa fórmula seria incorporada pelos conjuntos *neofolklóricos* chilenos – dentre os quais se destacaram Los Cuatro Cuartos, Las Cuatro Brujas, Los de Las Condes, Los de Santiago –, que alcançaram grande êxito comercial não obstante as frequentes críticas que receberam pelo excesso de estilização: "Seus músicos foram acusados de criar conjuntos vocais que realizavam rebuscados arranjos que nada teriam a ver com as formas autóctones e evocativas de *performance*".[46] A polêmica foi desencadeada por artistas e investigadores identificados às duas tendências que até então haviam predominado no campo da música popular de raiz folclórica.

Essa relação mais livre com as formas tradicionais permitiu a incorporação de "gêneros remotos, antigos ou esquecidos" como *sirillas*, *rins*, *periconas, cachimbos, trotes* e *refalosas*,[47] resgatados pela Projeção Folclórica e amplamente difundidas pelo *Neofolklore*, trazendo ao centro da indústria musical tradições oriundas do norte e do sul do país e ampliando também o repertório do Vale Central.[48] Os gêneros incorporados eram adequados para o desenvolvimento de temáticas costumeiras e históricas – que evocavam lugares, personagens, comidas e danças tradicionais, além de recordarem acontecimentos passados. Assim, o intérprete deixou de falar de si

45 SANTANDER, Ignacio. *Quilapayún*. Madri: Júcar, 1984. (Los Juglares), p. 29.

46 GONZÁLEZ, "Evocación, modernización...", p. 29.

47 Sobre alguns desses gêneros, ver GONZÁLEZ *et al*, *op. cit.*, p. 339-341 (*sirilla* e *refalosa*), p. 360 (*cachimbo*), p. 391-392 (*rin*). Não encontramos informações sobre a *pericona* (oriunda de Chiloé) e o *trote* ou *huayno* (gênero andino) na bibliografia consultada.

48 *Ibidem*, p. 339.

mesmo ou de seu público, trazendo à cena figuras de costumes diferentes, identificadas como o Outro e em geral bastante idealizadas.[49]

Por sua vez, os solistas ligados ao *Neofolklore* atuaram em duas frentes distintas: composição e interpretação de canções. Consideramos que foi sobretudo no primeiro âmbito que se expressou sua identificação com os conjuntos – sendo comum encontrar nos discos destes versões de canções escritas por aqueles músicos, como é o caso de: "*Dona Javiera Carrera*" e "*El negro cachimbo*", de Rolando Alarcón, interpretadas por Los Cuatro Cuartos; "*Adónde vas soldado*" e "*Mi abuela bailó la sirilla*", do mesmo autor, interpretada por Las Cuatro Brujas; "*La noche*" e "*Ya no canto tu nombre*", de Patricio Manns, interpretada por Voces Andinas; e "*Dos veces te vi, mujer*", de Ángel Parra, interpretada por Los Paulos.

No que se refere às gravações realizadas pelos próprios *cantautores*[50] – dentre os quais se destacaram Isabel e Ángel Parra, Rolando Alarcón, Patricio Manns e Víctor Jara –,[51] pode-se constatar a realização de uma ampliação temática e geográfica. Tendo em Atahualpa Yupanqui e Violeta Parra referenciais importantes, esses artistas deram destaque à temática social, apontando para o campo chileno como local de conflito e, assim, questionando a paisagem harmônica tradicionalmente evocada pela música nacional. A ampliação geográfica se deu com a incorporação

49 *Ibidem*, p. 339.

50 De acordo com a historiadora chilena Hilenia Inostroza Madariaga, "o cantautor no Chile seria uma figura que integra e sintetiza em si, a composição de letra e música, a interpretação dessa canção, uma linguagem contingente e direta, uma estética específica que liga sua figura ao popular, um contato direto com o público que o faz alguém real, e não a figura de estrela [...] Todo o anterior faz com que a figura do cantautor seja alguém que se reconhece e que os outros reconhecem como um ator político e social dos convulsionados anos 60 e 70". Para a autora, a figura do *cantautor* no país teria início com Violeta Parra. (*Yo no canto por cantar... Nueva Canción Chilena y Ficgura del Cantautor (1964-1973)*. Monografia (Licenciatura em História) – Facultad de Historia, Geografía y Ciencia Política, Pontificia Universidad Católica de Chile, Santiago, 2006, p. 15).

51 Pedro Messone foi outro intérprete *neofolklórico* de grande projeção no período. Tendo integrado o conjunto Los Cuatro Cuartos entre 1962 e 1964, iniciou sua carreira como solista neste ano, gravando composições de artistas como Willy Bascuñán, Mario Clavel, Kiko Álvarez, Rolando Alarcón e Víctor Jara. Conferir, em especial o LP *El solitário*, RCA Victor, 1966.

de gêneros oriundos de outros países latino-americanos – em especial, o repertório andino, fortemente difundido pelos irmãos Parra. No âmbito interpretativo, observou-se entre os solistas um distanciamento em relação aos arranjos e às *performances* adotados pelos conjuntos *neofolklóricos*. Menos estilizada, a interpretação vocal não se baseava na imitação dos instrumentos e em geral não incluía coros.[52] Além disso, os cantores não costumavam utilizar trajes formais em suas apresentações.[53]

A existência de linhas de desenvolvimento distintas no interior da corrente *neofolklórica* se explicitou em fins de 1966, quando a fórmula utilizada pelos conjuntos parecia se esgotar: "Dentro da lógica do efêmero e da mudança rápida dos fenômenos da moda, com momentos de agonizante intensidade e repetição de fórmulas que derivam em caricaturas, o neofolklore oferecia pouca substância e uma proposta débil e esteticista", podendo ser caracterizado pela imagem de "um fósforo que libera muita energia e luz em seu momento inicial, mas logo se esgota se não encontra combustível".[54]

A percepção desse esgotamento suscitou uma polêmica, na imprensa musical, em torno de uma suposta crise do folclore nacional.[55] Em um artigo publicado na revista *Ritmo de la Juventud*, o radialista Ricardo García questionava:

> A dissolução de tantos conjuntos neo-folklóricos, e os novos rumos, em matéria de repertório, tomados pelos

52 Podemos apontar Patricio Manns como o solista que esteve mais próximo do formato interpretativo desenvolvido pelos conjuntos *neofolklóricos*. A canção "*Arriba en la cordillera*" (*Entre Mar y Cordilleras*, Demon, 1966), que utiliza em diversas passagens o coro que imita o sons do bombo, é representativa nesse sentido.

53 Os conjuntos *neofolklóricos* tiveram como marca o uso, em suas apresentações, de *smoking* preto acompanhado por gravata-borboleta. Configurando a roupa típica do citadino de classe média-alta, o *smoking* denotava refinamento, explicitando a intenção de desvincular-se de uma tradição nacional tipificada e limitada ao meio rural.

54 GONZÁLEZ *et al*, *op. cit.*, p. 356.

55 Nesse contexto, Patricio Manns e Silvia Urbina lançaram um LP com o sugestivo título de *El folklore no ha muerto, mierda* (CBS, 1968), posicionando-se no debate musical.

> mais populares, indicam que a nova onda folclórica foi somente uma moda passageira?
>
> Em síntese, está em decadência o movimento que pretendeu renovar o interesse pela música chilena?[56]

Para o autor, uma análise das programações musicais e das vendas de discos comprovaria que "1966 viu o fim de um período neste movimento que pareceu tão poderoso".[57] Apontando para a inclusão de novas temáticas e de gêneros musicais latino-americanos no repertório dos conjuntos *neofolklóricos*, García concluiu que o desinteresse por esse estilo teria sido natural, já que "em 1965 se chegou a um ponto de saturação, se cansou ao público com dúzias de canções [similares] [...] Se chegava pois a uma produção baseada na imitação carente de alma. A música neo-folklórica tinha pouco de NEO e pouco ou nada de folclórica".[58]

Expressando o ponto de vista de diversos artistas do período, o autor considerava que essa crise resultaria na seleção, por parte do público, "daqueles que haviam aportado algo verdadeiro e ficaram os compositores melhores e os grupos realmente bons".[59] Dentre os compositores, estariam Rolando Alarcón, Patricio Manns, Sofanor Tobar, Willy Bascuñán, Los Parra, Hernán (Kiko) Álvarez, Sergio Sauvalle e Los de Ramón. Entre os intérpretes, Pedro Messone, a família Parra, Patricio Manns, Los Cuatro Cuartos, Los Paulos, Los de las Condes, Los de Ramón e Los de Santiago. Por fim, as únicas "novas figuras" de interesse seriam Voces Andinas, Víctor Jara, Fernando Ugarte e Payo Grondona. Assim, colocar-se-ia a seguinte questão: "Para onde dirigirão seus passos os intérpretes de hoje?".[60]

---

56 GARCIA, Ricardo. "¡Viva Chile, mi alma!", *Ritmo de la Juventud*, Santiago, n. 55, 20 set. 1966, p. 24-27 *apud* SANDOVAL DÍAZ, Rodrigo. *Música chilena de raiz folklórica (1964-1973): Neofolklore y Nueva Canción Chilena*. Monografia (Licenciatura em História) – Facultad de Historia, Geografía y Ciencia Política, Pontificia Universidad Católica de Chile, Santiago, 1998, p. 109.

57 *Apud ibidem*, p. 109.

58 *Apud ibidem*, p. 110.

59 *Apud ibidem*, p. 110

60 *Apud ibidem*, p. 110.

Três anos depois, Ricardo García escreveria um novo artigo – desta vez publicado na revista *El Musiquero* –, no qual registraria sua percepção sobre a conformação de uma nova tendência musical, vinculando-a a alguns daqueles nomes anteriormente apontados como "sobreviventes" ao *Neofolklore*: "Eles, igual a muitos outros compositores, estão criando uma nova linha dentro da música nossa. [...] Acredito que é possível falar de uma nova canção chilena...".[61]

Reconfigurações no cenário musical e a "invenção" da Nova Canção Chilena

Considerando o exposto por García, cabe perguntar: quais mudanças teriam ocorrido no meio musical entre 1966 e 1969?

Um primeiro ponto a ser considerado se refere às respostas oferecidas pelos artistas *neofolklóricos* para a "crise de 1966". Entre os conjuntos, observamos uma tendência à internacionalização do repertório:

> Los de las Condes gravaram canções alpinas ou canções mexicanas; Los Paulos fizeram repertório internacional, e até o conjunto Voces de la Tierra gravou temas mexicanos que nada têm a ver com o folclore. Houve também tentativas de combinar jazz e folclore [...] e os exemplos sobram.[62]

Essa ampliação é perceptível nos discos *Los Solitarios* (RCA Victor, 1967), do conjunto homônimo, que inclui uma canção brasileira, além de arranjos que utilizam piano e uma variedade de metais; e *Como esta no habrá otra* (Odeon, 1968), de Los de las Condes – cujos integrantes "decidiram se reinventar, incursionando no formato dos discos bailáveis para festa, tão em voga na época".[63]

61 GARCÍA, Ricardo. "Reivindicación de la Canción Chilena en Iquique", *El Musiquero*, n. 87, [maio] 1969, p. 1 *apud ibidem*, p. 115.

62 GARCÍA, Ricardo. "¡Viva Chile, mi alma!" *apud ibidem*, p. 109.

63 GONZÁLEZ *et al*, *op. cit.*, p. 352.

Embora grande parte dos conjuntos tenha se desintegrado nesse período, é importante destacar que o estilo *neofolklórico* não se extinguiu, como atestam a formação de Los Ponchos Negros em 1967, o retorno de Los Cuatro Cuartos em 1969 e o fato de Los de la Escuela terem lançado discos até 1970.

Em relação aos solistas, observa-se que a "crise" teve efeitos bastante diferentes: se por um lado é verdade que ela contribuiu para diminuir o interesse do público pela produção discográfica nacional identificada ao folclore, por outro permitiu a valorização de músicos que vinham atuando em um circuito menos comercial – em especial, nas *peñas* folclóricas.[64]

Criada em Santiago em 1964 pelos irmãos Ángel e Isabel Parra, a *Peña de los Parra* foi concebida como uma espécie de cooperativa de artistas; uma casa noturna voltada para a juventude, "sem a censura de praxe e os atrativos comerciais, onde os cantores folclóricos poderiam aparecer com as roupas comuns de uso diário para se apresentar e trocar canções e idéias".[65] A *peña* logo se tornou um modelo seguido em diferentes cidades chilenas, como destacam os autores de *Historia Social de la Música Popular en Chile, 1950-1970*:

> O impacto de La Peña de los Parra não se fez esperar. Organizaram-se peñas em sindicatos, centros estudantis, juntas vicinais e locais comerciais, impondo-se como o lugar natural para a apresentação de música de raiz folclórica. Só em 1966, surgiram entre 15 e 20 peñas novas, assinala Isabel Parra, somando umas 30 ao longo do país.[66]

64 Existentes desde a década de 1950 no Chile sob o nome de *chinganas*, as *peñas* folclóricas eram pequenas casas de espetáculos nas quais se apresentavam poetas, cantores e bailarinos ligados ao repertório de raiz folclórica. Em geral, o ambiente era iluminado com velas e servia-se comida e bebida durante as apresentações.

65 JARA, Joan. *Canção inacabada: a vida e a obra de Víctor Jara*. Rio de Janeiro: Record, 1998, p. 114-115.

66 GONZÁLEZ *et al*, *op. cit.*, p. 231.

Percebidas inicialmente como "a base do desenvolvimento cada vez mais vital do neofolklore chileno",[67] as *peñas* se diferenciaram consideravelmente no que diz respeito ao repertório difundido. Ao presente trabalho, interessa enfocar as que estiveram mais próximas do modelo da *Peña de los Parra*, tendo em vista o argumento corrente na bibliografia segundo o qual estas constituem um antecedente direto do movimento da Nova Canção Chilena.

Inaugurada em 1965, a *Peña de la Escuela de Arquitetura de la Universidad de Chile de Valparaíso* – mais conhecida como *Peña de Valparaíso* – foi dirigida por Osvaldo "Gitano" Rodríguez e Gonzalo "Payo" Grondona. Por sua vez, a *Peña de la Federación de Estudiantes de la Universidad Técnica del Estado* – ou *Peña de la UTE* – foi fundada em meados de 1966 pelo Centro de Alunos da Escola de Artes e Ofícios. Em sedes provinciais da UTE também se formaram *peñas*, destacando-se as de Valdivia e Antofagasta.

Tais *peñas* se consolidaram não apenas como espaço de experimentação musical – no qual os músicos podiam difundir repertórios que se adaptavam menos às regras da indústria fonográfica –, mas também como centro de reunião política da esquerda chilena, sendo que a *Peña de los Parra* adquiriu a "fama de viver cheia de revolucionários, desde marxistas até uma nova modalidade de cristãos de esquerda".[68]

Essa articulação entre música, política e juventude se explicitou no movimento pela Reforma Universitária, iniciado em 1967 nas unidades de Santiago e Valparaíso da Pontifícia Universidad Católica de Chile e estendido para as universidades de Chile, Austral, Técnica del Estado, Católica del Norte e Federico Santa María. O movimento teve como antecedentes as tentativas de modernização do ensino superior desenvolvidas no país desde fins da década de 1950, contando com financiamento externo proveniente de fundações privadas, do governo norte-americano, da Organização dos Estados Americanos (OEA) e da Unesco. Tendo como propósitos centrais expandir a matrícula e realizar investigações

67 SAEZ, María. "Las peñas, un reencuentro con lo chileno". *En Viaje*, Santiago, set. 1966, p. 26-27 *apud* SANDOVAL DÍAZ, *op. cit.*, p. 122.

68 JARA, Joan, *op. cit.*, p. 141.

científicas que fossem funcionais ao desenvolvimento econômico do país, esses projetos resultaram na duplicação do número de alunos universitários entre 1957 e 1965.[69]

Os autores de *Historia del siglo XX chileno* apontam que, apesar desse aumento, as pressões para abrir mais a educação superior a estudantes de baixa renda foram tão intensas "que o sistema universitário tendeu a crescer mais em função das exigências juvenis que das necessidades do país nesse momento". Daí que "As ações que precipitaram a reforma da Universidad Católica refletem de maneira exemplar a ascensão do estudantado como sujeito social com um crescente poder de gravitação política, assim como as mudanças que se viviam no interior da Igreja".[70]

Questionando a forma de organização e a finalidade do ensino superior vigente, os reformistas reivindicaram: participação de estudantes, docentes e funcionários na administração das universidades, abertura destas a todos os setores sociais e estímulo à investigação voltada às necessidades nacionais. Propondo, assim, o estabelecimento de novos e mais estreitos vínculos com a sociedade, pretenderam "integrar a comunidade universitária ao devir da sociedade em seu conjunto, e vice-versa", deixando para trás "o conceito tradicional de extensão universitária, segundo o qual os estabelecimentos de educação superior irradiavam de forma unilateral em direção à sociedade parte de seu acervo cultural".[71]

Nesse contexto, a música teve um papel importante não somente nas *peñas* universitárias, mas também nos atos, greves e ocupações realizados para pressionar a administração das instituições. A canção "'*Móvil' Oil Special*" foi composta por Víctor Jara em 1968 e se tornou uma espécie de hino da Reforma. Jara, que havia sido professor de Atuação do Instituto de Teatro da Universidad de Chile (ITUCH) entre 1964 e 1967, permanecia ligado ao meio universitário enquanto membro da equipe permanente de diretores do mesmo instituto, cargo que ocupou até 1970.

69 CORREA *et al*, *op. cit.*, p. 235-236.

70 *Ibidem*, p. 236.

71 *Ibidem*, p. 238.

Interpretada em estilo de *son* cubano, a canção satiriza o modelo tradicional de universidade existente no Chile, relacionando o movimento reformista à luta latino-americana "anti-imperialista":

> Los estudiantes chilenos / y latinoamericanos / se tomaron de las manos / matatiretirundín. / En este hermoso jardín / ha momios y dinosaurios / los jóvenes revolucionarios / han dicho basta por fin. / ¡Basta! / [...] / En la Universidad / se lucha por la reforma / para poner en la horma / al beato y al nacional. / Somos los reformistas, / los revolucionarios, / los antiimperialistas, / de la Universidad.

Jara ressalta a juventude dos manifestantes e a união de diferentes classes como bases do movimento: "*El joven secundario / y el universitario, / con el joven proletario, / quieren revolución*". Essa identificação da Reforma Universitária como "revolução" é reforçada com o ritmo cubano num momento em que a ilha encarnava o ideal libertário. Denunciando de maneira bem-humorada os meios repressivos utilizados para conter as manifestações de rua – "*Que viene el guanaco / y detrás los pacos / la bomba adelante / la paralizante / también la purgante, / y la hilarante. / ¡Ay qué son cargantes / estos vigilantes!*" –, o compositor explicita a ideia de que a polícia chilena serviria aos interesses estrangeiros, o que também está referido no título da canção, que mescla satiricamente os nomes do Grupo 'Móvil' de Carabineros de Chile[72] e da petroleira norte-americana Mobil Oil.

Além de inspirar artistas que já atuavam no cenário musical, o movimento pela Reforma Universitária deu projeção a conjuntos de música popular recém-formados – como é o caso de Tiempo Nuevo (surgido na *peña* de Valparaíso em 1965), Quilapayún (formado em 1965) e Aparcoa (formado em 1966 por estudantes da Escola de Arquitectura da Universidad de Chile) – e estimulou o surgimento outros, como o Inti-Illimani

72 Carabineros de Chile é uma instituição policial uniformizada que possui natureza militar. Criada em 1927, tem como lema "Ordem e Pátria".

(fundado por estudantes da UTE em 1968). Na apresentação do primeiro LP lançado no Chile por este último grupo, em 1969, pode-se ler:

> No ano de 1968, os estudantes da UTE entraram em uma etapa decisiva para o futuro desse estabelecimento. Uma série de acontecimentos culminariam no movimento de Reforma Universitária, que em seus princípios fundamentais propiciava mudanças estruturais nos planos de estudos e no que se refere à extensão cultural.
>
> Com respeito a este último ponto, a Federação de Estudantes desse ano promoveu diversas atividades, entre as quais se destacou a criação de numerosas Peñas e Grupos Folclóricos ao largo do país. Graças ao influxo desse movimento, nasceram no seio desses recintos, uma série de intérpretes que mais adiante alcançariam verdadeira importância no plano da música folclórica nacional.
>
> Um dia, um grupo de pioneiros da Peña Folclórica de Santiago decidiu criar um conjunto, que mais tarde batizaram com o nome de INTI-ILLIMANI.[73]

Aqui aparece com nitidez a importância das *peñas* como espaços de reunião política e promoção cultural da juventude universitária, nos quais a música ocupava um lugar central. Essa percepção também está expressa nas seguintes palavras de Eduardo Carrasco, integrante do Quilapayún:

> Gostávamos do ambiente carinhoso e sincero desta peña [da UTE]. Ali tivemos nossos primeiros êxitos verdadeiros, e ali também compreendemos que nossas ideias correspondiam a um espírito generalizado em quase todas as universidades chilenas. Nossas canções começaram a se fundir com a luta estudantil, e a refletir de um modo cada vez mais certo as aspirações de nossa geração.[74]

73 FABA, Ivan. In: INTI-ILLIMANI. *Inti-Illimani*, Jota Jota, 1969, LP, contracapa.

74 CARRASCO, Eduardo. *Quilapayún: la revolución y las estrellas*. Santiago: RIL, 2003, p. 57.

Proporcionando aos conjuntos recém-formados a possibilidade de se apresentarem publicamente – sendo que a estreia do Quilapayún teve lugar na *peña* de Valparaíso e a do Inti-Illimani na *peña* da UTE –, as *peñas* universitárias constituíram uma alternativa para a circulação de repertórios musicais de inspiração folclórica que não se identificavam com os estilos em voga nos canais mais comerciais. De fato, observa-se que os grupos atuantes naquele circuito se diferenciavam consideravelmente dos conjuntos *neofolklóricos* tanto no que se refere ao repertório cultivado – marcado por um forte impulso latino-americanista, valorizando especialmente gêneros andinos –, quanto à maneira de interpretá-lo. Se os grupos anteriores se destacavam por seus arranjos vocais, os novos o fariam pelos arranjos instrumentais, sendo que seus integrantes tocavam uma variedade de instrumentos latino-americanos. Prescindindo do solista e, assim, favorecendo um som mais coletivo e coeso, os novos conjuntos também se distinguiram por incluírem músicas instrumentais em seu repertório.[75] Outra particularidade importante consiste no fato de muitos dos membros destes grupos serem filiados às Juventudes Comunistas – que agregavam diversos artistas e escritores no período em questão.

Atribuindo à cultura um papel importante na pretendida transformação revolucionária, o Partido Comunista do Chile (PCCh) impulsionou diversas manifestações artísticas desde sua fundação, em 1912. Luis Emilio Recabarren, fundador do partido – então denominado Obrero Socialista –, concebia a arte como elemento fundamental de conscientização dos trabalhadores, com especial interesse pelo teatro e pela poesia. Valorizando o aspecto estético e interferindo pouco no processo criativo (em comparação com os Partidos Comunistas de outros países), o PCCh foi historicamente reconhecido como um lugar privilegiado para o desenvolvimento de uma arte comprometida, atraindo dramaturgos, atores, artistas plásticos, poetas (com destaque para Pablo Neruda), músicos e dançarinos.

No fim dos anos 1960, marcados por uma forte polarização política, a expectativa revolucionária e a dificuldade encontrada por alguns músicos

75 GONZÁLEZ *et al*, *op. cit.*, p. 417.

em divulgar suas canções mais politizadas resultaram na criação do selo discográfico *Jota Jota* – logo rebatizado *Discoteca del Cantar Popular* (DICAP). Essa iniciativa se relaciona à realização na Bulgária, em 1968, do IX Festival Mundial das Juventudes e dos Estudantes pela Solidariedade, a Paz e a Amizade – dedicado à solidariedade com os vietnamitas no contexto da Guerra do Vietnã. Para eleger representantes nacionais do festival, o periódico comunista *El Siglo* de Santiago organizou uma campanha e encarregou a *Jota* de editar um disco que demonstrasse a "inquietude" da juventude chilena com as questões colocadas pelo evento. O LP gravado foi *X Viet-nam*, do conjunto Quilapayún. De acordo com Eduardo Carrasco, a iniciativa "deu suas provas, e a direção das Juventudes Comunistas concordou em formar um pequeno selo de discos para continuar difundindo música com conteúdo revolucionário".[76]

Conforme procuramos demonstrar, ocorreram mudanças significativas no cenário musical chileno durante a segunda metade da década de 1960, dentre as quais destacamos a descaracterização ou desaparecimento de muitos conjuntos identificados ao *Neofolklore*, a criação de novas *peñas*, o comprometimento de alguns artistas com a Reforma Universitária, o surgimento de conjuntos musicais muito diferentes dos anteriores e a criação de um novo selo musical, ligado ao Partido Comunista. Essas mudanças levaram alguns críticos a afirmarem que uma nova tendência se desenvolvia.

Partindo dessa percepção, Ricardo García redigiu em 1969 o já mencionado texto "Reivindicación de la Canción Chilena em Iquique", no qual manifestava sua intenção de criar um festival de música concebido como

> uma das mais sérias tentativas para devolver à música chilena o primeiro plano em que deve estar [...] Um festival de música nossa, onde pudessem se expressar e mostrar o melhor de sua produção talentos como Angel

76 CARRASCO, *op. cit.*, p. 131.

> Parra, Raúl de Ramón, Víctor Jara, Patricio Manns que não costumam participar em concursos.[77]

Assim, o festival procuraria recuperar o interesse da população chilena pela música nacional através da divulgação de um novo repertório, que estaria sendo cultivado por determinados compositores. A intenção de inovar para atrair o público também apareceu expressa na afirmação de que o evento seria diferente dos demais festivais da canção tradicionalmente realizados no Chile – sendo o de Viña del Mar o de maior projeção.

O festival seria realizado com o apoio da Municipalidade de Iquique e teria como foco "a música chilena atual, isto é, aquela que busca uma nova maneira de se expressar que vibra com o acontecer diário de nosso país".[78] Afirmando que "há novas formas de dizer as coisas",[79] García defendeu a proposta de que o evento reunisse músicos de tendências e estilos diversos, mas reunidos por sua atitude inovadora. Os participantes seriam doze, todos interpretando composições próprias e "todos com uma trajetória definida, com um trabalho realizado".[80] Assim, foram privilegiados os músicos que já atuavam no período do auge do *Neofolklore* e que haviam conseguido "atualizar" seu repertório, como Rolando Alarcón e Patricio Manns, bem como aqueles que cultivavam desde o princípio um repertório "renovado", como Víctor Jara.

Segundo García, o *Gran Festival de la Canción Chilena* não teria interesses comerciais, daí seu apelo, ao final do artigo, para que todo o Chile – jornalistas, órgãos universitários, população em geral e o próprio presidente Eduardo Frei – contribuísse para sua organização. Devido a problemas que impossibilitaram a prefeitura de Iquique de realizar o festival, este foi amparado pela Vice-Reitoria de Comunicações da Pontificia Universidad Católica de Chile, órgão criado durante a Reforma. Assim, na segunda

---

77 GARCIA, Ricardo. "Reivindicación de la Canción Chilena en Iquique" *apud* SANDOVAL DÍAZ, *op. cit.*, p. 115.

78 *Ibidem*, p. 115.

79 *Ibidem*, p. 115.

80 *Ibidem*, p. 116.

semana de julho de 1969 teve lugar o rebatizado *Primer Festival de la Nueva Canción Chilena*, realizado em duas etapas, sendo a primeira no ginásio da universidade e o encerramento no Estadio Chile, na noite de 12 de julho. Na ocasião, competiram os seguintes compositores, apresentando-se em ordem alfabética (a partir do sobrenome): Rolando Alarcón ("*Juan el pobre*"); Kiko Álvarez ("*Rostro de la Juventud*"); Willy Bascuñán ("*Vals de La Victoria*"); Martín Domínguez ("*San Diego*"); Víctor Jara ("*Plegaria a un labrador*"); Patricio Manns ("*Lo imposible*"); duo Orlando Muñoz-Alsino Fuentes ("*Amigo y río*"); Angel Parra ("*Amigo, soldado, hermano*"); Raúl de Ramón ("*La noche sola*"); Richard Rojas ("*La chilenera*"); Sergio Sauvalle ("*Y te llamas Maria*"); e Sofanor Tobar ("*Dulce Mamitay*").

Muitos compositores interpretaram suas canções acompanhados por outros músicos, como foi o caso de Víctor Jara, que atuou com o Quilapayún – que havia sido proibido de se inscrever no festival por ser considerado "muito político"; Richard Rojas, acompanhado pelo Trío Lonqui; Kiko Álvarez, por Los de la Escuela; Alsino Fuentes e Orlando Muñoz, que formaram um quarteto com suas respectivas esposas; e Willy Bascuñán, com o grupo America Joven. O compositor Sofanor Tobar foi o único que não subiu ao palco, tendo encarregado o recém-formado conjunto Los Mirieños de defender sua canção. Encontrando dificuldades em escolher um só vencedor, o júri dividiu o prêmio de primeiro lugar entre Víctor Jara e Richard Rojas, além de atribuir menção honrosa a Rolando Alarcón, Raúl de Ramón e Ángel Parra.

O festival também contou com mesas redondas e conferências que tematizavam a falta de espaço nas emissoras de rádio para a música nacional e o lugar da canção popular em uma época de mudanças e conflitos sociais. Paralelamente, ocorreram apresentações musicais de artistas convidados – como Isabel Parra, os conjuntos Inti-Illimani, Chalinga, Chagual e o grupo de canto e dança da Universidad Católica – e homenagens aos músicos Clara Solovera, Margot Loyola, Luis Bahamondes, Francisco Flores, Diego Barros, Luis Aguirre Pinto, Vicente Bianchi, Jaime Atria e Los Huasos Quincheros.

No balanço feito pela imprensa, o festival foi elogiado por impulsionar a revalorização da música nacional de raiz folclórica. Também foi ressaltado o caráter heterogêneo das canções apresentadas, sendo que alguns periódicos criticaram a falta de originalidade de determinados compositores enquanto outros desqualificaram o excesso de inovação por parte dos demais – fosse no âmbito da internacionalização das canções, fosse no de sua politização. Assim, a revista *Ecran* pontuava:

> Do ponto de vista estritamente artístico, a Nova Canção, que se escutou neste Festival, contém influências forâneas, atadas ao esqueleto do popular. A balada norte-americana ("Plegaria a un labrador", Víctor Jara); o son jarocho ("La chilenera", R. Rojas); a canção de protesto internacional (Angel Parra); "Ares do altiplano" ("Dulce Mamitay", Sofanor Tobar); o folclore urbano ("San Diego", Martín Domínguez); valsinha peruana ("Y te llamas María, Sergio Sauvalle). [...] Só há um chamado às raízes nossas históricas em Willy Bascuñán [...] Raúl de Ramón foi, contudo, o único que representou, vestido de huaso, ao homem do campo [...] E sobre o cenário estiveram Los Quincheros [...] Deram várias lições. Não aceitaram tocar 'El patito', porque era forâneo e elegeram uma canção [...] que tem a característica principal de nossa canção: a picardia, o ingênuo e o espírito casmurro de nosso povo, elementos totalmente ausentes da Nova Canção ali escutada.[81]

Por sua vez, *El Musiquero* criticava a denominação "Nova Canção Chilena", postulando que "Se pode falar de novos temas com as velhas formas, mas jamais de uma 'nova' canção chilena, porque nos parece que já temos nossas fórmulas e que são ademais de tradicionais, formosas e verídicas".[82] Como constatou Mariana Arantes, a partir do festival tornou-se constante nesta revista a crítica à politização da música nacional.[83]

81 ROBINOVITCH, Rosa. "En busca de la Nueva Canción". *Ecran*, Santiago, 8 jul. 1969, p. 45.

82 *Apud* ARANTES, *op. cit.*, p. 77.

83 *Ibidem*, p. 77-78.

Contrariamente, o periódico comunista *El Siglo* exaltou o fato de que "Uma a uma foram saindo temas belos, a maioria com um grande reflexo de situações que dia a dia golpeiam a trabalhadores, camponeses e estudantes". Intencionando demarcar as características dessa "Nova Canção Chilena", o periódico entrevistou alguns participantes do festival. Margarida Riquelme, esposa de Alsino Fuentes, declarou que "Acredito que a nova canção chilena deve ter uma melodia bonita e uma poesia em suas letras. Esta deve expressar um conteúdo e tudo deve gostar ao público". Para Ester González, integrante do Trío Lonqui, "acredito que a nova canção chilena deve expressar a realidade. Além de divertir, como música, deve entregar uma mensagem que ajude a criar consciência e ensine". Por sua vez, Nelly de Muñoz, esposa de Orlando Muñoz, expressou: "Tomara que isso sirva para colocar a música chilena em primeiro lugar, ou seja, no lugar em que sempre deve estar. Que a lotação desse estádio seja a confirmação de que o folclore não morreu". Víctor Jara, que era filiado ao Partido, explicitou seu comprometimento político: "Dedico esse triunfo à classe operária, ao camponês, ao estudante e à juventude chilena". Na mesma linha, Richard Rojas declarou: "Tudo é para o povo. A ele também devo tudo. Nossas canções devem ser uma arma para libertar e despertar consciências. Ao mesmo tempo tem que ser belas. Tudo expressar com arte".[84]

Podemos observar que o festival girou em torno da questão da atualização do repertório musical nacional. Mas se a intenção de recuperar o interesse do público pela música chilena de raiz folclórica foi compartilhada pelos participantes do evento, cada um elaborou interpretações próprias sobre o significado da "nova música" e sobre os recursos válidos a serem empregados para desenvolvê-la. Enquanto alguns compositores privilegiaram os aspectos relacionados ao arranjo e à interpretação das canções – introduzindo uma instrumentação original ou novos trajes nas apresentações, por exemplo –, outros promoveram a ampliação do repertório, tanto no que tange aos gêneros folclóricos utilizados como base das criações quanto aos temas abordados. Entre esses últimos, destacaram-se

84 "La canción chilena fue la gran ganadora del festival". *El Siglo*, Santiago, 15 jul. 1969, p. 10.

os artistas que pretenderam elaborar uma arte socialmente comprometida, como foi o caso de Víctor Jara e Ángel Parra.

Assim, o termo "Nova Canção Chilena" abarcou inicialmente um repertório bastante heterogêneo – característica desconsiderada pela maior parte da bibliografia sobre a temática, que tende a afirmar que o festival de 1969 simplesmente batizou um movimento já existente, original e autoconsciente, que teve como base o comprometimento político dos músicos. Na nossa percepção, a consolidação da Nova Canção Chilena como movimento musical não se deu de maneira natural, mas partiu de uma necessidade sentida por determinados artistas de se distinguirem de outros, revelando um processo marcado por tensões, disputas e exclusões. Consideramos que essa busca por definição esteve intimamente relacionada com o engajamento de determinados músicos na campanha eleitoral de Salvador Allende, em 1970.

"Estar onde as batatas assam": o envolvimento com a Unidade Popular

No fim do mandato do democrata-cristão Eduardo Frei, a sociedade chilena se encontrava dividida entre os setores que reivindicavam o aprofundamento das reformas introduzidas desde 1964 e os que pretendiam frear tal processo. Para o historiador Alfredo Jocelyn-Holt Letelier, este governo produziu uma situação de "desenfreio", ocasionada pelo fato de que "desde o começo se obstinou no princípio de que 'tudo tem que mudar' inspirado, ademais, em um êxtase reivindicativo nunca antes visto. Agora ou nunca, agora e sempre".[85] Analisando as causas do descenso abrupto do apoio da população ao Partido Democrata-Cristão (PDC), Jocelyn-Holt destacou a dificuldade sentida por Frei de levar adiante seu programa de governo sem romper com a ordem institucional vigente, ocasionando um impasse no qual "o político aparecia, por conseguinte, como causa e como freio da mudança, a um mesmo tempo".[86] Como consequência,

85 JOCELYN-HOLT LETELIER, *op. cit.*, p. 102.

86 *Ibidem*, p. 101.

instaurou-se no país um clima odioso e de fortes antagonismos, sendo que os partidos mais radicais de esquerda e de direita passaram a exercer forte atração sobre a população.

Desse modo, as eleições presidenciais de 1970 – nas quais concorreram Jorge Alessandri (Partido Nacional), Rodomiro Tomic (PDC) e Salvador Allende (Unidade Popular) – foram marcadas "pela veemência com que se enfrentaram os três candidatos, que representavam visões contrapostas e irredutíveis de como devia encarar-se o futuro do país, imerso em uma conjuntura político-social complicadíssima".[87]

O programa de governo de Alessandri previa o fim das reformas impulsionadas pelo governo de Frei, a diminuição das prerrogativas reguladoras do Estado, o incentivo às empresas privadas nacionais e estrangeiras, o livre desenvolvimento do mercado, o crescimento do comércio exterior, a diminuição das faculdades do Parlamento e o fortalecimento do Executivo. Por sua vez, Radomiro Tomic pretendia aprofundar as reformas iniciadas por Frei, incentivando a participação das massas populares e, assim, consolidando os objetivos previstos no programa de governo anterior. A Unidade Popular (UP) se diferenciava da Democracia Cristã menos pelas medidas propostas para seu governo do que pelo fato de situar-se na esfera socialista no marco internacional da Guerra Fria. Seu programa defendia a oposição aberta aos Estados Unidos, a aproximação com Cuba e a União Soviética, a nacionalização das grandes empresas exploradoras do cobre (*Gran Minería del Cobre*), dos monopólios industriais estratégicos, do comércio exterior, dos bancos, dos seguros, das grandes empresas atuantes em setores-chave da economia nacional (como distribuição, energia e transporte); o aprofundamento radical da reforma agrária; a reestruturação do poder Legislativo, de modo que os representantes da população exercessem maior controle sobre o Executivo; e uma distribuição de riquezas mais equitativa, mediante a aplicação de programas específicos nas áreas de saúde, educação e moradia.[88]

---

87 CORREA *et al*, *op. cit.*, p. 261.

88 *Ibidem*, p. 262-263.

Nesse contexto, diversos artistas procuraram se posicionar politicamente, oferecendo apoio a uma ou outra candidatura. O conjunto Los Bric a Brac – criado em 1967, reunindo artistas ligados à Nova Onda e ao *Neofolklore*, sob liderança de Luis ("Chino") Urquidi – lançou o disco *Camino Nuevo* (Edição Independente, 1970), composto por quatro canções que exaltavam a figura de Jorge Alessandri. Radomiro Tomic contou com o apoio dos músicos Vicente Bianchi e Pedro Messone, que gravaram um *single* com os temas "Alegría campesina" e "Ni un paso atrás" (Demon, 1970) para sua campanha. Por sua vez, a candidatura de Salvador Allende foi respaldada por Víctor Jara, Isabel e Ángel Parra, Rolando Alarcón, Patricio Manns, Sergio Ortega e os conjuntos Quilapayún, Inti-Illimani, Aparcoa e Tiemponuevo, entre outros. Sob o lema "Não há revolução sem canções", estes artistas participaram de comícios da UP e gravaram canções que tematizavam o contexto eleitoral – como "*En septiembre canta el gallo*", de Isabel Parra; "*Unidad Popular*", de Ángel Parra; e "*Venceremos*", marcha composta por Sergio Ortega e interpretada pelo Quilapayún.[89]

Como apontam os autores de *Historia Social de la Música Popular en Chile, 1950-1970*, se a contingência política até então não havia sido impedimento para o trabalho conjunto de artistas de distintas tendências na difusão da música nacional, essa integração "não suportará os antagonismos sociais e políticos que dominavam o país e muito em breve se quebrará".[90]

No *II Festival de la Nueva Canción Chilena* ficaram manifestas as divisões que tornavam insustentável a presença de um movimento da canção unificado. Realizado nos dias 14 e 15 de agosto de 1970, às vésperas da eleição presidencial, o evento não teve caráter competitivo e anunciou como finalistas: Isabel Parra ("*Ayúdame Valentina*"), Payo Grondona ("*Il Bosco*"), Patricio Manns ("*La ventana*"), Víctor Jara ("*El alma llena de banderas*"), Rolando Alarcón ("*Un día el pueblo*"), Orlando Muñoz e Alsino

89 ROLLE, Claudio. "Del *Cielito Lindo* a *Canta la gente*: música popular, campañas electorales y uso político de la música popular en Chile". *Anais do V Congresso da IASPM-AL*, Cidade do México, 2002, p. 12-13. Disponível em: <http://www.iaspmal.net/wp-content/uploads/2011/12/Rolle.pdf>. Acesso em: 15 jul. 2015.

90 GONZÁLEZ *et al*, *op. cit.*, p. 417. Ver também p. 263.

Fuentes ("*Casi por casualidad*"), Samuel Baeza ("*América, qué te pasa*"), Homero Caro ("*Canto por un niño muerto*"), Oscar Cáceres e Oscar Alegría ("*Vamos ya*"), Eugenio Rengifo ("*Canción a José*"), Kiko Álvarez ("*Despertar americano*"), Valericio Leppe e Pedro Yañez ("*Nortino y jornalero*"), Fernando Ugarte ("*Réquien*"), Ángel Parra ("*Prepárate p'a mi muerte*"), Segio Ortega ("*M-2*"), Carlos Henríquez e Dióscoros Rojas ("*La vista arriba*"). O festival também contou com a estreia da cantata popular *Santa María de Iquique*, criação de Luis Advis interpretada pelo conjunto Quilapayún.

Esse repertório expressava a busca dos compositores nacionais por novas formas expressivas da canção, fosse através da aproximação com a chamada música erudita (*Santa María de Iquique*), fosse com a introdução de novos instrumentos, como o banjo de Payo Grondona, ou com a radicalização da temática de cunho político ("*El alma llena de banderas*"). No balanço feito pelos participantes do evento, as divergências ficaram claras: enquanto Kiko Álvarez, Óscar Cárceres, Homero Caro e Alsino Fuentes celebraram-no como um aporte à música nacional, destacando a relação entre as novas formas musicais e o "sentir atual" – o que não representaria um choque com o tradicional –, os convidados Raquel Barros e Vicente Bianchi defenderam que tal repertório não poderia ser classificado como folclórico, dadas as mesclas de ritmos latino-americanos realizadas nas canções.[91]

Por sua vez, Rolando Alarcón declarou que

> Não deveriam ter sido convidados – por conta do objetivo atual e social do Festival – Raquel Barros nem Pedro Messone, tampouco Los Huasos Quincheros. [...] Em vez de homenagear Nicanor Molinare, deveria ter sido feito um ato para celebrar os poetas sociais.[92]

Sob o título "*Repudio a Messone*", o jornal *El Siglo* afirmava que as vaias dirigidas pelo público a tal cantor, que subiu ao palco com a orquestra de Vicente Bianchi para homenagear Molinare, seriam justificáveis:

---

91 *Ibidem*, p. 266.

92 "'Muy bueno' fue el Festival de la Nueva Canción Chilena". *El Siglo*, Santiago, 16 ago. 1970, p. 08.

> Se a canção era livre e atual, logicamente os temas deviam referir-se, naturalmente, à realidade. E essa acusava aos detentores do poder econômico e do político, como causas do subdesenvolvimento e da sujeição de nossa terra aos imperialistas. Cantava-se à libertação. E o público assim o entendia. Como também compreendeu que aqueles que queriam continuar o regime reformista fracassado ou retornar ao passado alessandrista, eram inimigos do progresso social. O público sabia que Pedro Messone havia aderido à candidatura [de] Tomic. [...] Repudiou-o.[93]

De acordo com os autores de *Historia Social de la Música Popular en Chile, 1950-1970*, Messone teve uma discussão com Víctor Jara nos bastidores "que marcou para sempre a ruptura entre os músicos chilenos que cultivavam a música de raiz folclórica".[94]

O *III Festival de la Nueva Canción Chilena* foi realizado nos dias 20 e 21 de novembro de 1971, durante o mandato de Salvador Allende, contando com auspício do Departamento de Cultura da Presidência da República. Os artistas que haviam apoiado a Unidade Popular no período eleitoral continuaram a desempenhar um papel importante em seu governo, o que lhes atribuiu uma imagem de "arte oficial", reforçada pela nomeação de alguns músicos – Isabel Parra, Víctor Jara, Inti-Illimani e Quilapayún – como Embaixadores Culturais do Governo Popular. Em 1971, esses mesmos artistas foram convidados pelo reitor Enrique Kirberg a integrar a Secretaria de Extensão e Comunicações da UTE, passando a receber um salário para realizar determinado número de apresentações por ano. Jorge Coulón, integrante do Inti-Illimani, assinala que a incorporação à secretaria permitiu a profissionalização do conjunto.[95]

93 "Los artistas se comprometen con las diversas candidaturas", *El Siglo*, Santiago, 29 dez. 1970, p. 10.

94 GONZÁLEZ *et al*, *op. cit.*, p. 265.

95 "Esse ano, a UTE, que como resultado da democratização produzida pela reforma havia chegado a ser dirigida pela esquerda, propôs incorporarmo-nos a seu quadro de artistas, recebendo um salário básico em troca de realizar um número de atuações por

Em uma entrevista concedida à imprensa por ocasião do festival, Isabel Parra reconhecia os novos desafios que se colocavam para os músicos: "[Nós,] Os criadores e intérpretes da Nova Canção Chilena teremos que nos colocar em suspensão para observar, viver e dar uma resposta criadora no musical ao fenômeno político que se desenvolve no Chile".[96] A revista afirmava que o *III Festival de la Nueva Canción Chilena* marcaria uma nova etapa naquele fenômeno musical: "a de apoio e canto poético ao homem novo, à operária da fábrica têxtil estatizada [...]; à garota que combate; ao pescador e à terra". Defendia, assim, que "a Nova Canção Chilena é expressão de uma nova sociedade".[97]

Essa mudança de enfoque foi analisada pelo historiador Claudio Rolle, para quem "O tom dominante passou a ser o de convite a trabalhar pela construção do novo Chile, sem por isso deixar de lado uma atitude vigilante frente à oposição direitista".[98] As "canções de construção do novo Chile" seriam marcadas pela insistência na responsabilidade coletiva adquirida pelos setores populares ao elegerem Allende. Paralelamente, as canções de conteúdo mais "contingente" buscariam denunciar os inimigos políticos do governo, através da dupla estratégia de caricaturalizá-los em tom irônico e de trabalhar com temas direcionados a comentar e denunciar suas ações e comportamentos. Ainda segundo Rolle, seria notável nesse momento o desenvolvimento de certa estratégia de trivialização da música com o propósito de atingir um público mais amplo.[99]

---

ano. [...] É assim que Inti-Illimani se transforma em conjunto profissional em 1971" (Entrevista a CIFUENTES SEVES, Luis. Fragmentos de un sueño: Inti-Illimani y la generación de los 60. 2a ed., 2000, s.n.p. Disponível em: <http://www.cancioneros.com/co/3719/2/fragmentos-de-un-sueno>. Acesso em: 15 jul. 2015).

96 *Apud* "Tercer año de la nueva canción", p. 49. Não conseguimos identificar a revista nem a data em que a matéria foi publicada, pois somente tivemos acesso a um recorte da mesma.

97 *Ibidem*, p. 49.

98 ROLLE, Claudio. "La 'Nueva Canción Chilena', el proyecto cultural popular y la campaña de gobierno de Salvador Allende". *Anais do III Congresso da IASPM-AL*, Bogotá, 2000, p. 9. Disponível em: <http://www.iaspmal.net/wp-content/uploads/2011/10/Rolle.pdf>. Acesso em: 15 jul. 2015.

99 *Ibidem*, p. 9.

Naquele contexto, o termo "Nova Canção Chilena" passou a ser reivindicado para caracterizar os músicos que se identificavam com o governo instaurado, participando de eventos oficiais e de projetos governamentais, compondo e interpretando canções que abordavam com otimismo o "processo chileno". Mas se é possível constatar que desde meados dos anos 1970 se buscou definir o *movimento* da Nova Canção Chilena (NCCh) a partir da ideia de compromisso com a realidade nacional, também é importante levar em conta que a politização das canções não foi o único critério utilizado para identificar os músicos como pertencentes ou não a tal tendência. Já em 1972, Fernando Barraza – no trabalho pioneiro intitulado *La Nueva Canción Chilena*, publicado pela Editora Nacional Quimantú[100] – apontava para a difícil definição da chamada Nova Canção Chilena, reconhecendo suas diversas formas de expressão:

> Traduz, interpreta ou pretende refletir a realidade da sociedade chilena de hoje e os distintos fenômenos que se manifestam nela. [...] não necessariamente se dedica a protestar. Pode, sutilmente, ironizar acerca de determinadas modas ou personagens [...] Pode, também, aplaudir uma iniciativa de mudança [...] Também é possível que traduza um estado de ânimo [...] Teriam que produzir-se problemas posteriores pela vagueza do conceito.[101]

100 Após enfrentar um conflito com seus trabalhadores, a Editorial Zig Zag (maior empresa do ramo no período) foi estatizada no início de 1971, convertendo-se na Editora Nacional Quimantú. A partir do ano seguinte, definiu-se um novo perfil editorial e a lógica econômica foi sendo reajustada por uma política cultural e uma estratégia de fomento do livro voltadas à massificação da informação, ampliando o alcance de suas publicações a distintos setores sociais e privilegiando a fundação de uma nova identidade nacional. Com o golpe civil-militar de 1973, a editora foi fechada. Sobre a produção da Quimantú, ver SUBERCASEAUX, Bernardo. "El estado como agente cultural: proyecto político e industria editorial". BAÑO (ed.). *La Unidad Popular treinta años después*. Santiago: LOM, 2003, p. 269-287.

101 BARRAZA, Fernando. *La Nueva Canción Chilena*. Santiago: Quimantú, 1972, p. 9.

A falta de consenso sobre o que caracterizaria a Nova Canção Chilena é indicativa da heterogeneidade da produção musical englobada nessa denominação. Não obstante, certos elementos comuns ao repertório de determinados músicos – em especial, a valorização do folclore chileno e latino-americano, o trabalho com temáticas sociais e a vinculação com a UP – foram tomados por críticos do período como princípios definidores da NCCh, que teria como principais representantes Rolando Alarcón, Patricio Manns, Isabel Parra, Ángel Parra, Víctor Jara, Quilapayún, Tiemponuevo, Inti-Illimani e Aparcoa. Essa concepção é continuamente reforçada pela bibliografia sobre a temática, que parte invariavelmente desse leque de artistas para abordar o movimento, deixando de lado figuras como Tito Fernández e Payo Grondona, para quem o compromisso social e ético com a realidade chilena não implicou em militância partidária.

Embora compartilhemos da concepção de que a NCCh pode ser compreendida como um movimento musical – na medida em que aglutinou artistas que desenvolveram e propagaram uma tendência inovadora de caráter estético, apresentando características comuns tanto no âmbito do repertório quanto no de seus espaços de circulação, além de identificarem-se como participantes de um mesmo fenômeno musical –, ressaltamos a impossibilidade de reduzi-la a algumas características observadas nas obras dos músicos que foram considerados seus principais expoentes. Nesse sentido, ao trabalharmos com a obra musical de Víctor Jara, Inti-Illimani e Quilapayún, não temos a pretensão de generalizar nossa análise para a totalidade do movimento, mas antes observar de que maneira seus discos dialogam com o contexto artístico e político em que foram produzidos.

Na sequência, analisaremos os elementos presentes no discurso dos músicos selecionados que permitiram a identificação da NCCh como "canção de protesto", construção que, como já exposto, constitui até a atualidade um ponto de partida para os estudos sobre o movimento. Perguntando pela maneira como os artistas concebiam seu ofício, procuraremos oferecer pistas para pensar como tal interpretação influenciou na significação da NCCh pelos atores do período.

"CANTO PORQUE O VIOLÃO TEM SENTIDO E RAZÃO": REPRESENTAÇÕES DO ARTISTA ENGAJADO NA IMPRENSA E NOS DISCOS

A polêmica em torno da noção de "canção de protesto"

Como assinala Claudia Gilman, uma parte significativa dos escritores e artistas latino-americanos dos anos 1960/1970 procurou apropriar-se do espaço público como tribuna a partir da qual poderiam se dirigir à sociedade.[102] Inspirados pelos sucessos da Revolução Cubana – "disparadora da vontade de politização intelectual"[103] –, esses atores se sentiam responsáveis pelo crescimento das condições subjetivas que levariam à revolução nos diferentes países do continente.

No campo da música, essa concepção motivou a realização em Cuba do *Encuentro de la Canción Protesta*, organizado pela Casa de las Américas entre 29 de julho e 10 de agosto de 1967. Contando com a participação de artistas de dezoito países, o encontro teve como objetivos principais "dar resposta a uma série de perguntas em torno desse gênero de composição; [...] [e] interpretar suas canções ao povo cubano através da rádio e da televisão, em teatros e ao ar livre".[104] No balanço realizado pela revista *Casa de las Américas*, Jose Ossorio ressaltou que as canções interpretadas durante o evento "se referiam à luta de libertação, à denúncia social e política, à guerra do Vietnã, à discriminação racial", adotando formas musicais diversas, que poderiam ser folclóricas, populares ou modernas. Um dos temas em pauta durante as sessões de debate teria sido "a eterna questão de forma e conteúdo, embora não se foi muito longe no assunto, já que se concluiu que qualquer canção é boa [...] se entre esses dois termos há um justo equilíbrio".[105]

---

102 GILMAN, *op. cit.*, p. 59.

103 *Ibidem*, p. 61.

104 OSSORIO, Jose M. "Encuentro de la canción protesta". *Casa de las Américas*. Havana, n. 45, nov.-dez. 1967, p. 139.

105 *Ibidem*, p. 140.

Por outro lado, os participantes teriam procurado definir quando a canção de protesto seria verdadeira e quando estaria reduzida a um produto comercial. De acordo com Ossorio, "Nem todos estiveram de acordo com a denominação 'protesto', já que para alguns era muito limitada; para outros, insuficiente; para alguns, a etiqueta de um gênero musical com o qual cantores famosos ganham a vida comodamente".[106] Entre as denominações alternativas sugeridas pelos artistas, encontravam-se "nova canção" (Raimón), "canção revolucionária" (Daniel Viglietti), "canção de conteúdo social" (Ángel Parra) e "canção política revolucionária" (Oscar Chávez). Nesse sentido, não teria havido acordo nas definições, "mas sim em relação aos fins que a canção de protesto persegue".[107]

Esses objetivos aparecem explicitados na "*Resolución Final del Encuentro de la Canción Protesta*", documento reproduzido na mesma revista. Fazendo referência ao "importante papel que cumprimos na luta de libertação dos povos contra o imperialismo norte-americano e o colonialismo", os signatários postularam que

> Os trabalhadores da canção de protesto devem ter consciência de que a canção, por sua particular natureza, possui uma enorme força de comunicação com as massas [...] Consequentemente, a canção deve ser uma arma a serviço dos povos, não um produto de consumo utilizado pelo capitalismo para aliená-los. Os trabalhadores da canção de protesto têm o dever de enriquecer seu ofício, dado que a busca de qualidade artística é em si uma atitude revolucionária. A tarefa dos trabalhadores da canção de protesto deve se desenvolver a partir de uma tomada de posição definida junto ao seu povo frente aos problemas da sociedade em que vive.[108]

106 *Ibidem*, p. 140.

107 *Ibidem*, p. 141.

108 *Apud ibidem*, p. 143-144.

Reivindicando, portanto, o direito e o dever do músico de utilizar sua obra como meio de intervenção na sociedade, os participantes do evento defenderam o desenvolvimento de uma canção – formato considerado privilegiado para comunicar-se de maneira efetiva com o público – que transmitisse mensagens políticas sem abrir mão da qualidade estética.

Seguindo o princípio de que o artista deveria tomar uma posição definida frente às questões de seu tempo, os signatários denunciaram os "crimes do imperialismo contra o povo do Vietnã", exigindo o fim dos bombardeios ao norte do país e a retirada total das tropas norte-americanas do sul. Manifestaram apoio à "crescente luta do povo negro dos Estados Unidos contra todas as formas de discriminação e exploração" e à "luta proletária e estudantil que nos países capitalistas se livra da exploração patronal". Por fim, exaltaram a Revolução Cubana, "que assinalou o verdadeiro caminho que devem tomar os povos da Ásia, África e América para libertarem-se".[109] Assim, o anti-imperialismo foi tomado como causa comum a todos os povos que buscavam sua soberania, alimentando a expectativa de que a "revolução mundial" estava em marcha.[110]

As concepções defendidas no *Encuentro de la Canción Protesta* – do qual participaram Rolando Alarcón, Isabel e Ángel Parra – exerceram influência sobre muitos artistas que viriam a integrar a NCCh, estando fortemente presentes nos discursos que eles formularam acerca do papel "revolucionário" da arte e do artista. Nessas elaborações, os músicos procuraram se posicionar no debate nacional sobre o significado e a validade da chamada "canção de protesto".

Em seu exemplar de 12 de novembro de 1967, o jornal comunista *El Siglo* afirmava que o aparecimento de tal repertório havia provocado polêmicas de distintas ordens entre os músicos e críticos chilenos:

> Por um lado os que se denominam folcloristas autênticos, ou tradicionais ou puristas, que discutem a utilização das formas folclóricas com uma temática

109 *Ibidem*, p. 144.

110 GILMAN, *op. cit.*, p. 46.

> contemporânea. Pelo outro os que ideologicamente combatem o conteúdo do protesto e finalmente quem toma esta nova forma de cantar à realidade para deliberadamente deformar seu conteúdo.[111]

Assim, observar-se-iam duas tendências entre os opositores da canção de protesto: os folcloristas que recusavam a introdução de modificações de qualquer espécie nas formas musicais tomadas como tradicionais e os críticos que consideravam que a música não era um espaço legítimo para a difusão de mensagens políticas.[112] O fragmento também faz referência à existência de uma "falsa" canção de protesto, que "deformaria" o sentido original dessa manifestação.

Ao decorrer do ano de 1967, o mesmo jornal entrevistou alguns músicos, perguntando por sua opinião a respeito dessas críticas. Confrontando os que discursavam em nome da pureza do folclore, Víctor Jara expressou:

> Acredito que nenhum de nós tem o direito de colocar-se como juiz implacável, inclusive dogmático, frente ao folclore em geral. O folclore autêntico é vigente, vivo, atual; não é um assunto morto. Parece-me muito perigoso, caprichoso e um pouco egoísta considerar que o folclore é uma obra arqueológica do século passado, e que deve ser interpretado como tal, ou se não, não é válida. Isso é absurdo.[113]

Como veremos mais adiante, essa defesa da atualização do folclore esteve intimamente ligada à reivindicação de seu potencial transformador.

111 "Verdad y engaño en la canción protesta". *El Siglo*. Santiago, 12 nov. 1967, p. 17.

112 Partindo de artigos publicados na revista *El Musiquero*, a historiadora Mariana Arantes apresentou exemplos dessas duas posturas em sua dissertação de mestrado. Ver ARANTES, *op. cit.*, especialmente p. 77-78.

113 *Apud* ALBA, Felipe. "Las opiniones directas de Víctor Jara: Es um pecado dogmatizar sobre el folklore". *El Siglo*. Santiago, 24 set. 1967, p. 7.

No que tange à reivindicação do direito à politização de seu repertório, o principal argumento utilizado pelos músicos entrevistados foi a afirmação de que "existe protesto social no folclore autêntico, o tradicional".[114] Segundo Ángel Parra, a canção "de protesto" ou "de conteúdo social" "existiu sempre, como resposta a um desafio ou a um estado de coisas [...] Em nosso país existem como folclore em forma de décimas e quadra".[115] Na mesma linha, Víctor Jara considerava que "no Chile [...] existem e existiram muitas canções de conteúdo social, especialmente no campesinato. Se há uma canção de conteúdo social quer dizer que o camponês ou o chilote possuem consciência social".[116]

A defesa da canção de protesto esteve acompanhada da necessidade de distinguir suas expressões "verdadeiras" das "falsas". Esse tema foi desenvolvido em uma entrevista realizada pelo jornal com os integrantes do conjunto Quilapayún: "Há uma canção falsa de protesto. [...] trata-se aqui no Chile de temas americanistas, ou de canções pacifistas" – assinalou Eduardo Carrasco. Denunciando seu caráter comercial, o músico explicava que "essa canção que [não] especifica nem se dirige contra os verdadeiros responsáveis pelo que dizem não pode ser chamada 'Canção de Protesto'". É provável que essa crítica estivesse dirigida a manifestações musicais ligadas à contracultura, as quais, por proporem formas alternativas de resistência à ordem vigente que não passavam pela esfera da política convencional, eram vistas como apolíticas, ineficientes e até mesmo alienantes pela esquerda tradicional.

Trazendo à tona a questão da relação entre intérprete e público, Carrasco defendeu que "o cantor o faz para alguém, dirige sua voz a um público determinado. O canto de protesto dirige sua canção aos camponeses, aos trabalhadores e aos estudantes, às forças progressistas da sociedade [...] o cantor deve dizer os problemas que afetam seu povo".[117] Desse modo, o

114 *Apud* "El folklorista está ligado a la realidad". *El Siglo*. Santiago, 23 maio 1967, p. 10.

115 *Apud* GARCÉS, Marcel. "La canción protesta: Una expresión musical de la lucha de clases". *El Siglo*, Santiago, 29 out. 1967, p. 19.

116 *Apud* ALBA. "Las opiniones directas...", p. 7.

117 *Apud* "Verdad y engaño...", p. 17.

cultivo da "verdadeira canção de protesto" implicaria no estabelecimento de um compromisso entre o músico e as lutas sociais levadas a cabo pelos setores identificados como oprimidos pela ordem vigente. Víctor Jara expressava um ponto de vista similar ao manifestar que

> quem queira interpretar realmente a alma do povo deve percorrer muitos caminhos. E vai ter que percorrer esses caminhos junto a eles, à mulher que lava, ao homem que faz laços, ao que abre sulcos, ao que desce à mina, ao que joga uma rede ao mar... e não passar em um carro, olhando pela janela.[118]

Observa-se aqui a reivindicação de um contato integral entre artista e "povo" enquanto único meio legítimo de desenvolver uma arte comprometida com a atualidade. Daí o argumento de que a canção de protesto deveria tomar como base as formas folclóricas – concebidas como representantes autênticas dos setores populares. Para Ángel Parra, o contrário "seria trair minha condição de cantor popular", pois "para estabelecer um diálogo com o povo que não seja falso, deve-se dar o que eles mais amam, sua música, seus instrumentos e através deles identificar-se plenamente".[119] O contato com as tradições populares e a identificação do artista com seu público seriam, portanto, os pressupostos básicos da canção de protesto – o que foi explicitado por Richard Rojas:

> [o cantor] deve ser consciente com a realidade em que vivemos e é aqui que seu conteúdo adquire sua real validez, quando se identifica com o homem até estremecê-lo. O artista popular, o criador tem um papel importante a desempenhar como ser social.[120]

118 *Apud* ALBA. "Las opiniones directas...". *El Siglo*, 24 set. 1967, p. 7.

119 *Apud* GARCÉS. "La canción protesta...", p. 19.

120 *Apud ibidem*, p. 19.

Em um artigo que escreveu para *El Siglo*, intitulado "La canción protesta", Víctor Jara reivindicou a historicidade dessa tendência musical, procurando vincular o músico comprometido dos anos 1960/70 ao "homem de sempre" e aos povos indígenas ancestrais. Assim, postulou:

> a canção nasce como uma necessidade e não como um mero entretenimento, mas pelo contrário, leva consigo já em suas origens uma finalidade que sirva para a aclaração de seu conflito de homem vivo e livre sobre a terra. O homem cantou e até hoje persiste na tradição folclórica dos povos, para fortalecer-se frente ao mal e às forças contrárias que oprimiam sua vida. [...] Os incas usavam o som de suas quenas para apaziguar e reunir seu rebanho nas solidões andinas. [...] No Chile, os araucanos reuniam ao povo em um "guillatún", onde todos cantavam pela fertilidade da terra. Na atualidade, a canção de protesto surge com ímpeto poderoso, vitalizando os valores essenciais do canto. Os povos oprimidos se rebelam, combatem e denunciam os culpados de sua opressão.[121]

Verifica-se que essa construção – a invenção da tradição[122] da canção de protesto – objetiva legitimar determinado repertório contemporâneo por meio de sua associação com práticas passadas, representadas de modo a fundamentar a ideia de continuidade.

Atribuindo à canção de protesto os "valores essenciais do canto", Jara afirma que ela seria "um fato, uma realidade e uma necessidade do homem contemporâneo" na medida em que "Efetua uma verdadeira ação

121 JARA, Víctor. "La canción protesta". *El Siglo*. Santiago, 30 abr. 1970, p. 11.

122 Como aponta o historiador Eric Hobsbawm, "muitas instituições políticas, movimentos ideológicos e grupos [...] sem antecessores tornam necessária a invenção de uma continuidade histórica" em momentos de rápida transformação da sociedade, sendo que "Até mesmo os movimentos revolucionários baseavam suas inovações em referências ao 'passado de um povo' [...]" (HOBSBAWM, Eric; RANGER, Terence. *A invenção das tradições*. Rio de Janeiro: Paz e Terra, 1997, p. 15 e 22).

de limpeza do câncer que inculcaram ao povo os invasores. Fala-lhes da liberdade e daqueles que lutam em todo o mundo para alcançá-la". Ao abordar temas como o "imperialismo" norte-americano, a Revolução Cubana, a Guerra do Vietnã e as condições de vida dos trabalhadores latino-americanos, denunciando os "opressores" e posicionando-se ao lado dos "oprimidos", "A canção de protesto destrói [...] esta ação alienante do capitalismo e é por isso que cumpre um papel importantíssimo na reivindicação do homem", comunicando massivamente o trabalho dos combatentes "que guiam os povos à sua libertação".[123] Desse modo, caberia ao artista revolucionário – porta-voz de uma consciência humanista e universal – comprometer-se com as questões de seu tempo, utilizando seu ofício como meio de transformar a sociedade.

A partir da realização do primeiro e, em especial, do segundo *Festival de la Nueva Canción Chilena*, o termo "canção de protesto" passou a ser substituído na imprensa por "Nova Canção Chilena" – o que aponta para a tentativa de representar o movimento a partir dessa noção básica. Por uma questão de enfoque, não desenvolveremos tal tema neste trabalho, mas procuraremos evidenciar que a intenção compartilhada de realizar uma "nova canção" interessada pelas demandas políticas e sociais do presente não resultou em um repertório homogêneo e centrado no "protesto".

Na sequência, analisaremos como as concepções sobre a música engajada se apresentam no discurso de Víctor Jara, Quilapayún e Inti-Illimani, destacando três pontos recorrentes: os músicos considerados como precursores da NCCh, as características da música "revolucionária" e o lugar social buscado pelo artista comprometido.

O diálogo com os eleitos "precursores"

A identificação de Atahualpa Yupanqui e Violeta Parra como os precursores das diferentes expressões nacionais (especialmente a chilena e a argentina) da Nova Canção é recorrente não apenas nos documentos de época, mas também na bibliografia especializada. Essa aproximação tem

123 JARA, Víctor. "La canción protesta". *El Siglo*, 30 abr. 1970, p. 11.

como referência a presença de temáticas sociais e latino-americanistas na obra musical dos dois *cantautores* – que procuraram renovar o repertório folclórico gravado em disco através da incorporação de novos objetos e formas musicais.

De acordo com a historiadora Tânia Garcia, haveria três características na obra de Yupanqui "que o trouxeram para dentro do movimento de revitalização do cancioneiro folclórico argentino nos anos 60":[124] sua relação livre com a tradição, sua poética contestatória e seu virtuosismo interpretativo. Consideramos que essa constatação também pode ser aplicada ao caso de Violeta Parra em relação à NCCh, com a ressalva de que sua busca por maior elaboração artística não se traduziu em virtuosismo, mas antes em tentativas de aproximar a música popular de outras artes, como a plástica, a música erudita e a poesia.

A oposição dos dois artistas aos críticos que defendiam a "pureza" do folclore tem sido ressaltada pela produção acadêmica dedicada à temática. De acordo com Tânia Garcia,

> O repertório de Atahualpa Yupanqui, embora estivesse comprometido com esse passado, revisitava-o sem perder de vistas suas tensões e conflitos. O compositor, a seu modo, atualizava o discurso folclórico. Tal releitura custou-lhe a oposição daqueles que entendiam o popular como "resíduo elogiado, depósito da criatividade camponesa", a ser fixado como tradição, museificado.[125]

No mesmo sentido, Karen Donoso constatou que "Violeta buscou recopilar o folclore não para deixá-lo em um museu, mas sim para dinamizá-lo, para devolver sua vida".[126]

---

124 GARCIA, Tânia, "Entre a tradição e o engajamento: Atahualpa Yupanqui e a canção folclórica em tempos de Perón". *Projeto História*. São Paulo, n. 36, jun. 2008, p. 206.

125 *Ibidem*, p. 201.

126 DONOSO FRITZ, *op. cit.*, p. 67.

Essa concepção foi tomada como fundamento no *Manifiesto del Nuevo Cancionero*, redigido pelo poeta argentino Armando Tejada Gómez em 1963:

> quando o principal era a difusão da canção nativa [...] era natural e lógica a insistência em mostrá-lo [ao folclore] tal qual era ou havia sido em sua origem. Foi a fixação nesse estado o que degenerou em folclorismo de cartão postal cujos remanescentes ainda padecemos, sem vida nem vigência para o homem que construía o país e modificava dia a dia sua realidade.[127]

Para combater essa tendência, o documento defendeu a renovação do cancioneiro popular através da incorporação de temáticas contemporâneas e de novas formas estilísticas. Assim, o folclore deveria se conectar à realidade presente, identificando-se com as novas gerações e integrando-se ao "desenvolvimento do povo todo para acompanhá-lo em seu destino, expressando seus sonhos, suas alegrias, suas lutas e esperanças".[128]

Como destacou o musicólogo Juan Orrego Salas referindo-se à NCCh, "esta nova expressão, após deixar-se permear da tradição popular, tomou seu próprio curso. Junto a separar-se do folclore conseguiu criar uma linguagem musical própria", na qual as tradições folclóricas foram integradas à realidade presente através da incorporação de "elementos rítmicos, harmônicos, instrumentais e formais forâneos à própria órbita da tradição popular, para enriquecer seu vocábulo expressivo e reforçar sua mensagem".[129]

O discurso da Nova Canção em torno do potencial transformador do folclore – concebido como meio propício para a aproximação entre

---

127 TEJADA GÓMEZ, Armando. *Manifiesto del Nuevo Cancionero*, s.n.p. Disponível em: <http://www.tejadagomez.com.ar/adhesiones/manifiesto.html>. Acesso em: 15 jul. 2015.

128 *Ibidem*, s.n.p.

129 ORREGO SALAS, Juan. "Espíritu y contenido formal de su música en la Nueva Canción Chilena". *Literatura chilena: creación y crítica*. Madri; Los Angeles, n. 33/34, jul.-dez. 1985, p. 6.

canção e realidade político-social – esteve pautado em dois pressupostos básicos: a necessidade de reconhecer no repertório existente os elementos "progressistas" que deveriam ser resgatados e a possibilidade de, baseando-se nessas formas, criar novas canções folclóricas. Nesse sentido, Parra e Yupanqui foram valorizados não apenas por terem pesquisado e difundido o folclore latino-americano, mas, principalmente, por interferirem nesse repertório de maneira a selecionar determinados conteúdos, privilegiando-os em relação a outros – o que foi destacado por José Seves, integrante do Inti-Illimani:

> Não há que esquecer que Violeta fez uma seleção de aspectos progressistas de nosso folclore, ela não incluiu, por exemplo, as inumeráveis canções de enfoque machista, ou idealizando o álcool ou os dramas passionais irrelevantes, todos estes presentes de uma ou outra forma em todo folclore.[130]

Buscando concretizar a ideia de que o artista poderia interferir no repertório folclórico sem descaracterizá-lo, Víctor Jara escreveu nas *liner notes* do primeiro LP do conjunto Quilapayún (Odeon, 1966):

> Elegemos o caminho do Folclore, porque é o único que nos leva a cumprir nosso objetivo. O fio frio do puramente técnico, o rechaçamos. Frente ao autóctone, buscamos recriar a beleza e a força vernacular, e frente a nossas composições, nos sentimos livres na forma musical e no conteúdo: evidentemente, sem transgredir as normas rítmicas e musicais do canto popular.[131]

Na escuta do disco, constatamos que a distinção realizada por Jara entre as composições próprias e as "autóctones" se referia à presença de elementos mais experimentais nas primeiras – fosse através da fusão

130 Entrevista a CIFUENTES SEVES, *op. cit.*, s.n.p.

131 JARA, Víctor. *Liner notes*. In: QUILAPAYÚN. *Quilapayún*, Odeon, 1967, LP, contracapa.

de formas musicais diversas, fosse da não identificação com nenhum gênero folclórico em particular ou ainda da maior exploração dos recursos vocais do conjunto. Mas tal diferenciação não aparece explícita, isto é, os arranjos das canções "autóctones" aproximam-nas das demais, de modo a garantir uma continuidade na escuta das faixas e, assim, permitir a identificação das composições próprias com a "tradição" chilena e latino-americana.

Nesse mesmo sentido, os discos *Canciones folklóricas de América*, lançado por Quilapayún e Víctor Jara em 1968 (Odeon), e *Canto de pueblos andinos vol. 1*, do Inti-Illimani (Odeon, 1973) – cujos nomes expressam a intenção de identificar como folclóricas as canções que os integram – mesclam músicas tradicionais de autoria desconhecida com composições próprias ou de outros artistas contemporâneos. Além disso, os arranjos das primeiras procuram atualizá-las a partir de recursos musicais modernos, expressando, assim, a concepção de que o folclore seria vivo, recriável.

Cabe ressaltar que o posicionamento dos músicos ligados à NCCh frente à questão da relação entre o movimento e o folclore esteve marcado por divergências e contradições. Se por um lado, como vimos, são constantes as declarações em que os artistas expressam entender que estão produzindo músicas folclóricas, também podemos encontrar afirmações no sentido contrário. É o caso da seguinte ponderação realizada por Eduardo Carrasco: "o folclore nasce espontaneamente no povo, tem raízes históricas profundas [...] mas não é uma canção que tenha um propósito explícito como o que tem a canção de protesto".[132] Na mesma linha, o compositor Luis Advis defendeu que o sentido local seria a principal característica do folclore (ou "arte do povo"), de modo que "só poderemos encontrá-lo e desfrutá-lo no mesmo lugar de onde emerge".[133] Nessa perspectiva, no que se refere ao âmbito musical, nem o trabalho de divulgação desenvolvido por folcloristas (Projeção Folclórica) nem a

132 *Apud* "Verdad y engaño...", p. 17.

133 ADVIS, Luis. "El neopopulismo musical (acerca de la Nueva Canción Chilena). Primera parte". *Revista El Siglo*, Santiago, 3 set. 1972, p. 12.

produção inspirada em formas tradicionais (*Neofolklore* e NCCh) se caracterizaria como folclore, uma vez que desenvolver-se-iam em um novo contexto. Não obstante essas diferentes interpretações, observa-se que a vinculação (mais ou menos direta) com o folclore constituiu uma reivindicação comum dos diferentes artistas na busca por legitimar o repertório identificado à NCCh.

O segundo ponto destacado por Tânia Garcia – a "poética engajada" – diz respeito à incorporação de temáticas sociais e políticas na obra musical de Atahualpa Yupanqui e Violeta Parra, o que permitiu sua identificação nos anos 1960 como "os antecedentes mais claros do compromisso do artista com seu povo".[134] Em seu livro autobiográfico *Quilapayún: la revolución y las estrellas*, Eduardo Carrasco assinala que Yupanqui foi uma influência importante para o conjunto na medida em que

> suas palavras falavam desde uma perspectiva completamente inédita, que coincidia exatamente com a sensibilidade revolucionária do momento. Sua música era uma síntese formidável entre a recuperação da identidade perdida e o espírito de renovação e de justiça social. Atahualpa [...] falava à consciência de nossos povos, tomando o ponto de vista do indígena, do trabalhador da terra, do camponês trabalhando, sem ficar na mera "mensagem", atravessando com suas imagens a dureza do presente, para localizar-se em um terreno metafísico. [...] [Suas canções] davam respostas profundas à nossa sensibilidade, que buscava encontrar a dimensão da arte maior nas expressões populares.[135]

Em relação à obra de Violeta Parra, "seria para nós o antecedente mais importante"[136] – ponto de vista compartilhado por Horacio Salinas, integrante do conjunto Inti-Illimani: "De Violeta aprendemos esse amor pela

134 GARCÉS, "La canción protesta...", p. 19.

135 CARRASCO, *op. cit.*, p. 64.

136 *Ibidem*, p. 67.

arte popular, essa compreensão dos valores imensos de nosso folclore. Em Violeta se combina o amor com o protesto de uma maneira magistral, o artístico com o político".[137]

O reconhecimento de Parra como "uma das primeiras a compor canções que levam marcado um protesto"[138] teve como referência as canções autorais produzidas nos anos finais de sua vida,[139] marcadas pela crítica social e, em alguns casos, pela denúncia política explícita. De acordo com os autores de *Historia Social de la Música Popular en Chile, 1950-1970*, o conjunto de canções que a artista compôs em Paris entre 1961 e 1963, editadas postumamente no disco *Canciones reencontradas en París* (DICAP, 1971), assinalou uma mudança em seu repertório, no qual predominavam até então recopilações de temas religiosos e camponeses.[140] As novas composições

> nos mostram uma Violeta Parra como a autêntica fundadora da Nova Canção Chilena, com criações que se vinculam à cultura tradicional, mas que possuem um perfil mais urbano, ampliando suas temáticas, respondendo aos desafios modernizantes da música popular. [...] Nessas canções, Violeta atua como comentarista de atualidade e também como geógrafa social.[141]

Como exemplos de canções com esse perfil crítico que influenciaram o movimento da NCCh, podem ser destacadas: "*Arauco tiene una pena*", "*Según el favor del viento*", "*Porque los pobres no tienen*", "*La carta*" e "*Un*

---

137 Entrevista a CIFUENTES SEVES, *op. cit.*, s.n.p.

138 CHAMORRO DIAZ, Jaime. "Cuando el canto se pone rebelde". *El Siglo*, Santiago, 8 jun. 1969, p. 14.

139 Violeta Parra cometeu suicídio em 5 de fevereiro de 1967.

140 Essa tendência não implica na ausência de canções de conteúdo social nas composições anteriores de Violeta Parra, sendo que "*Arriba quemando el sol*" – na qual se denunciam as más condições de trabalho dos mineiros nortenhos –, para dar um exemplo, data de 1960.

141 GONZÁLEZ *et al*, *op. cit.*, p. 387.

río de sangre". "*Arauco tiene una pena*" utiliza elementos próprios da música *mapuche* para denunciar a violência empregada contra os indígenas desde a conquista do Chile, invocando diversos caciques para que se levantassem contra a injustiça e a expropriação sofridas historicamente por seu povo.[142] Trazendo a questão para o presente, acusa: "*Ya no son los españoles / los que les hacen llorar: / hoy son los propios chilenos / los que les quitan su pan. / [...] / porque al mapuche le clavan / el centro del corazón*". Assim, chama à tomada de consciência e questiona a versão patriótica da história oficial. Como veremos, a reivindicação da expressão indígena e a visão crítica da história marcaram a obra dos músicos ligados à NCCh.

"*Según el favor del viento*" descreve as más condições de vida dos lenhadores residentes na região chuvosa de Chiloé, denunciando a indiferença de seus compatriotas e chamando-os a "despertar". Essa abordagem, que procura aproximar o ouvinte da realidade dos sujeitos populares apontando para a urgência de modificá-la, esteve muito presente no repertório de artistas como Víctor Jara ("*Luchín*"), Inti-Illimani ("*Juanito Laguna remonta un barrilete*") e Quilapayún ("*La canción del minero*").

Por sua vez, "*Porque los pobres no tienen*" – composição que não chegou a ser gravada por Violeta Parra, sendo recuperada posteriormente por artistas da NCCh – realiza uma dura crítica à Igreja católica tradicional, acusando-a de alienar e enganar seus fiéis desde "tempos imemoriais", justificando a desigualdade social e, assim, colocando-se a serviço dos ricos: "*Le dice que Dios no quiere / ninguna revolución, / ni pliego ni sindicato, / que ofende su corazón*". As canções "*La luna es sempre muy linda*" e "*Que saco rogar al cielo*", de Víctor Jara, abordam essa mesma temática.

"*La carta*" ou "*Los hambrientos piden pan*" também radicaliza o tom de denúncia, apresentando conotações políticas explícitas. Esta composição foi motivada pela detenção de Roberto Parra – irmão de Violeta – durante a repressão policial dispensada contra a *población* José María Caro em 19 de novembro de 1962, quando os moradores manifestaram apoio à paralisação convocada pela Central Única de Trabalhadores. Defendendo o direito

142 *Ibidem*, p. 388.

dos manifestantes, a canção denuncia o autoritarismo do então presidente Jorge Alessandri e exalta os comunistas, fazendo uma referência irônica ao catolicismo: "*También tengo nueve hermanos / fuera del que se engrilló / los nueve son comunistas / con el favor de mi Dios, sí*". Essa composição, na qual "a cantora se transforma em comentarista e cantante testemunhal",[143] pode ser considerada um antecedente direto das canções da NCCh que versam sobre acontecimentos políticos contemporâneos.

Por fim, "*Un río de sangre*" interpela os assassinos de "*cinco emblemas / que vivían los problemas / de la razón popular*": Federico García-Lorca, Patricio Lumumba, Emiliano Zapata, Vicente Peñazola e Manuel Rodríguez. Também rende homenagem a Luis Emilio Recabarren, por quem "*Chile sigue llorando*". Identificando tais personagens às lutas populares levadas a cabo ao redor do mundo e fazendo referência à "traição infinita" que teriam sofrido, essa canção internacionalista clama por justiça, vinculando presente e passado. O trabalho com temáticas históricas ligadas a mártires populares foi recorrente na obra dos artistas ligados à NCCh, conforme veremos no terceiro capítulo do livro.

A última característica presente na obra musical de Atahualpa Yupanqui e Violeta Parra que permite identificá-los como precursores dos movimentos da Nova Canção é o maior grau de elaboração artística de suas composições quando comparadas ao cancioneiro latino-americano tradicional. No caso de Yupanqui, seu virtuosismo se expressou na prática do violão, que tocava com particular maestria. Eduardo Carrasco afirma que esse uso artístico do instrumento entusiasmou a muitos jovens nos anos 1960, que procuravam imitar o artista:

> Uns aos outros nos ensinávamos as "posturas" de suas canções, tentando tirar os ponteios de introdução ou os ritmos dos rasgueios de acompanhamento. Atahualpa foi o artista mais interpretado por todo este movimento de jovens amadores, que cantava em

143 GONZÁLEZ *et al*, *op. cit.*, p. 389.

> festas, excursões, clubes universitários ou simplesmente na intimidade.[144]

Tal influência se explicita nas músicas instrumentais para violão compostas pelos artistas ligados à NCCh – em especial, Ángel Parra, Isabel Parra, Víctor Jara, Eduardo Carrasco e Patricio Castillo (integrante do Quilapayún).

No que se diz respeito a Violeta Parra, suas múltiplas facetas criativas – artista plástica, poetisa, compositora e intérprete musical – contribuíram para aproximar a música popular de outras artes, como é o caso da poesia, da música erudita e das plásticas. Seu último disco, *Las últimas composiciones* (RCA, 1967), é representativo do primeiro caso, na medida em que introduz uma maior elaboração literária nas letras de canções como "*Run Run se fue p'al norte*" ou "*Cantores que reflexionan*". Por sua vez, a interface com as outras duas artes pode ser percebida em "*El gavillán*", tema para violão e voz no qual Violeta soma fragmentos musicais e poético-musicais, "reciclando materiais do folclore que são tensionados ao máximo em um discurso fragmentado, no qual sílabas e motivos soltos adquirem total autonomia sonora".[145] Como observam os autores de *Historia Social de la Música Popular en Chile, 1950-1970*, trata-se da transposição para a música do procedimento utilizado pela autora em suas *arpilleras,*[146] em que a acumulação de partes gerava o todo. Assim, "Se em seus tapetes e arpilleras se reutilizam retalhos de tela e lãs coloridas, em 'El gavillán' se reutilizam retalhos musicais".[147]

O outro importante passo dado por Violeta na criação de uma música mais elaborada diz respeito à fusão de distintas tradições folclóricas chilenas e latino-americanas por meio do distanciamento de gêneros e instrumentos de suas práticas tradicionais, "instalando uma visão mais artística que antropológica ao abordar a canção de raiz

---

144 CARRASCO, *op. cit.*, p. 66.

145 GONZÁLEZ *et al, op. cit.*, p. 384.

146 Peças têxteis similares a tapetes, sobre as quais os artistas pintam e bordam imagens.

147 GONZÁLEZ *et al, op. cit.*, p. 384.

folclórica, incorporando práticas musicais pretéritas e de outros povos da América".[148] Esse uso – que será característico na NCCh – pode ser observado na incorporação de letra ao *rin*, que é um gênero instrumental, ou na interpretação virtuosa da *quena* na canção "*Tocata y fuga*" (*El tocador afuerino*, Odeon, 1965), por exemplo.[149]

O cruzamento de tradições e expressões artísticas distintas foi uma característica fundamental da NCCh, possibilitada pelo estabelecimento de parcerias entre artistas ligados a diferentes práticas. O contato entre músicos populares, músicos eruditos e artistas de teatro resultou na criação de obras híbridas denominadas "cantatas populares", dentre as quais se destacaram *Santa María de Iquique* (de Luis Advis, interpretada pelo Quilapayún – 1970), *Vivir como él* (de Frank Fernández e Sergio Ortega, interpretada pelo Quilapayún – 1971), *La Fragua* (de Sergio Ortega, interpretada pelo Quilapayún – 1971) e *Canto para una semilla* (de Luis Advis, interpretada por Isabel Parra e Inti-Illimani – 1972).

Uma dessas obras tematiza justamente a influência exercida por Violeta Parra sobre o movimento da Nova Canção Chilena. Trata-se de *Canto para una semilla*, em que o compositor Luis Advis se baseou nos poemas que integram a autobiografia da artista – publicada postumamente sob o nome de *Décimas. Autobiografia en versos chilenos*[150] – para "mostrar a projeção de sua personalidade criadora nos diversos planos da realidade em que ela viveu, assim como o símbolo que ela representa para nossos tempos, conflitos e aspirações".[151] Nesse sentido, a obra – produzida durante o governo da UP – caracteriza-se como uma representação do que Violeta Parra significaria para a cultura chilena na década de 1970.[152]

---

148 *Ibidem*, p. 394.

149 *Ibidem*, p. 364-365 e 391.

150 Os textos foram escritos por Violeta Parra entre 1957 e 1958 e editados no livro *Décimas. Autobiografia en versos chilenos*. Santiago: Ediciones Nueva Universidad, 1970.

151 ADVIS, Luis. *Liner notes*. QUILAPAYÚN; PARRA, Isabel; BUNSTER, Carmen. *Canto para una semilla*. DICAP, 1972, contracapa.

152 OSORIO FERNÁNDEZ, Javier. "Canto para una semilla. Luis Advis, Violeta Parra y la modernización de la música popular chilena". *Revista Musical Chilena*, Santiago, n.

Gravada em disco em 1972 (DICAP), com interpretação de Inti-Illimani e Isabel Parra e narração da atriz Carmen Bunster, Canto para una semilla está dividida em oito seções: "*Los parientes*", "*La infancia*", "*El amor*", "*El compromiso*", "*La denuncia*", "*La esperanza*", "*La muerte*" e "*Epílogo*", ao qual se segue a "*Canción Final*". Nas duas primeiras, a relação de Violeta com a música e as tradições populares é naturalizada através da descrição de seus pais e avôs – representantes de tradições diferentes: cidade e campo; música erudita e cultura popular – e na afirmação de que seus conhecimentos não proviriam de ensinamentos escolares, mas antes do contato com a natureza e com o violão. Ocupando um lugar significativo em sua existência desde a infância, o canto e a música aparecem integrados ao resto de sua experiência vital.[153]

Como constatou o historiador Javier Osorio, a passagem para a vida adulta representaria um salto na experiência individual de Violeta. Convertida em representação de si mesma na seção "*El amor*", ela encontraria na música os modos de comunicar e expressar sua própria identidade. Na canção homônima, fortemente marcada pela subjetividade, os sentimentos de tristeza, desilusão, sofrimento, desorientação e solidão aparecem tanto na letra ("*La fuerza me ha consumido / y me ha atormentado el alma / [...] / veo que estoy en el mundo / sin más que el alma en el cuerpo. / [...] / me pierdo en la lejanía. / [...] / Mi llorar es como un ruego / que nadie quiere escuchar*") quanto na música (andamento lento, voz dramática, instrumentos de sopro, marcação do *bombo*, ausência de coro).

No relato que abre "*El compromiso*", Violeta é interpelada por uma interlocutora que a critica por utilizar sua música de maneira egoísta, tratando do amor sem dar atenção a assuntos mais urgentes, como a desigualdade social:

> *Yo la condeno señora / [...] / Las lágrimas que me llora / no tienen explicación. / [...] / Nadie se ha muerto de amor / [...]*

205, jan./jun. 2006, p. 41. Disponível em: <http://www.revistamusicalchilena.uchile.cl/index.php/RMCH/article/viewFile/12053/12410>. Acesso em: 15 jul. 2015.

153 *Ibidem*, p. 39.

> */ El mundo es una estación / de trenes de sinsabores. / Con faltas muy superiores / su pleito no es una queja: / gran pleito es quien despelleja / sin lástima a nuestros pobres.*

A artista é chamada a utilizar seu talento musical para colaborar na promoção de mudanças político-sociais: "*Denuncie con su furor / la farsa politicante, / no los suspiros galantes / ni las razones de amor*". Daí a irrupção da política como reencontro do sentido do fazer musical.

A canção seguinte discorre sobre o papel do artista comprometido, identificando-o como portador de uma consciência e, portanto, missionário em relação à humanidade: "*que me ayuden las estrellas / con su inmensa claridad / pa' publicar la verdad / que anda a la sombra en la tierra*". Esse tema é retomado no relato seguinte, em que se explicita a ideia de que o artista seria responsável por revelar a "verdade" através de sua arte: "*Mi largo y triste discurso / es parte de la función. / [...] / La prueba será el testigo / aquí la tengo en la mano / pa' condenar al villano / que tengo por enemigo. / Mis cantos desatan nudos, / aquí va el primer disparo*".

Esse "disparo" se traduz na denúncia das condições miseráveis de vida de muitos chilenos, identificando a Igreja católica como uma das responsáveis por tal situação:

> *El pobre vive en silencio / y sufre ya muy cruel castigo / [...] / Los llevan por el calvario / cargados con una cruz, / les niegan hasta la luz, / los ciegan con su sudario. / Los dejan sin los rosales / sin aire y sin manantiales / De qué nos sirven los templos, / de qué el sol y el aire puro / cuando su sol es oscuro / y va caminando a tiento.*

A música reitera os sentimentos de desespero e revolta presentes na letra através dos seguintes elementos: andamento rápido, tom de voz decidido e tensão crescente – a música vai se tornando mais alta e as batidas mais fortes, atingindo o ápice no penúltimo verso de cada estrofe (cuja letra, geralmente, é mais agressiva), que é seguido por um breve silêncio e logo repetido.

A seção "*La esperanza*" aborda o tema da desigualdade social a partir da oposição entre ricos e pobres: "*¡Válgame Dios, cómo están / todos los pobres cristianos / en este mundo inhumano / partidos mitá' a mitá'! / Del rico es esta maldad, / lo digo muy conmoví'o. / Dijo el Señor a María: / son para todos las flores, / los montes, los arreboles. / ¿Porqué el pudiente se olvida?*". Violeta alimenta a esperança de reverter esse quadro: "*No pierdo las esperanzas / de que esto tenga su arreglo. / Un día este pobre pueblo / tendrá una feliz mudanza. / El toro solo se amansa / montándolo bien en pelo. / No tengo ningún recelo / de verlo vuelto tirilla / cuando se dé la tortilla / la vuelta que tanto anhelo*". Essa estrofe é cantada por duas vozes masculinas em contraponto, as quais se unem em coro nos dois versos finais, sugerindo que a união seria a forma de resolver o conflito social.

"*La muerte*" retoma a temática subjetiva, abordando as frustrações sofridas por Violeta ao decorrer de sua vida e descrevendo sua passagem para o "outro lado". O tom da música é calmo e melancólico, com andamento lento e ausência de instrumentos de percussão, sendo que o efeito imponente de algumas passagens é dado pelo baixo com arco. A morte é apresentada como fim da dor, como momento de compreensão dos aspectos positivos da vida, no qual a artista reconhece os frutos de seu trabalho, dentre os quais – podemos inferir – se encontrava a Nova Canção Chilena. Essa ideia é reforçada no "*Epílogo*", que faz referência à "semente" deixada por Violeta: "*Ayer sembró la simiente / que hoy florece y fructifica*".

Na sequência, a narradora recita versos selecionados por Advis da canção "*Gracias a la vida*". Excluindo as estrofes que fazem referência a temas mais pessoais – em especial os amorosos –, o relato procura marcar a reconciliação de Violeta Parra com a vida, tendo como mote as experiências e os recursos musicais que lhe foram proporcionados: capacidade de distinguir o certo do errado, bom ouvido, vivências em diferentes lugares, riso e pranto: "*Así yo distingo dicha de quebranto, / los dos materiales que forman mi canto / y el canto de ustedes que es el mismo canto, / y el canto de todos, que es mi propio canto*". Estes últimos versos destacam a ideia de que a individualidade da artista seria irredutível à totalidade do coletivo politicamente comprometido.[154]

A "*Canción Final*" é constituída pelas décimas de Violeta que fazem referência à sua participação, em 1955, no Festival da Juventude em Varsóvia. Como assinalou Osorio,[155] é ali que ela toma contato com outros músicos latino-americanos e, em geral, do chamado "Terceiro Mundo", desenvolvendo uma perspectiva de solidariedade e união para promover a paz, o que se expressa nos seguintes versos:

> *Que empiece la fiesta grande / de corazones ardientes, / se abracen los continentes / [...] / Entremos en la columna / humana de este desfile / Miles y miles de miles / de voces fundida en una. / De todas partes los 'hurra', / aquí todos son hermanos / y así estarán, de la mano, / como formando cadena / porque la sangre en las venas / fluirá de amor sobrehumano.*

A música reitera essa mensagem através do coro e das batidas que marcam o ritmo, lembrando uma marcha.

A unidade latino-americana estaria consolidada nesse futuro desejável, ideia presente tanto na letra ("*América aquí presente / con sus hermanos de clase*") quanto na instrumentação utilizada, que inclui *quenas*, *charango* e *pandereta*.

Estabelecendo uma relação direta entre música e sociedade – "*Todo estará en armonía, / el pan con el instrumento, / [...] / la música se desliza / como cariño de madre*" –, a canção aponta para a importância da cultura na construção da nova sociedade, em que "*el pueblo tendrá mudanza, / lo digo con gran donaire*".

A recuperação, na "*Canción Final*", dessas décimas de Violeta Parra no contexto de produção de *Canto para una semilla* identifica o presente chileno com o futuro sonhado pela artista. A referência implícita à Unidade

154 *Ibidem*, p. 40.

155 *Ibidem*, p. 41.

Popular pode ser percebida na imagem do encarte que ilustra a letra dessa canção: o desenho – ao estilo dos cartazes de propaganda oficiais – de um grupo de manifestantes segurando faixas com reivindicações. Fica apontado, desse modo, que o governo de Allende e sua associação com a NCCh representariam a consolidação dos ideais perseguidos por Violeta.

Nessa construção – que procura situar a artista nos debates políticos e culturais do período –, o movimento (representado por Inti-Illimani, Isabel Parra e Luis Advis) figura como resultado da semente plantada por ela, conforme constatou Osorio: "*Canto para una semilla* constitui um momento fundamental no surgimento da Nova Canção e na assimilação de Violeta Parra dentro desse movimento musical".[156] Por meio da apropriação e seleção das décimas autobiográficas escritas pela artista, a obra reconhece como seu legado os seguintes elementos: redefinição dos sentidos da música folclórica no interior da cultura de massas; irrupção da política na música; compromisso do músico com a realidade social; apelo à unidade latino-americana; valorização da estética; e aproximação entre diferentes expressões artísticas.

Procurando vincular-se à "tradição" que teria sido iniciada por Atahualpa Yupanqui e, sobretudo, Violeta Parra, os artistas ligados à NCCh refletiram sobre seu ofício, erigindo discursos em torno da "verdadeira" música revolucionária.

A estética revolucionária

Na discografia de Víctor Jara, Quilapayún e Inti-Illimani produzida entre 1966 e 1973, observa-se uma tentativa de definir quais seriam as características da música "autenticamente" nova e comprometida com a realidade. Observa-se que os artistas procuraram legitimar sua obra a partir de três elementos centrais: vinculação com as "raízes" culturais da América Latina, busca de qualidade estética através da ampliação do universo sonoro da música popular e defesa da canção como arma política.

156 *Idem*. "Música popular y postcolonialidad. Violeta Parra y los usos de lo popular en la nueva canción chilena". *Anais do VI Congresso da IASPM-AL*, Buenos Aires, 2005, p. 12. Disponível em: <http://www.iaspmal.net/wp-content/uploads/2012/01/javierosorio.pdf>. Acesso em: 15 jul. 2015.

No que tange ao primeiro ponto, são expressivos os nomes adotados pelos conjuntos, compostos por palavras de origem indígena: enquanto "*Inti*" significa "Sol" em *quechua* e "*Illimani*" é uma palavra *aymara* que dá nome a uma montanha boliviana, "*Quilapayún*" significa "três barbas" em língua *mapuche*. Eduardo Carrasco afirma que a eleição de um nome indígena teve como base a intenção de estabelecer uma distinção em relação aos conjuntos *neofolklóricos*:

> Nessa época, a maioria dos conjuntos folclóricos chilenos em voga levavam nomes como esses: "Los de las Condes", "Los de Ramón", "Los de Santiago" [...] Nos parecia falso, de mau gosto e pouco original enquadrar-nos nesta corrente que inclusive no musical nos parecia algo medíocre. [...] Por isso, para nos separarmos dessas tendências, buscávamos um nome indígena. Sabíamos que teria que ser uma palavra sonora, aguda como esses formosos nomes de nossos legendários heróis indígenas.[157]

Essa busca por vincular-se à tradição ancestral latino-americana expressou a reivindicação de um componente excluído da música popular difundida massivamente – o elemento indígena, que serviu como símbolo do espírito latino-americanista predominante naquela época. Daí o interesse pelo repertório andino, já que "Sendo o altiplano uma região comum a diversos países (Peru, Bolívia, Argentina e Chile), a música nascida nessa zona servia muito bem para romper as barreiras de um nacionalismo estreito e criollista".[158]

Na apresentação do LP *Inti-Illimani* (Odeon, 1970), o diretor artístico da gravadora, Rubén Nouzeilles, procurou estabelecer uma continuidade entre o conjunto e a música indígena tradicional:

> No Altiplano se depararam com as fontes de muitas de suas intuições musicais, e [...] voltaram vertendo a

157 CARRASCO, *op. cit.*, p. 13.

158 SANTANDER, *op. cit.*, p. 39.

> voz do vento mais puro, mais antigo e eterno. Os INTI-ILLIMANI, como todos os primitivos imaginários dos povos do mundo, são simples e bons, tem a doçura do anonimato e a imobilidade da simples verdade.[159]

Essa associação entre Nova Canção Chilena e "raízes" latino-americanas se expressou na incorporação ao disco de temáticas indígenas, gêneros e instrumentos andinos (*charango, quena* e *bombo*), além de composições de músicos peruanos, bolivianos e argentinos contemporâneos vinculados à proposta de renovação do cancioneiro tradicional.

A autorrepresentação dos integrantes do conjunto como continuadores autênticos das tradições populares continentais pode ser percebida na música instrumental "*Inti-Illimani*", gravada no LP homônimo de 1969 (DICAP). Essa composição de Horacio Salinas, inspirada em formas andinas, demonstra a intenção de caracterizar o conjunto como "latino-americano", o que é reforçado pela semelhança de seu arranjo com os das demais faixas do disco, em que são interpretadas canções representativas de diversos gêneros altiplânicos.

No caso de Víctor Jara, as *liner notes* de seu primeiro LP (*Víctor Jara*, Odeon, 1966) fazem referência à "extraordinária capacidade para verter através de sua personalidade os estilos folclóricos que povoam nossa geografia humana".[160] Tal ideia aparece reforçada no disco *Canciones folklóricas de América* (Odeon), gravado dois anos depois em parceria com o Quilapayún:

> Há um acento existencial cuja profundidade os conecta à raiz folclórica. VÍCTOR JARA conhece alguns atalhos, mas não é graça: é só, individual, e em sua linguagem campeia como o caçador furtivo, tenazmente autêntico [...] O idioma harmônico [do Quilapayún] é puro e clássico, e portanto não é difícil que

159 *Liner notes*. In: INTI-ILLIMANI. *Inti-Illimani*, Odeon, 1970, contracapa.

160 *Liner notes*. In: JARA, Víctor. *Víctor Jara*, Odeon, 1966, contracapa.

> sejam folcloristas natos, se suas vozes estão tão carregadas de sinceridade.[161]

Essas descrições visam legitimar – no quadro nacional das disputas em torno do "folclore" – o repertório dos artistas por meio da afirmação de que, não obstante as mudanças introduzidas em relação ao cancioneiro popular tradicional, sua "essência" estaria mantida – o que pode ser inferido das seguintes palavras de Nouzeilles: "Víctor Jara é um artista completo com um sólido respaldo cultural que antecipa com notável eloqüência a orientação do homem atual e reafirma os valores inalteráveis do homem de sempre".[162]

Para Jara, tratar-se-ia de "tomar a alma do povo, embelezando-o e dignificando-o", sendo que "Na música, os exemplos de Violeta e Atahualpa são muito claros".[163] Chegamos, assim, à segunda característica essencial da NCCh: a valorização da criação artística como meio de enriquecer o ofício musical, já que "a busca de qualidade artística é em si uma atitude revolucionária" – para retomar o trecho já citado da "*Resolución Final del Encuentro de la Canción Protesta*".

Pautando-se nessa compreensão, Eduardo Carrasco afirmava em uma entrevista de 1969: "Acreditamos que à parte do conteúdo de nossos cantos, é o valor artístico deles que nos sustenta [...] de tal maneira que o protesto, por um lado, é verdadeiro e, por outro lado, é uma arte. De outra forma estaríamos caindo no panfletário e de mau gosto".[164] Tal ponderação se tornou recorrente nos anos seguintes, durante o governo de Allende, quando o movimento foi acusado de perder a originalidade. Naquele contexto, Ricardo García chamava os artistas a realizarem a autocrítica:

161 NOUZEILLES, Rubén. *Liner notes.* In: JARA, Víctor; QUILAPAYÚN. *Canciones folklóricas de América*, Odeon, 1968, contracapa.

162 *Idem. Liner notes.* In: JARA, Víctor; *Víctor Jara*, Odeon, 1967, contracapa.

163 *Apud* SEPÚLVEDA, Ramiro. "El canto libre de Víctor Jara". *El Siglo,* Santiago, 7 jun. 1970, p. 13.

164 *Apud* CHAMORRO DIAZ, Jaime. "Cuando el canto se pone rebelde", *El Siglo*, Santiago, 8 jun. 1969, p. 15.

> Reconhecer que nem tudo o que se faz é de qualidade. Que nem tudo deve ser aplaudido e elogiado pelo único fato de ser "comprometido" com o processo de mudanças. É preciso que muitos de nossos compositores reconheçam [...] Que não se podem fazer belos poemas com uma música detestável, ou que não se pode fazer uma boa música para agregar-lhe péssimos versos. A canção deve responder a um equilíbrio lógico que muitas vezes é esquecido. Não basta mencionar a palavra "REVOLUÇÃO" para que essa canção seja revolucionária.[165]

Posicionando-se de maneira similar, o conjunto Inti-Illimani aconselhava os novos músicos "que se desprendam de práticas viciosas como o sectarismo e a falta de qualidade artística. Um panfleto cantado (e mal cantado) não ajuda em nada, mas antes prejudica, dando argumentos à reação para atacar os artistas revolucionários".[166]

Entre os elementos buscados por Víctor Jara, Inti-Illimani e Quilapayún no sentido de promover obras esteticamente elaboradas, destacamos o emprego de recursos teatrais nas canções, o desenvolvimento de um virtuosismo instrumental e a aproximação com a música erudita – da qual são exemplos as cantatas populares interpretadas pelos conjuntos, os arranjos feitos por Luis Advis e Sergio Ortega em seus discos, além de algumas composições próprias que utilizam procedimentos tradicionalmente identificados à música erudita. Aprofundaremos esse tema no próximo capítulo.

Exaltando as qualidades interpretativas do Inti-Illimani, Ivan Faba escreveu na contracapa do já referiddo LP lançado pelo conjunto em 1969:

> O virtuosismo instrumental que os caracteriza os impulsionou a adentrarem-se nas mais variadas e complexas manifestações do folclore indo-americano. Isso, e

165 GARCÍA, Ricardo. "La Nueva Canción Chilena perdió el ritmo", *Ramona*, Santiago, vol. 2, n. 18, 29 fev. 1972, p. 13.

166 *Apud* "La vuelta a América en seis guitarras: Inti Illimani", *Ramona,* Santiago, vol. 2, n. 23, 4 abr. 1972, p. 39.

> a qualidade vocal de seus integrantes, são suas melhores armas; com todas elas replicam contra as deformações que provoca certa música forânea, e advogam pela conservação de nosso patrimônio histórico-cultural.[167]

Essa concepção da canção como arma – último ponto que nos propusemos a abordar neste item – aparece vinculada à intenção de utilizar a música para combater a influência política e cultural dos Estados Unidos nos chamados países de "Terceiro Mundo", conforme podemos observar na seguinte declaração do Inti-Illimani: "o que estamos fazendo: cultivar a música latino-americana para defender-nos do imperialismo cultural, em todos os países subdesenvolvidos que sofrem opressão direta ou indireta".[168] Trazendo a questão para o continente latino-americano, o conjunto procurou colocar-se "contra a pressão alienante que se exerce sobre nossos povos, tendente entre outras coisas a erradicar e suplantar as culturas básicas e originárias da América Latina".[169]

Para resistir ao "imperialismo" norte-americano, os músicos ligados à NCCh erigiram discursos em torno de uma suposta identidade continental – daí o interesse por resgatar e difundir repertórios folclóricos da região:

> Esta "América mestiça" – como a chamou Martí – correndo no passado por entre duas vias, uma espanhola e outra nativa, acumulou uma arte de extraordinária riqueza, que mantém plena vigência em territórios como o altiplano, no Equador, em Cuba e na Venezuela. Nos últimos séculos, novas formas de colonialismo penetraram na América, muito mais refinadas e que ameaçam anular tudo aquilo que constitua um rasgo da personalidade de nossos povos. Todavia, os esforços desenvolvidos por países imperialistas resultaram infrutíferos, porquanto nas novas gerações nasceu um

167 *Liner notes.* In: INTI-ILLIMANI. *Inti-Illimani*, DICAP, 1969, contracapa.

168 *Apud* "La vuelta a América...", p. 39.

169 *Liner notes.* In: INTI-ILLIMANI. *Inti-Illimani*, DICAP, 1969, contracapa.

interesse crescente por resgatar nossas próprias formas de expressão.[170]

A recuperação da ideia martiana de "América mestiça" esteve relacionada à proposta de unidade continental desenvolvida nos anos 1960, pautada, por um lado, na concepção de que as fronteiras políticas não seriam condizentes com as fronteiras culturais e, por outro, na intenção de combater o "imperialismo". Nas palavras de Víctor Jara: "Se a América Latina é um só país e tem tantos instrumentos, por que temos que estar separados se todos somos iguais e temos o mesmo inimigo?",[171] isto é, "As fronteiras da música que consideramos NOSSA, são outras".[172]

A canção "*Si somos americanos*", de Rolando Alarcón, gravada pelo Inti-Illimani em seu LP homônimo (Méndez/Impacto, 1969), explicita essa proposta integradora, atribuindo à música um papel fundamental em sua consolidação:[173]

> *Si somos americanos / somos hermanos, señores, / tenemos las mismas flores, / tenemos las mismas manos. / Si somos americanos, / seremos buenos vecinos, / bailaremos marinera, / refalosa, huayno y son. / Si somos americanos, / seremos una canción. / Si somos americanos, / no miraremos fronteras, / cuidaremos las semillas, / miraremos las banderas.*

Reconhecendo o potencial transformador da arte, Víctor Jara assinalou que "o canto é algo mais que uma simples recriação de um estado de ânimo,

---

170 *Ibidem.*

171 *Apud* RODRÍGUEZ MUSSO, Osvaldo. *Cantores que reflexionan. Notas para una historia personal de la Nueva Canción Chilena.* Madri: LAR, 1984, p. 50.

172 *Liner notes.* In: QUILAPAYÚN, *Quilapayún*, Odeon, 1967, contracapa.

173 O tema da materialização da proposta de unidade latino-americana nos discos produzidos por artistas ligados aos movimentos da música engajada no Brasil, Cuba, Argentina, Uruguai e Chile foi tematizado pelo historiador Caio de Souza Gomes na dissertação de Mestrado intitulada *"Quando um muro separa, uma ponte une": conexões transnacionais na canção engajada na América Latina (anos 1960/70)*, defendida na FFLCH-USP em 2013, sob orientação da professora Maria Helena Rolim Capelatto.

constitui uma arma essencial de aporte, em sua medida, à mudança revolucionária de que tanto falamos".[174] Em uma linguagem mais militante, o Quilapayún propunha-se a combater "com a arma transitória que é a arte", maneira "como se deve combater neste momento".[175] O texto incluído na capa interna de seu disco *Basta* (DICAP, 1969) constitui um verdadeiro manifesto sobre o papel da "arte revolucionária", em oposição à "arte burguesa":

> A sociedade burguesa quer que a arte seja / um fator a mais de alienação / os artistas devemos transformá-la / em uma arma revolucionária / até que a contradição que atualmente existe / entre a arte e a sociedade / seja por fim superada.[176]

Os músicos procuraram levar à prática tais concepções em seus discos, reunindo canções sobre acontecimentos históricos e contemporâneos – as quais celebravam, por um lado, a Revolução Cubana, a resistência vietnamita, o governo da UP e os congressos das Juventudes Comunistas; e denunciavam, por outro lado, a desigualdade social, o "imperialismo" norte-americano, a ação "alienante" dos meios de comunicação de massa e as tentativas da oposição para derrubar Allende.

Conforme procuramos demonstrar, a defesa de determinados elementos como constituintes da música "verdadeiramente revolucionária" expressou a demanda de um novo artista, cujos esforços deveriam estar voltados à aproximação entre arte e realidade político-social. Daí as formulações acerca do "lugar" do músico revolucionário.

Ser artista revolucionário

Como destaca a pesquisadora francesa Emmanuelle Rimbot, a produção de um discurso comprometido permite ao indivíduo inserir-se no tempo e no espaço, uma vez que "tomar a palavra é uma

174 *Apud* "La guitarra como un arma". *El popular*, Montevidéu, 16 dez. 1969, s.n.p.

175 ORTEGA, Sergio. *Liner notes*. In: QUILAPAYÚN, *Quilapayún 3*, Odeon, 1969, contracapa.

176 *Liner notes*. In: QUILAPAYÚN, *Basta*, DICAP, 1969, capa interna.

maneira de compreender e assumir condições de existência através da verbalização, da linguagem e da transmissão de uma visão".[177] Nesse sentido, a canção é um meio pelo qual o músico pode reivindicar seu lugar, estatuto e papel em um espaço determinado e em um momento específico da história. No caso da NCCh, a reivindicação do compromisso dos artistas com seu tempo foi recorrente, conforme podemos observar nos discursos presentes em discos de Víctor Jara, Quilapayún e Inti-Illimani.

Nas já citadas *liner notes* escritas por Nouzeilles no segundo LP de Jara, o autor destacou sua capacidade de trabalhar com "o impacto da problemática do mundo de hoje", caracterizado através das seguintes imagens:

> o homem encerrado em um círculo férreo de um determinismo composto de fatos alucinantes, de pesadelos e sonhos que adquirem consistência real, de exacerbada lucidez, de publicidade que inventa homúnculos, de homens novos que a publicidade ignora, da "mulher moderna", do homem sem heroicidade. A guerra mesquinha, a busca, a luta sem final, o idealismo abordado pelo computador eletrônico. O homem em busca de novas verdades, aferrando-se à necessidade de sobreviver.[178]

Assim, não obstante a "simplicidade camponesa" de suas canções, Jara estaria conectado à realidade presente, transmitindo mensagens pertinentes ao homem e à mulher contemporâneos.

Por sua vez, o Quilapayún reivindicava que "Todos os artistas que tem a possibilidade / de fazê-lo, devem entregar seu trabalho / à causa revolucionária" para cumprir assim com sua responsabilidade artística "numa época de exploração e miséria / de subjugação dos povos / de guerras cruéis e injustas / de desenfreado egoísmo e inconsciência, / de pressões que

---

177 RIMBOT, Emmanuelle. "Autorrepresentación y manifiestos en la Nueva Canción y Canto Nuevo". *Cátedra de Artes*, Santiago, n. 3, 2006, p. 28. Disponível em: <http://catedradeartes.uc.cl/pdf/02autorepresentacionfromCatedra3-5.pdf>. Acesso em: 15 jul. 2015.

178 NOUZEILLES, Rubén. *Liner notes*. In: JARA, Victor; *Victor Jara*, Odeon, 1967, contracapa.

violentam a vontade dos povos, / que buscam libertar-se do imperialismo / e do capitalismo".[179] Para manterem-se fiéis à "essência da arte", portanto, os artistas deveriam se comprometer com as questões postas no presente.

Por meio da apropriação de canções folclóricas cuja temática dialogava com o contexto político dos anos 1960 e 1970 e da elaboração de canções "contingentes",[180] os músicos procuraram posicionar-se frente a acontecimentos contemporâneos. No primeiro caso, destacamos as canções "*Contrapunto entre el águila americano y el cóndor chileno*" e "*Juan sin tierra*". A primeira integra o cancioneiro chileno e foi gravada pelo Quilapayún em 1969 (*Quilapayún 3*, Odeon). Seu título é expressivo da oposição entre os interesses nacionais e os norte-americanos, ideia reiterada na letra: "*Dijo el águila americana: / [...] / Yo mis huestes mandaré / que te quiten lo enteráo / harto tiempo qu'héi deseado / gobernar los altos Andes / sin sacrificios muy grandes / tendré que hacerlos mi Estado*". Portanto, a canção era propícia para denunciar o "imperialismo" dos Estados Unidos em um novo contexto. Por sua vez, o *corrido* mexicano "*Juan sin tierra*" – cuja letra faz referência ao exército zapatista – foi recuperado por Víctor Jara em 1969 (*Pongo en tus manos abiertas...*, DICAP), quando a reivindicação do aprofundamento da reforma agrária iniciada por Frei atingiu seu auge.

Quanto às canções "contingentes", podem ser mencionadas: "*Preguntas por Puerto Montt*" (*Pongo en tus manos abiertas...*, DICAP, 1969), na qual Jara denuncia a violência empregada pela polícia para reprimir uma ocupação de terreno ocorrida em 1969; "*Ni chicha ni limoná*" (*El derecho de vivir en paz*, DICAP, 1970), em que o mesmo compositor dirige-se aos partidários da Democracia Cristã, convidando-os a tomarem partido no polarizado cenário chileno dos anos 1970; e "*Las Ollitas*" (*La Fragua*, DICAP, 1973), gravada pelo Quilapayún com o objetivo de desmoralizar uma manifestação contra o governo da UP. Voltaremos a abordar estas canções no próximo capítulo.

---

179 *Liner notes*. In: QUILAPAYÚN. *Basta*, DICAP, 1969, capa interna.

180 Canções que tematizam acontecimentos políticos recém-ocorridos ou ainda em desenvolvimento. Por meio de sua obra, o compositor age como comentador, defendendo um ponto de vista e, assim, procura mobilizar seus ouvintes no sentido de tomarem uma atitude sobre o fato em questão.

Defendendo que o único lugar possível para o artista comprometido seria ao lado do "povo", os músicos procuraram ser reconhecidos como militantes das causas populares, tanto através de sua música quanto das práticas que realizavam enquanto cidadãos comuns. Quando perguntado sobre o papel dos cantores como difusores da revolução, Víctor Jara esclareceu que "o verdadeiramente revolucionário está atrás do violão, quando o cantor não canta, quando é uma pessoa a mais". Afirmando que "revolucionário é aquele que trabalha pela revolução", identificou o artista como "um trabalhador a mais, [que] deverá colocar a arma do seu talento ao serviço do processo que vivemos" – referindo-se aqui à *via chilena ao socialismo*. A representação do músico como trabalhador do violão procurou diferenciar o "artista revolucionário ou o revolucionário-artista" do "artista burguês": "Pelo contrário, [os primeiros] pertencem às grandes maiorias e sua responsabilidade será trabalhar para que essas maiorias também se expressem artisticamente, para construir os cimentos sólidos de uma nova cultura, de todos e para todos".[181]

Essa intenção de aproximar as "massas" da atividade artística esteve presente no programa de governo de Salvador Allende e foi abordada na "*Canción de la nueva cultura*", composição de Julio Rojas (letra) e Sergio Ortega (música) gravada pelo Inti-Illimani em 1970 (*Canto al programa*, DICAP): "*Que la creación y el arte / descubriendo nuevas rutas / vaya junto con el pueblo / hacia la nueva cultura. / [...] / Todos podremos gozar / de la creación y el arte / y en materia popular / el pueblo pondrá su parte*".

É importante observar que a ideia de "povo" esteve associada, no discurso da esquerda chilena do período, a grupos sociais específicos, conforme podemos observar nas *liner notes* do LP *Pongo en tus manos abiertas...* (DICAP, 1969), de Víctor Jara:

> Surge um grito que cruza / a longa extensão do território. / É o camponês cravando o arado sobre a terra / o operário que enche de protesto o ar de um 1º de Maio, / a estudante e sua palavra / na luta das ruas / o jovem

181 *Apud* "Una canción vale más que diez discursos". *El Siglo*, Santiago, [1972], p. 11.

> / que por sê-lo / não pode deixar de olhar para frente / E tudo isso presente na juventude que combate / e na canção que protesta.[182]

Procurando vincular essas diferentes categorias (trabalhadores rurais e urbanos, estudantes, jovens) a uma mesma tradição revolucionária, o autor ressalta que

> No novo cantar de Víctor Jara se irmanam / desde sua condição de militante da causa popular / o espírito da jovem geração de nossa pátria / a longa tradição de luta de seus trabalhadores / a consciência desperta do artista / identificado mais que comprometido com seu povo.[183]

Esta última ideia nos parece fundamental para compreender a atuação dos músicos analisados: o compromisso só seria válido na medida em que permitisse uma aproximação real entre artista e "povo" através da atuação efetiva dos primeiros nas lutas levadas a cabo pelo segundo. Víctor Jara, Quilapayún e Inti-Illimani levaram à prática essas concepções, ocupando posições de destaque na Reforma Universitária, participando de congressos das Juventudes Comunistas e de trabalhos voluntários durante o governo da UP – para citar alguns exemplos.

Nas canções, a busca de identificação com o "povo" se expressou por meio de letras que falavam diretamente sobre essa relação – como é o caso de "*Soy del pueblo*",[184] que afirmava "*por eso es que cuando canto, / canto lo que el pueblo siente. / Soy del pueblo, pueblo soy, / y adonde me lleva el pueblo / voy*" – e também através de temáticas relacionadas ao universo dos "sujeitos populares", as quais muitas vezes eram abordadas em primeira

---

182 *Liner notes*. In: JARA, Víctor. *Pongo en tus manos abiertas...* DICAP, 1969, contracapa. O autor não aparece identificado.

183 *Ibidem*.

184 Composição de Carlos Puebla gravada pelo Quilapayún no LP *Vivir como él*, DICAP, 1961.

pessoa, como é o caso de "*El arado*":[185] "*Aprieto firme mi mano / y hundo el arado en la tierra / hace años que llevo en ella / ¿cómo no estar agotado?*".

Vinculando-se ao que consideravam ser a "verdade nascente que impulsiona e move nosso povo até a consecução de sua autêntica realização histórica",[186] os músicos pretenderam utilizar sua arte para cumprir "o afã de liberar / de educar / de elevar o homem".[187] Essa proposta resultou na construção de um discurso complexo, em que a ideia de que caberia ao artista "mostrar ao povo sua verdadeira raiz cultural" foi por vezes acompanhada da autocrítica em relação ao risco de cair em concepções paternalistas, conforme expressou Víctor Jara: "frequentemente os intelectuais e os artistas caímos em atitudes paternalistas ou messiânicas frente ao povo, o que constitui um profundo erro ideológico, além de uma desorientação para saber entregar-lhe o que lhe pertence".[188]

Não obstante os diversos pontos de convergência que conectam as concepções artísticas e ideológicas dos músicos analisados, é possível observar diferenças de ênfase em suas formulações discursivas abordadas neste capítulo: enquanto o Inti-Illimani priorizou a reivindicação do repertório latino-americano – em especial, andino –, o Quilapayún adotou um tom mais militante e radical e Víctor Jara destacou o potencial comunicativo da música popular. Daí a importância de analisar como esse discurso revolucionário se traduziu nos discos produzidos no período em questão, perguntando pelas distintas formas adotadas para tentar difundir seus ideais políticos e estéticos e pelas tensões daí resultantes. Afinal, "As organizações discursivas e as categorias que as fundam [...] não são redutíveis às idéias que elas enunciam ou aos temas que sustentam"[189]

185 Canção de Víctor Jara integrante do LP *Víctor Jara*, Demon, 1966.

186 *Liner notes*. In: QUILAPAYÚN. *Basta*, DICAP, 1969, capa interna.

187 *Ibidem*.

188 *Apud* CHAMORRO DIAZ, "Cultura sin paternalismo". *El Siglo*. Santiago, 15 nov. 1970, p. 5.

189 CHARTIER, *op. cit.*, p. 77. De acordo com o autor, "cada série de discursos deve ser compreendida em sua especificidade, isto é, inscrita em seus lugares (e meios) de produção e em suas condições de possibilidade, relacionadas aos princípios de regulação que a ordenam e a controlam, e interrogada em seus modos de abonação e veracidade".

– de modo que as variadas temáticas e formas musicais coexistentes nos repertórios devem ser compreendidas em relação a um amplo universo de referências. Desenvolveremos essas questões a seguir, procurando oferecer subsídios para se pensarem as especificidades do engajamento processado no âmbito da música popular.

II

A MATERIALIZAÇÃO DO DISCURSO REVOLUCIONÁRIO NOS LPS DE VÍCTOR JARA, QUILAPAYÚN E INTI-ILLIMANI

TRAJETÓRIAS E CRUZAMENTOS

Víctor Jara (1966-1973)

Inicialmente, analisaremos as trajetórias musicais de Víctor Jara, Quilapayún e Inti-Illimani, procurando demarcar seus estilos particulares bem como as continuidades e rupturas observadas em sua produção no período considerado. Esse enfoque destoa da tendência predominante na produção acadêmica sobre a NCCh, voltada a abordar suas características gerais sem particularizar as produções dos solistas e conjuntos. A nosso ver, embora seja fundamental compreender o movimento como totalidade, as obras individuais também compõem um "todo" que precisa ser considerado.

Por outro lado, dados os intensos intercâmbios realizados entre os músicos selecionados – tendo Víctor Jara como elemento articulador –, entendemos que seus discos podem ser abordados como um conjunto integrado e heterogêneo a partir do qual é possível analisar alguns elementos envolvidos no discurso engajado da NCCh.

A biografia de Víctor Jara já foi bastante explorada pela bibliografia, tanto em trabalhos acadêmicos[1] como em textos de caráter memorialístico[2] – o que se relaciona, em grande parte, à sua identificação como símbolo da resistência à ditadura militar, personificando a violação dos direitos humanos levada a cabo no país a partir de 1973. Considerando os interesses específicos do presente trabalho, para o qual a vida e a morte de Jara não constituem um objeto em si, exploraremos sua biografia apenas na medida em que esta puder contribuir para a análise dos discos selecionados e das relações mantidas pelo artista com o movimento da NCCh – em especial, os conjuntos Quilapayún e Inti-Illimani. Pelas mesmas razões, não enfatizaremos as trajetórias individuais de cada integrante de tais grupos, privilegiando o sentido coletivo de sua atuação.

Conforme destacou o ator Gabriel Sepúlveda Corradini, a obra musical de Víctor Jara não pode ser pensada de maneira desconectada de seu trabalho como "homem de teatro".[3] Isso porque Jara cultivou simultaneamente essas duas expressões artísticas entre os anos 1950 e 1970, integrando-as de modo que "podemos reconhecer elementos teatrais no Víctor-músico" bem como a "consciência musical sempre esteve presente nas montagens dirigidas por Víctor".[4]

1 Podem ser destacados os seguintes estudos: ACEVEDO, Claudio; NORAMBUENA, José S.; TORRES, Rodrigo; VALDEBENITO, Mauricio. *Víctor Jara: obra musical completa*. Santiago: Fundación Víctor Jara, 1999; CORRADINI, Gabriel Sepúlveda. *Víctor Jara: hombre de teatro*. Santiago: Sudamericana, 2001; SIMÕES, Silvia. *Canto que ha sido valiente siempre será canción nueva: o cancioneiro de Víctor Jara e o golpe civil-militar no Chile*. Dissertação (Mestrado em História) – Instituto de Filosofia e Ciências Humanas, UFRGS, Porto Alegre, 2011; PROM, Aurèlie. *La réinvention du folklore: la Nouvelle Chansón Chilienne dans la construcción de l'identité nationale, politique et culturelle du Chili, 1943-1973*. Dissertação (Mestrado em Estudos Hispânicos) – École Normale Supérieure de Lyon, Lyon, 2012.

2 São exemplos: JARA, Joan, *op. cit.;* CARRASCO, Eduardo, *op. cit.;* KÓSICHEV, Leonard. *La gitarra y el poncho de Víctor Jara*. Moscou: Editorial Progreso, 1990; COULÓN, Jorge. *La sonrisa de Víctor Jara*. Santiago: Editorial USACH, 2011; JURADO, Omar; MORALES, Juan Miguel. *El Chile de Víctor Jara*. Santiago: LOM, 2003.

3 CORRADINI, *op. cit.*, p. 17-21.

4 *Ibidem*, p. 19.

Sua atuação artística teve início em 1953, quando ingressou no Coro da Universidad de Chile, participando como tenor na montagem de *Carmina Burana* que foi realizada pelo bailarino e coreógrafo Ernst Utchoff junto ao Balé Nacional do Chile. Em 1955, Jara incorporou-se à Companhia de Mímicos de Noisvander e no ano seguinte ingressou na Escola de Teatro da Universidad de Chile, onde estudou Atuação (1956-1959) e Direção Teatral (1960-1961). Entre 1958[5] e 1962, foi integrante do conjunto Cuncumén, tendo participado de seus discos *El Folklore de Chile – vol. V* (Odeon, 1957); *Villancicos Chilenos* (Odeon, 1958); *150 años de História y Música Chilena (El Folklore de Chile – vol. VI,* Odeon, 1960); *Folklore por el Conjunto Cuncumén* (Odeon, 1961); e *Geografía Musical de Chile: Norte, Sul y Austral (El Folklore de Chile vol. IX,* Odeon, 1962).[6]

Tendo como objetivo realizar "uma combinação equilibrada de arte e etnografia" – de acordo com os ensinamentos de Margot Loyola –, o Cuncumén procurou levar à cena urbana expressões de canto e dança tradicionais, cuidando para que tal atividade se realizasse "sem desnaturalizar ou vulnerabilizar a essência do fato folclórico projetado".[7] Dedicando-se à Projeção Folclórica, o conjunto estabeleceu uma aproximação entre música popular e teatro, como apontam os autores de *Víctor Jara: Obra musical completa*:

> Estas primeiras experiências de criativa integração entre um plano cênico rigoroso e coerente, proveniente da matriz do teatro universitário, com a modalidade de interpretação e projeção urbana do canto popular, é [sic] a base de uma concepção artística da encenação

5 Embora as colaborações com o Cuncumén tenham se iniciado em 1957, quando gravou o solo da canção "*Se me ha escapado un suspiro*" para seu LP de estreia, Jara só se tornou integrante oficial do conjunto no ano seguinte.

6 A participação de Jara nesses discos abarca a composição e interpretação de algumas faixas, além da direção do LP de 1962. Ver ACEVEDO *et al*, *op. cit.*, p. 346.

7 *Ibidem*, p. 30.

> da música popular que será definitivamente um de seus mais substantivos e originais aportes ao meio do país.[8]

Além disso, o trabalho do conjunto permitiu o estabelecimento de uma conexão entre a academia e a indústria fonográfica:

> Graças a eles [Margot Loyola e Cuncumén], a institucionalização de um conceito de folclore e a consolidação de um repertório, uma prática performativa e uma forma de aproximar-se do folclore contarão com o apoio universitário, mas também com o da indústria musical, especialmente da rádio e do disco.[9]

Dessa forma, a atuação de Jara junto ao Cuncumén forneceu ao artista uma primeira oportunidade de aplicar seu aprendizado teatral à esfera musical, além de permitir que entrasse em contato com uma das maiores gravadoras atuantes no país, a filial da multinacional EMI Odeon.

Após viajar com o conjunto à Europa (Holanda, França, URSS, Tchecoslováquia, Polônia, Romênia e Bulgária) em 1961, na qualidade de diretor artístico, Jara se desligou do mesmo no ano seguinte. Passando a se dedicar mais detidamente à montagem de peças teatrais, tornou-se parte da equipe permanente de diretores da Escola de Teatro – renomeada Instituto de Teatro da Universidad de Chile (ITUCH) – e, posteriormente, professor da mesma instituição (1964-1967).

Entre 1962 e 1965, compôs parte das canções que gravaria em seus primeiros discos como solista.[10] Militante do Partido Comunista desde fins dos anos 1950, participou da campanha eleitoral de Salvador Allende

---

8 *Ibidem*, p. 30.

9 GONZÁLEZ *et al*, *op. cit.*, p. 311.

10 As canções compostas nesse período são: "*Deja la vida volar*" (1962), "*Que saco rogar al cielo*" (1962), "*La luna siempre es muy linda*" (1962-64), "*No puedes volver atrás*" (1964), "*El carretero*" (1964), "*El cigarrito*" (1964), "*El arado*" (1965), "*En algún lugar del puerto*" (1965), "*Canción de cuna para un niño vago*" (1965), "*El amor es un camino que de repente aparece*" (1965) e "*El pimiento*" (1965). ACEVEDO *et al*, *op. cit.*, p. 352-353.

em 1964, cantando em comícios da FRAP.[11] Em 1965, fez suas primeiras apresentações junto à caravana do programa *Chile Ríe y Canta*[12] e passou a compor o elenco da *Peña de los Parra*, ao lado dos irmãos Ángel e Isabel, de Rolando Alarcón e de Patricio Manns.

Na segunda metade da década de 1960, Jara havia se consagrado nacional e internacionalmente como diretor de teatro e também era celebrado pela imprensa como compositor e intérprete musical – especialmente após receber o prêmio Disco de Prata da Odeon em 1968 e vencer o *I Festival de la Nueva Canción Chilena*, em 1969. Nas entrevistas realizadas com o artista naquele período, observa-se que ele era frequentemente pressionado no sentido de escolher entre as duas atividades. Embora negasse ter predileção por uma ou outra e se esforçasse para conciliá-las, seu crescente envolvimento na vida política nacional o levou a fazer uma escolha: em 1970, pediu afastamento do ITUCH com a intenção de "dedicar-me mais intensamente à campanha [eleitoral] e também ao trabalho musical" num momento em que "o fundamental é trabalhar pelo triunfo do Governo Popular".[13] Jara entendia que a música lhe possibilitaria uma maior eficácia comunicativa do que o teatro: "acredito que o trabalho político e artístico tem uma repercussão muito mais direta com o violão e a

11 A Frente de Ação Popular (FRAP) foi uma coalizão de partidos de esquerda vigente no Chile entre 1956 e 1969 e integrada por: Partido Comunista; Partido Socialista do Chile; Partido Socialista Popular (até 1957); Partido Radical Doutrinário (até 1961); Partido Democrático do Povo e Partido Democrático do Chile (estes se fusionam no Partido Democrático Nacional em 1960, o qual se retira da FRAP em 1965); Vanguarda Nacional do Povo (a partir de 1958); e Partido Social Democrata (a partir de 1965). A coalizão lançou Salvador Allende como candidato à presidência em 1958 e em 1964, sendo derrotada nas duas ocasiões.

12 O programa radial *Chile Ríe y Canta* foi criado em 1963 pelo folclorista e produtor René Largo Farías na rádio Minería. Em 1964, teve início a atividade itinerante do programa, que consistia em uma série de apresentações, ao longo do país, de artistas ligados à difusão do folclore. Não obstante o suporte oferecido pelo Instituto de Desenvolvimento Agropecuário (INDAP), esse projeto contava com meios precários de realização. Ainda assim, era aplaudido e apoiado pelos artistas – sendo que muitos deles iniciaram ali seu contato com o público. Sobre o assunto, ver GONZÁLEZ *et al*, *op. cit.*, p. 320-321 e CARRASCO, *op. cit.*, p. 102-109.

13 JARA, Víctor *apud* KÓSICHEV, *op. cit.*

canção. Isso sem tirar valor do teatro como arte de massas, senão pelas possibilidades de deslocamento e agilidade de ação que permite esse outro campo".[14] Desse modo, a canção popular foi concebida por ele como um meio privilegiado para o engajamento político.

Entre 1970 e 1973, Jara "decidiu se integrar completamente ao processo de mudanças sociais que vivia o país".[15] Em 1971, foi encarregado de compor música incidental para acompanhar as transmissões da Televisão Nacional do Chile e se incorporou ao grupo de artistas estáveis da Vice-Reitoria de Extensão e Comunicações da Universidad Técnica del Estado (UTE). Nomeado Embaixador Cultural do Governo Popular – a partir da proposta de difundir internacionalmente uma imagem positiva do processo político chileno –, realizou uma turnê pelo México, Costa Rica, Colômbia, Venezuela, Peru e Argentina. No ano seguinte, viajou duas vezes para Cuba: a primeira a convite do Conselho Nacional de Cultura e da União de Jovens Comunistas; e a segunda para participar do Congresso de Música Latino-Americana, organizado pela Casa de las Américas. Entre uma viagem e outra, apresentou-se na URSS e na Inglaterra. De volta ao Chile, foi incumbido de organizar um grande ato para celebrar a conquista do prêmio Nobel de Literatura pelo poeta comunista Pablo Neruda. No início de 1973, participou da campanha eleitoral parlamentária, apoiando a candidata comunista Eliana Araníbar. Em junho, viajou ao Peru a convite do Instituto de Cultura de Lima e gravou uma apresentação para o canal de TV estatal. Durante o governo instaurado pelo golpe militar, foi aprisionado no Estádio Chile, torturado e morto em 16 de setembro de 1973.[16]

Atravessada pelas vivências acima resumidas, a discografia de Víctor Jara compreende o período de 1965 a 1973 e está distribuída de acordo com o quadro a seguir:

14 *Ibidem*, p. 106.

15 ACEVEDO *et al*, *op. cit.*, p. 19.

16 *Ibidem*, p. 20-23.

Selo discográfico	Tipo	Título	Ano
Demon	*single*	*La cocinerita / El cigarrito*	1965
	single	*La beata / Paloma quiero contarte*	1966
	LP	***Víctor Jara***	1966
Odeon	*single*	*El aparecido / Solo*	1967
	LP	***Víctor Jara***	1967
	LP	***Canciones Folklóricas de América*** (com Quilapayún)	1968
	LP	***Canto Libre***	1970
Jota Jota / DICAP	LP	***Pongo en tus manos abiertas...***	1969
	single	*Plegaria a un labrador* (com Quilapayún) / *Te recuerdo Amanda*	1969
	LP	***El derecho de vivir en paz***	1971
	single	*El derecho de vivir en paz / Plegaria a un labrador*	1971
	single	*Ni chicha ni limoná / Las casitas del barrio alto*	1971
	single	*Oiga pues mijita / Muchachas del telar*	1971
	LP	***La población***	1972
	single	*La bala / Que lindo es ser voluntario*	1972
	single	*Venían del desierto / Poema quince*	1972
	single	*Caicaivulú / Huillimalón*	1972
	single	*Marcha de los trabajadores de la construcción / Parando los tijerales*	1973
	LP	***Canto por travesura***	1973

Não consideramos as obras coletivas das quais o artista participou. O quadro apresentado é resultado do cruzamento das informações contidas nas seguintes fontes: Catálogo da gravadora DICAP, disponível em: <http://www.nuevacancion.net/victor/discog.html>; SIMÕES, *op. cit.*, p. 49-59 (Anexos); ACEVEDO *et al*, *op. cit.*, p. 346-350.

A análise desse repertório aponta para a definição de um estilo composicional e interpretativo próprio. Em primeiro lugar, há que fazer referência à sua maneira peculiar de tocar violão: Jara criava acompanhamentos incomuns, utilizando uma técnica de rasguear com arpejos sutis.[17] Esse

17 ACEVEDO *et al*, *op. cit.*, p. 36.

procedimento pode ser observado, por exemplo, em suas composições "*El cigarrito*" e "*El arado*", que seguem o padrão:[18]

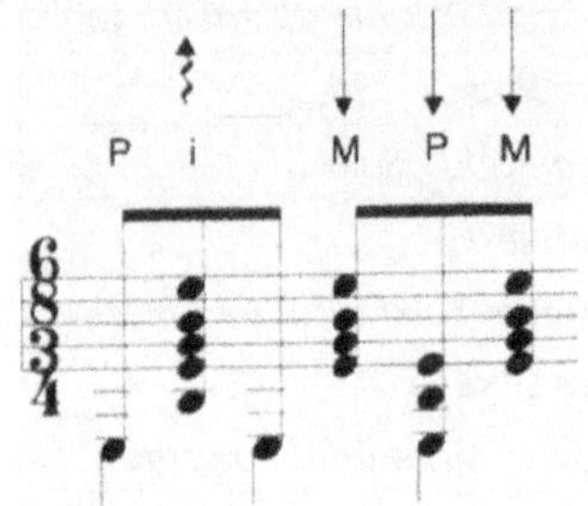

Outro caso de rasgueio especial é uma espécie de "galope" que não corresponde a nenhum toque ou ritmo folclórico específico e que está presente em canções que possuem acentuada carga dramática – como é o caso de "*El aparecido*" (que narra a perseguição de Che Guevara por seus inimigos), "*Preguntas por Puerto Montt*" (que denuncia a repressão violenta dispensada a famílias que haviam ocupado um terreno próximo à cidade homônima) e "*La toma*" (que narra o processo de ocupação de um terreno na periferia santiaguina).[19] Esse "galope Jara" consiste na seguinte rítmica:

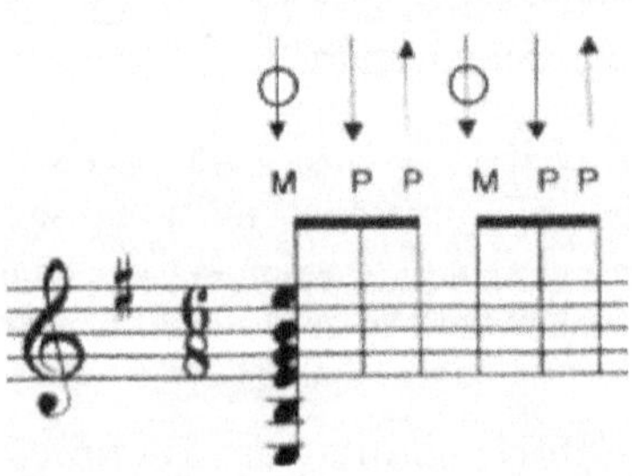

18 As partituras que se seguem foram retiradas de *ibidem*, p. 87 e 118, respectivamente. O livro propõe a seguinte notação para representar os movimentos da mão direita no violão: as letras se referem aos dedos empregados na execução (sendo P = polegar, i = indicador e M = todos menos o polegar); e as setas indicam a direção e técnica utilizadas (sendo que a seta reta representa a batida simples, a seta ondulada representa o movimento arpejado e a seta com o círculo representa a batida semiabafada).

19 *Ibidem* p. 36-37.

A exploração de diferentes recursos do violão é indicativa da importância atribuída por Jara ao acompanhamento musical. Conforme podemos observar a partir do exame de suas músicas instrumentais e das canções escritas para voz e violão, o processo de composição do artista se dava a partir desse instrumento – de modo que "A reconhecida unidade entre texto e música que conseguia Víctor em suas canções tinha uma base fundamental no violão".[20]

No que se refere ao modo de cantar, a influência exercida por Margot Loyola é perceptível. De acordo com o etnomusicólogo Augustín Ruiz Zamora, a folclorista desenvolveu um conjunto de técnicas e critérios propriamente acadêmicos a serviço da interpretação vocal, dentre os quais se destacam "Os cuidados postos em uma afinação temperada [...] ou os conceitos de manejo do ritmo cênico através dos contrastes em dinâmica, intensidade e textura".[21] A esse paradigma, o autor opõe o modo de cantar de Violeta Parra, cuja "encenação, distante e reativa a todo recurso acadêmico, não era em rigor uma representação, mas antes a encarnação da cantora camponesa".[22] No caso de Víctor Jara, a identificação com o primeiro estilo pode ser percebida na adoção da afinação temperada precisa, com notáveis cuidados dedicados ao timbre e à empostação de voz, ao mesmo tempo em que prescinde de virtuosismo. Essas características já estão presentes na gravação incluída em seu primeiro LP da *tonada* "*La flor que anda de mano en mano*", em que o cantor utiliza discretos vibratos ao final das frases e realiza, com perceptível domínio técnico, afinadas e longas sustentações de notas ao longo da melodia.

Por outro lado, é possível observar, em algumas de suas versões de canções tradicionais, a incorporação de certos trejeitos que visam dar um "sabor folclórico" à interpretação – mas, cabe frisar, este procedimento jamais se constituiu no fundamento de seu canto. Tal operação se verifica, por exemplo, na versão que realiza da *cueca* argentina "*La cocinerita*"

20 *Ibidem*, p. 37.

21 RUIZ ZAMORA, Augustín. "Margot Loyola y Violeta Parra: Convergencias y divergencias en el paradigma interpretativo de la Nueva Canción chilena". *Cátedra de Artes*. Pontífica Universidade Católica do Chile, Santiago, n. 3, 2006, p. 47.

22 *Ibidem*, p. 48.

(*Víctor Jara*, 1966), que havia sido gravada previamente pelas folcloristas Leda Valladares e María Elena Walsh (*Entre vales y quebradas, vol. 1*, Disc Jockey, 1957). Provavelmente inspirado por esta gravação, Jara utiliza sistematicamente desafinações nas passagens cantadas em falsete. Além disso, vale-se em alguns trechos de *figurativização tonêmica*[23] – para lançar mão do conceito trabalhado pelo semiólogo Luiz Tatit. Em outras palavras, é possível notar no canto de Jara linhas melódicas que se assemelham a inflexões entoativas presentes na linguagem oral. Esse procedimento pode ser percebido, por exemplo, no intervalo de 0'43'' a 0'54'', em que as resoluções melódicas descendentes fogem da égide da afinação temperada e se aproximam das nuances entoativas da fala coloquial cotidiana, fazendo transparecer, em meio às "imperfeições", naturalidade no cantar.

Não obstante as semelhanças existentes entre as duas versões de "*La cocinerita*", nota-se que Jara está menos dedicado a imitar "fielmente" a tradição do que as folcloristas, de acordo com a proposta de recriar o folclore para torná-lo vigente (tema já abordado no primeiro capítulo), evitando um estranhamento excessivo por parte do ouvinte do disco.

Outro elemento importante associado ao estilo de Víctor Jara é sua *performance*[24] visual, que procuramos apreender a partir da análise de fotografias incluídas nos LPs e também por meio da única gravação a que tivemos

23 De acordo com Tatit, os *tonemas* são um tipo de *figurativização* (processo de programação entoativa da melodia e de estabelecimento coloquial do texto) e se caracterizam como "inflexões que finalizam frases entoativas, definindo o ponto nevrálgico de sua significação", a qual poderia ser de três tipos: descendência (caso do trecho de Jara), ascendência ou suspensão. Ver *O cancionista*. São Paulo: Edusp, 2002, em especial as páginas 20 e 21. Agradeço a Renan Paiva Chaves pela ajuda na identificação e explanação da presença desse procedimento na canção em questão.

24 Em nosso trabalho, adotamos a definição de performance elaborada pelo historiador Paul Zumthor: "A performance é ação complexa pela qual a mensagem poética é, aqui e agora, transmitida e percebida. Locutor, destinatário e circunstâncias [...] se encontram concretamente confrontados" (*apud* VALENTE, Heloísa. *As vozes da canção na mídia*. São Paulo: Via Lettera; Fapesp, 2003, p. 70). A partir desse conceito que relaciona emissor e receptor, a semioticista Heloísa Valente definiu a performance mediatizada tecnicamente como uma modalidade na qual ocorre uma defasagem no eixo espaço-tempo, isto é, "o momento da interpretação não coincide, via de regra, com a sua recepção [...] é o caso de todas as mídias sonoras" (*ibidem*, p. 70-71).

acesso de suas apresentações ao vivo, registrada pelo canal estatal de TV do Peru em agosto de 1973. Apenas dois dos oito discos examinados não trazem qualquer foto de Jara em suas capas ou contracapas: *La población* e *Canto por travesura*. Nos demais, observa-se um padrão: o músico é preferencialmente representado em preto e branco com expressões faciais sérias, segurando o violão, vestindo trajes escuros e, em alguns casos, fumando. Percebemos a intenção de diferenciar-se do repertório mais comercial (*Neofolklore* e Nova Onda) através da recusa da imagem do "ídolo" juvenil – sorridente e sedutor – em favor da ênfase no compromisso do artista (com o folclore; com ideais políticos).

Daí que muitas das capas frontais dos LPs de Jara não incluem fotografias suas, mas imagens representativas da "mensagem" ali contida, como ocorre em *Canto Libre*. Lançado às vésperas da campanha eleitoral de 1970, o álbum traz na capa externa a imagem de uma porta de madeira em ruínas, fechada com cadeado (Imagem 1, p. 287). Na parte interna, há uma pomba voando, com a sugestão de que acabara de cruzar a porta (Imagem 2, p. 287). A simbologia carrega a ideia de que dependeria do "povo" abrir as portas, libertando-se de um modo de vida que estaria ultrapassado, em ruínas. Observa-se, desse modo, uma preocupação conceitual na elaboração do material gráfico dos discos, voltada a dar um tratamento artístico às imagens e a articulá-las com os elementos sonoros e textuais que os compõem.

O cuidado com a apresentação do repertório também se expressava na atitude adotada por Jara frente ao público. Eduardo Carrasco relatou sua atuação na *Peña de los Parra*:

> Há que imaginar a Víctor em seu pequeno cenário, rodeado de gente, com seu violão em posição de tocar [...] Entre canção e canção contava algumas anedotas divertidas ou falava da circunstância que o havia levado a compor [...] Levava a sério seu trabalho, e gostava de se concentrar nele antes de sair para cantar. Só quando estava em cena,

> recuperava de novo seu bom humor, e se transformava no ser expansivo e afetivo que no fundo era.[25]

Podemos inferir que Jara não agia de maneira espontânea, ou melhor, que a espontaneidade que demonstrava no palco era resultado de uma preparação prévia, envolvendo a escolha do repertório, o ensaio exaustivo, a afinação cuidadosa do violão e a utilização de recursos cênicos.

No vídeo produzido no Peru em 1973, é possível perceber alguns elementos fundamentais de sua *performance*. Jara veste um *poncho*, expressando sua identificação com os conjuntos da NCCh (como veremos mais adiante) e com a figura do camponês latino-americano. Antes de interpretar cada canção, faz comentários para introduzi-la, explicando o que motivou a composição. Busca, assim, direcionar a escuta do público, despertando solidariedade ou revolta em relação aos temas abordados. Sua atitude simpática – modo de falar devagar e pausado, sorriso constante, bom humor – atua nesse mesmo sentido.

Entre os elementos cênicos empregados, destacam-se suas expressões faciais, que visam reiterar a mensagem contida na canção. Como exemplo, podemos citar a interpretação de "*Ni chicha ni limoná*" – uma composição própria dirigida aos partidários da Democracia Cristã, que são convidados a "sair de cima do muro" no polarizado contexto político chileno, passando a apoiar o governo da UP: "*Arrímese mas pa' ca / aquí donde el sol calienta, / si uste' ya está acostumbrado / a andar dando volteretas / y ningún daño le hará / estar donde las papas queman*". Interpretada em ritmo de *parabienes* – com andamento rápido e clima festivo –, a música alivia a linguagem ameaçadora presente em passagens como "*venga a remediar su mal / si aquí debajito 'el poncho / no tengo ningún puñal / y si sigue hociconeando / le vamos a expropiar / las pistolas y la lengua / y toíto lo demás*". Na interpretação registrada no vídeo, Jara lança mão de olhares desafiadores e expressões de reprovação e deboche quando canta: "*Usted no es na' / ni chicha ni limoná / se la pasa manoseando / caramba zamba su dignidad*". Sorri amigavelmente na

25 CARRASCO, *op. cit.*, p. 93.

passagem "*Si queremos más fiestoca / primero hay que trabajar / y tendremos pa' toítos / abrigo, pan y amistad*" e logo em seguida põe-se sério para expressar "*y si usted no está de acuerdo / es cuestión de uste' nomás*". As expressões faciais, bem como o revezamento entre elas, são bem marcadas e indicam que o artista não estava agindo com naturalidade, mas antes valendo-se conscientemente de recursos dramáticos.

Agora que já abordamos alguns aspectos relacionados ao estilo interpretativo de Jara, cabe apresentar as principais características de seu repertório. No que tange à procedência das músicas gravadas nos LPs, observa-se que as composições próprias (individualmente ou em parcerias) respondem por 46 das 93 faixas que os integram. Essa produção permite identificá-lo como um *cantautor*, de acordo com a definição proposta por Alvaro Godoy e Juan Pablo González:

> Cantautor é um músico – poeta – compositor que interpreta seus próprios temas. [...] Esta necessidade expressiva distingue as criações dos cantautores, transforma suas canções em um fenômeno muito particular, no qual o caráter de seu criador se impregna em sua própria obra e define seu estilo musical, poético e interpretativo [...] Mais que uma corrente musical ou poética, representam um estilo de ver e viver a vida. É, definitivamente, sua visão do mundo que tentam comunicar esses criadores.[26]

No caso de Víctor Jara, os recursos utilizados para expressar sua visão de mundo tiveram como fio condutor o universo dos setores populares e as expectativas de transformação social. Em seu primeiro LP (1966), centrado na realidade rural, nos deparamos com a figura da mulher que cozinha ("*La cocinerita*"); do camponês enrolando um cigarro de palha ("*El cigarrito*") ou trabalhando exaustivamente na roça ("*El arado*"); do *carretero* conduzindo sua carroça pelos campos, perguntando-se "*¿cuándo mi vida tendrá / el camino que yo quiero?*". Também estão presentes temas

26 GODOY, Alvaro; GONZÁLEZ, Juan Pablo. *Música popular chilena, 20 años: 1970-1990*. Santiago: Ministerio de Educacción, 1995, p. 116-117.

amorosos ("*Paloma quiero contarte*"; "*Ojitos verdes*") e críticas à Igreja católica ("*Qué saco rogar al cielo*"; "*La luna siempre es muy linda*"). Além das tradicionais *tonadas* e *cuecas*, o disco abarca três canções baseadas no *canto a lo humano*[27] e duas em gêneros andinos. O formato voz e violão predomina, chamando a atenção do ouvinte para a problemática abordada nas letras: a cultura camponesa e seu entorno social.

O universo rural não constituiu, entretanto, a única referência de Jara. A inclusão de repertórios de temática urbana em seus LPs se processou a partir de 1967, com a gravação de "*En algún lugar del puerto*", ambientada em Valparaíso, e "*Canción de cuna para um niño vago*", que remete à figura das crianças de rua (*pelusas*) das grandes cidades. Nos discos seguintes, figuram os estudantes universitários ("'*Móvil' Oil Special*"), os guerrilheiros latino-americanos ("*A Cochabamba me voy*"), a juventude comprometida com o projeto socialista ("*El alma llenda de banderas*"; "*B.R.P.*"), a elite santiaguina ("*Las casitas del barrio alto*") e as prostitutas ("*La carpa de las coligüillas*"), entre outras figuras consideradas representativas da realidade nacional e continental.

A diversificação de paisagens e personagens foi acompanhada pela diversificação temática e estética das canções – o que foi possibilitado pela exploração de diferentes gêneros folclóricos do continente e pelo diálogo com outras manifestações artísticas. Jara gravou gêneros chilenos (*tonadas, cuecas, cantos a lo humano* e *a lo divino*), andinos (*kaluyo, cachimbo, huayno, bailecito, yaraví*), cubanos (*rumba, son, guajira*), afro-americanos (*joropo, festejo, panalivio*), argentinos (*milonga, zamba, vidalita*) e mexicanos (*corrido*). A busca de renovação por meio do folclore pode ser percebida em *Canto por travesura* (1973), em que o artista recupera temas picarescos e humorísticos, pouco explorados pela indústria discográfica.

Por meio de parcerias, Jara utilizou recursos da música erudita (especialmente no LP de 1967, cujas canções foram arranjadas por Sergio Ortega), do *rock* (com a participação do grupo Los Blops no disco *El derecho de vivir en paz*), da música instrumental (auxiliado por Patricio Castillo

27 Ver nota número 63 deste capítulo.

e Inti-Illimani) e do teatro (como nas faixas de *La población*, compostas juntamente com o dramaturgo Alejandro Sieviking).

O LP *Canto libre* (1970) é representativo da heterogeneidade desse repertório. Iniciado pelo *festejo* afro-peruano "*Inga*", continua com a "*Canción del árbol del olvido*", de temática amorosa, seguida por duas canções que abordam o trabalho camponês ("*La pala*" e "*Lamento borincano*", sendo esta última de origem portorriquenha). Na sequência, o tema instrumental para dois violões "*Ventolera*" e a *tonada* potosina "*El Tinku*", cantada em língua *quechua*. A temática indígena tem continuidade no outro lado do disco, com "*Angelita Huenumán*". Depois, o "*Corrido de Pancho Villa*" remete à Revolução Mexicana, ao passo que "*Caminando caminando*" mergulha em uma reflexão subjetiva. "*¿Quién mató a Carmencita?*" denuncia a influência negativa que seria exercida pelos meios de comunicação de massa sobre a juventude de baixa condição social. Fechando o álbum, "*Canto libre*" aborda o ofício do músico, indicando que a voz deste representaria a "voz do povo" e defendendo uma arte livre para criar. Nesta última faixa, o artista vale-se do improviso para reforçar sua proposta.

Como se pode depreender, a instrumentação usada no disco é bastante variada, incluindo violão, violão de 12 cordas, baixo acústico, *guitarrón*, *charango*, *quena* e diversos instrumentos de percussão (maraca, *güiro*, bongô, *cascabelles*, *kultrún*, *cascahuilla*, *pandereta*, caixa). Jara reivindica, assim, liberdade para dialogar com diferentes influências, renovando-se a partir da "tradição" latino-americana – a qual permanece sendo a referência central e o elemento de legitimidade buscado em sua criação.

Quilapayún (1967-1973)

Passemos agora à trajetória do conjunto Quilapayún, formado em 1965 por três jovens músicos amadores interessados pelo folclore latino-americano: Julio Numhauser, Julio Carrasco e Eduardo Carrasco. Tendo como objetivo central a abstrata ideia de fazer "música revolucionária" a partir de um repertório "autenticamente popular", encontraram dificuldades para transformar seus anseios e suas críticas aos conjuntos *neofolklóricos* em uma proposta musical concreta. Na tentativa de reconstituir o clima no qual o grupo foi criado, Eduardo Carrasco remontou ao imaginário revolucionário característico daquele período, explicitando o envolvimento dos integrantes com o movimento estudantil universitário:

> Em quase todos os países do continente surgiram movimentos revolucionários que seguiam mais ou menos fielmente o ideário da revolução cubana. [...] No Chile este projeto foi assumido por vários grupos, mas o que alcançou ter maior relevância foi o MIR,[28] que nasceu nas universidades [...] Nós, que vivíamos intensamente todas essas inquietudes políticas, fomos rapidamente conquistados [...] militávamos na Faculdade de Filosofia da Universidad de Chile.[29]

Após narrar um ato promovido pelos estudantes daquela faculdade com o intuito de sabotar um evento universitário organizado pelos democrata-cristãos, o autor continua:

> Nossa vida encontrava nesses enfrentamentos um escape para as incontáveis frustrações que sofríamos e [...] nos serviram para localizar nossos verdadeiros inimigos. Assim nasceu em nós esse espírito romântico que para muitos jovens de nossa geração constituiu a primeira etapa de uma consciência revolucionária. Por isso não há nada de estranho que, quando decidimos formar nosso grupo, uma das ideias matrizes fosse essa de ser artistas de uma causa nobre e justa, que nesse momento nós víamos encarnada nas barbas de Cuba.[30]

28 O Movimento de Esquerda Revolucionária (MIR) é uma organização política chilena fundada em 1965 no interior da Universidad de Concepción. No período estudado, defendeu a *via armada* para atingir o socialismo no Chile, popularizando o *slogan* "Reforma não, revolução" no contexto da Reforma Universitária. Em 1968, os integrantes do Quilapayún que eram membros do MIR se desligaram e logo se filiaram às Juventudes Comunistas do Chile. Sobre esse processo, ver CARRASCO, *op. cit.*, p. 125-127.

29 *Ibidem*, p. 37.

30 *Ibidem*, p. 44.

Observa-se que o fator político esteve presente desde o início do grupo, constituindo um de seus principais elementos definidores. Mas se os integrantes tinham clareza quanto à função desejada para sua arte, "ainda nos faltava algo: não sabíamos quase nada de música".[31] Recorrendo a discos de repertório folclórico e à ajuda de Ángel Parra, aprenderam a tocar *charango*, *quena* e *bombo* – instrumentos andinos que faziam parte da coleção de Numhauser – e chegaram a montar algumas canções.

Na mesma época, incorporaram um quarto integrante: Patricio Castillo, violonista e estudante de Filosofia. Com tal formação, fizeram sua primeira apresentação na *Peña de Valparaíso* e seguiram atuando em *peñas* universitárias. Em princípios de 1966, venceram o *Primer Festival Nacional de Folklore* – voltado a conjuntos não profissionais – com a canção "*El pueblo*", de Ángel Parra, cuja letra era um chamado à reforma agrária: "*Al pueblo sólo le falta / la tierra pa' trabajar. / El pueblo la está sembrando / y él tiene que cosechar*". Naquela ocasião, os artistas utilizaram pela primeira vez o uniforme com o qual se apresentariam no decorrer de todo o período estudado: camisa, calça e *poncho* – tudo rigorosamente preto. De acordo com Carrasco, a cor "era sombria e elegante, e ademais, não podia atribuir-se a nenhuma região determinada do Chile ou América Latina", ao passo que o *poncho* projetaria "uma imagem popular sem cair na falsificação dos disfarces folclóricos"[32] (observe-se aqui a referência à Música Típica).

Após o sucesso no festival, integraram-se à caravana de *Chile Ríe y Canta* e participam do LP homônimo lançado em 1966 (Obra coletiva, Odeon), novamente com "*El pueblo*", sua primeira gravação. No mesmo ano, conheceram Víctor Jara, que passou a atuar como diretor artístico do conjunto. Introduzindo uma disciplina rigorosa no trabalho deste, Jara contribuiu para a elaboração de um estilo original de interpretação cênica, pautado em três concepções fundamentais:

1. o *recital*, articulado como narrativa dramática, seria o formato adequado para a *performance* do conjunto.

31 *Ibidem*, p. 51.

32 *Ibidem*, p. 58.

2. a interpretação demanda atuação e esta requer um tratamento profissional, cuidando tanto dos aspectos técnico-musicais da execução vocal e instrumental como dos elementos corporais;
3. a encenação tem um caráter integral, que outorga a mesma preocupação com os diferentes códigos e dimensões musicais e cênicas envolvidos nas apresentações (seleção do repertório, arranjos vocais e instrumentais, gestualidade facial e corporal, deslocamento corporal, comunicação verbal com o público, vestimenta, cenografia e iluminação etc).[33]

Como resultado,

> Nosso trabalho em cena se transformou em algo muito rigoroso e preciso [...] Em tal parte da canção havia que olhar para frente, depois havia que mudar de posição, depois tínhamos que pegar o violão de tal ou qual modo, havia que fechar os olhos e voltar a abri-los em tal palavra [...] Esse trabalho minucioso foi armando espontaneamente um recital, e por isso, a partir daquela época, nosso meio de atuação foi se deslocando paulatinamente, das peñas para o teatro.[34]

Nessas apresentações, as vestimentas pretas e a atitude disciplinada propiciavam um ambiente reflexivo, de concentrada e calada atenção dos espectadores, no qual as canções figuravam como "mensagens para escutar".[35] As fotografias incluídas nos discos reforçam o sentido de compromisso e seriedade buscado pelo conjunto, conforme podemos perceber na contracapa interna de *Basta* (1969), em que os integrantes aparecem dispostos em pé um ao lado do outro, com expressões faciais sóbrias, sendo que os *ponchos* escuros que vestem ocupam a maior parte da fotografia em preto e branco (Imagem 3, p. 288).

33 ACEVEDO *et al, op. cit.*, p. 40.

34 CARRASCO, *op. cit.*, p. 84.

35 ACEVEDO *et al, op. cit.*, p. 41.

Assim, Jara valeu-se de sua formação teatral para auxiliar na definição do estilo do Quilapayún. Em contrapartida, este fez várias participações em seus discos, contribuindo para a diversificação do repertório. A parceria culminou no LP conjunto *Canciones Folklóricas de América*, lançado em 1968. Integrando o estilo individual de Jara com os diversos recursos vocais e instrumentais possibilitados pelo quarteto, o álbum mescla canções próprias com temas tradicionais de diversas procedências e composições de outros músicos contemporâneos, proporcionando diferentes sonoridades no decorrer das faixas – que incluem gêneros andinos, temas instrumentais, canções de origem espanhola e uma canção cantada em hebraico.[36]

Jara dirigiu o Quilapayún até 1969, ano em que se apresentaram juntos no *I Festival de la Nueva Canción Chilena*. Após seu afastamento, Eduardo Carrasco assumiu a liderança. Entre 1966 e 1973, diversos músicos passaram pelo conjunto: durante a gravação do primeiro LP, em 1966, Castillo foi substituído por Carlos Quezada (estudante de Desenho na UCh); no ano seguinte, Numhauser se retirou e Willy Oddó (estudante de Engenharia na UTE) foi incorporado; em 1968, Julio Carrasco se desligou, dando lugar a Hernán Gómez e Rodolfo Parada (estudantes de Engenharia na UTE); em 1971, integrou-se Rubén Escudero (engenheiro formado pela PUC) e, no ano seguinte, Hugo Lagos (estudante de Música). Assim, o Quilapayún foi um trio em 1966, um quarteto entre 1967 e 1970, um quinteto em 1971 e um sexteto entre 1972 e 1973.

Em meio a tais mudanças, o grupo realizou algumas turnês internacionais, sendo que em 1970 seus integrantes foram nomeados Embaixadores Culturais do Governo Popular. Passaram pelos seguintes países: URSS, Espanha, Itália e França[37] em 1968; Uruguai no mesmo ano (acompanha-

36 Para uma análise do disco, ver SCHMIEDECKE, Natália. "*Canciones folklóricas de América* e a proposta de renovação da música popular empreendida pela Nova Canção Chilena". *Anais do XXVI Simpósio Nacional de História da ANPUH*, São Paulo, 2011, p. 1-12. Disponível em: <http://www.snh2011.anpuh.org/resources/anais/14/1308175652_ARQUIVO_Artigo-NataliaAyoSchmiedecke.pdf>. Acesso em: 16 jul. 2015.

37 Em sua passagem pela França, o conjunto gravou um LP com o poeta chileno Juan Capra, que ali residia. Evitando fazer referência direta ao Quilapayún – que havia

dos por Víctor Jara); Argentina em 1970; diversos países europeus (junto a Isabel Parra[38]) e Cuba, no mesmo ano; e novamente Europa em 1973, onde se encontravam quando foram surpreendidos pelo golpe militar. Os músicos ficaram exilados na França até fins dos anos 1980, participando da resistência internacional à ditadura de Pinochet.

No período considerado no presente trabalho, o Quilapayún gravou os seguintes discos no Chile:

assinado um contrato de exclusividade com a Odeon –, o disco *Folklore de Chile* (Barclay, 1968) foi assinado por "Juan Capra y Los Chilenos".

38 Nessa turnê, Quilapayún e Isabel Parra gravaram canções que seriam reunidas no LP *Lieder aus Chile*, produzido na República Democrática Alemã pelo selo Amiga em 1972.

Selo discográfico	Tipo	Título	Ano
Odeon	*single*	*La paloma / La perdida*	1966
	LP	***Quilapayún***	1967
	single	*El borrachito / El forastero*	1967
	LP	***Canciones Folklóricas de América*** (com Víctor Jara)	1968
	LP	***Quilapayún 3***	1968
	single	*Manuel Ascencio Padilla / Dicen que mi patria es*	1969
	LP	***Quilapayún 4***	1970
	single	*El canto de la cuculí / Plegaria a un labrador*	1971
	single	*Tío Caimán/Amanda-Ortiga*	1972
	LP	***Quilapayún 5***	1972
Jota Jota / DICAP	**LP**	***X Viet-nam***	1968
	LP	***Basta***	1969
	LP	***Santa María de Iquique***	1970
	LP	***Vivir como él***	1971
	single	*El enano maldito acota / Atoca otidlam onane le*	1971
	single	*Marcha de la producción**	1971
	single	*La batea / Soy del pueblo*	1971
	single	*Venceremos***	1971
	single	*Vox populi****	1971
	single	*Ramona*****	1971
	single	*La internacional / Segunda Declaración de La Habana*	1971
	single	*A comer merluza / Hablo contigo hermano*	1972
	single	*Himno de la JJCC / La internacional*	1972
	single	*Las ollitas / Vox populi*	1972
	single	*No se para la cuestión / El banderón*	1972
	EP[39]	*¿Onofre? Sí, Frei / No volveremos atrás******	1972
	LP	***La Fragua***	1973

Não consideramos na tabela os LPs coletivos dos quais o conjunto participou nem os discos gravados ou reeditados no exterior. No que tange aos *singles*, assinalamos com asteriscos aqueles que foram divididos com outros artistas e nomeamos apenas as faixas interpretadas pelo Quilapayún. As outras faixas integrantes desses discos são: * Lado B: "*La producción*", interpretada pelo duo Amerindios. / ** Lado B: "*Venceremos*", interpretada pela Orquesta Sinfónica Popular. / *** Lado B: "*La Tribuna*", interpretada pelo conjunto cubano Manguaré. / **** Lado B: "*Por Chile*", interpretada pelo conjunto Combo Xingú. / ***** Lado A: "*Fiesta del domingo*" e "*A la mujer*", interpretadas pelo conjunto Inti-Illimani. Os dados apresentados resultam do cruzamento das informações contidas no site oficial do conjunto (www.quilapayun.com) e no Catálogo da gravadora DICAP, disponível em: <http://www.nuevacancion.net/dicap/>. Acesso em: 17 jul. 2015.

39 EP é a abreviação de *Extended Play*, termo utilizado para fazer referência aos discos de vinil de 45 RPM que incluíam duas faixas musicais por lado – diferentemente do *single*, que comportava apenas uma por lado.

Se "A Nova Canção Chilena é, em muitos de seus aspectos, um movimento que atua por oposição",[40] observa-se que a identidade do Quilapayún esteve fortemente pautada na intenção de se contrapor ao formalismo característico dos conjuntos *neofolklóricos*. Para tanto, a substituição do *smoking* pelo *poncho* esteve acompanhada da prática de não impor um modelo de arranjo similar a todo seu repertório, preferindo mudar constantemente de formato para melhor dar conta das demandas expressivas particulares de cada canção.[41] Nas palavras de Eduardo Carrasco:

> Enquanto os grupos anteriores trabalhavam com uma concepção bastante esquemática, na qual sempre havia uma primeira voz que cantava a melodia enquanto o resto se limitava a fazer acompanhamentos harmônicos e, muito raramente, contrapontísticos, o Quilapayún praticamente começou a mudar de som segundo cada canção.[42]

Assim, encontramos em seu repertório canções interpretadas por uma só voz e violão; outras em duo ou coros de várias vozes (à *capella* ou com acompanhamento musical); além de temas instrumentais. Essa proposta permitiu o desenvolvimento de uma grande versatilidade vocal e instrumental entre os integrantes do conjunto.[43] Como decorrência, "serão, então, vários *quilapayúns* os que se armem e desarmem em cada gravação e apresentação do grupo".[44]

Mas a diversificação do repertório não esteve limitada ao plano formal. Observa-se nos discos do conjunto o diálogo com vários gêneros musicais latino-americanos – que, se num primeiro momento esteve focado em estilos andinos, foi se ampliando progressivamente, abarcando

40 GODOY; GONZÁLEZ, *op. cit.*, p. 81.

41 SANTANDER, *op. cit.*, p. 38; GONZÁLEZ *et al*, *op. cit.*, p. 419.

42 SANTANDER, *op. cit.*, p. 38.

43 *Ibidem*, p. 38.

44 GONZÁLEZ *et al*, *op. cit.*, p. 419.

gêneros chilenos (*cueca, tonada, sirilla*), argentinos (*milonga, zamba, vidala, baguala, tango*), venezuelanos (*joropo, polo*), mexicanos (*corrido*) e caribenhos (*son, guajira*).

Cruzando práticas, gêneros e instrumentos folclóricos de distintas procedências – tal como procediam Violeta Parra e Víctor Jara –, o Quilapayún buscou explorar diferentes sonoridades a partir da proposta de renovação da tradição. Seus arranjos apontam para um distanciamento em relação ao repertório folclórico que lhes serviu de inspiração, na medida em que utilizam diversos recursos expressivos visando integrar letra e música, valendo-se principalmente do trabalho vocal. Tal procedimento pode ser notado em sua versão da canção folclórica argentina "*Tan alta que está la luna*", gravada no LP *Quilapayún 5* (Odeon, 1972). Centrada na temática amorosa, a canção está dividida em duas partes: em A, o eu-lírico lamenta pela perda da amante ("*Qué triste se queda un hombre, ay sí, / cuando una mujer lo engaña, ay no / [...] como querís que yo pierda, ay sí, / un corazón tan querido, ay no / [...] / Solo me estoy en mi rancho, ay sí, / solito con mi dolor, ay no*") ; em B, ele se despede dela ("*Serás libre, palomita, como soy yo. / Vamos, vida, yo ya me voy; / con mi cajita de cuero te digo adiós*"). A fim de propiciar variações sonoras, diferentes formações vocais são empregadas durante a música – que conta apenas com acompanhamento instrumental do *bombo* –, alternando passagens a solo com duos e coros, sendo que os últimos atuam ora na harmonia, ora na melodia. Também se observam variações dinâmicas, especialmente nos versos "*Vamos, vida, yo ya me voy*", acentuando a carga dramática da despedida.

No que se refere às letras das canções gravadas pelo Quilapayún, predominam temas políticos, históricos e sociais – característica observável a partir de seu segundo álbum, *X Viet-nam*, considerado por alguns autores "o primeiro LP propriamente revolucionário editado no Chile".[45] Inaugurando, como já vimos, o catálogo da gravadora patrocinada pelo Partido Comunista, o disco tem como eixo central a denúncia do "imperialismo" norte-americano. O tom combativo presente nas letras das can-

45 GONZÁLEZ *et al*, *op. cit.*, p. 422.

ções é reforçado pela interpretação vocal do conjunto e pela simplicidade dos acompanhamentos instrumentais, contribuindo para destacar a mensagem revolucionária. A canção que abre o disco, composta por Jaime Gómez Rogers e Eduardo Carrasco, é representativa nesse sentido. Interpretada de maneira dramática, com alternância entre solista e coro, e contando com acompanhamento de violão e *bombo*, "*Por Vietnam*" aborda o confronto entre vietnamitas e norte-americanos, posicionando-se ao lado dos primeiros:

> *Yankee, yankee, yankee, / cuidado, cuidado. / Las águilas negras se alimentan / de los despojos de las batallas. / Águila negra ya caerás, / águila negra ya caerás. / Las águilas negras vienen volando / con sus cañones por sobre el mar. / [...] / Las águilas negras / rompen sus garras / contra el heroico pueblo en Vietnam. / [...] / Yankee, yankee, yankee, / cuidado, cuidado, / águila negra, ya caerás / el guerrillero te vencerá.*

Os LPs seguintes mantêm, em maior ou menor grau, o tom militante que, com o tempo, se torna a marca principal do conjunto. Mas seu repertório não se reduz a canções de conteúdo político explícito: figuram também músicas instrumentais, temas amorosos e referências a diferentes tradições culturais. Quanto à autoria, predominam faixas compostas por outros músicos ligados às diferentes expressões nacionais da Nova Canção (somando mais de sessenta). Há também uma quantidade significativa de músicas tradicionais identificadas ao folclore latino-americano ou europeu (em menor escala) e de composições próprias – sendo a maioria de Eduardo Carrasco, individualmente ou em parcerias, além de alguns temas instrumentais de Patricio Castillo e de canções compostas coletivamente pelos integrantes do conjunto.

Conforme procuramos apontar, o delineamento de um estilo bem definido por parte do Quilapayún não implicou na repetição de uma mesma fórmula em seus discos. Na busca por renovação, os integrantes chegaram a cursar disciplinas de Composição e Violão Clássico na Escola

Musical Vespertina da Universidad de Chile,[46] entrando em contato com técnicas identificadas com a tradição erudita. A partir daí, estabeleceram parcerias com músicos de conservatório, dando origem a um gênero musical de caráter híbrido: a cantata popular, da qual voltaremos a tratar mais adiante.

De acordo com Eduardo Carrasco,

> Quando, em fins do ano anterior [1969], terminamos o disco "Basta", nos demos conta pela primeira vez da existência de um dos fantasmas mais perigosos na carreira de um artista: o espectro da repetição. Havíamos feito todo um caminho na canção popular, mas com meios musicais muito precários. [...] Em alguma medida, a ideia de fazer obras que fossem algo mais que uma mera coleção de canções flutuava no ambiente. [...] O que nós podíamos fazer para ir adiante com algo novo?[47]

O autor aponta que foi justamente quando discutiam com Sergio Ortega uma futura parceria que "apareceu Luis Advis com sua Cantata", propondo que o conjunto interpretasse sua mais nova composição, "*Santa María de Iquique*". Com o sucesso dessa primeira experiência, o Quilapayún teria sua história marcada por cantatas populares – sendo que três delas foram gravadas em disco no período estudado: "*Santa María*

46 A Escola Musical Vespertina da Universidad de Chile (1966-1973), voltada a jovens e adultos sem educação musical formal prévia, constituiu um ponto de encontro entre músicos eruditos e populares. Compositores como Luis Advis, Celso Garrido-Lecca, Sergio Ortega e Cirilo Vila ofereciam uma grande quantidade de cursos relacionados à composição musical – como harmonia, contraponto, orquestração e instrumentação. "Desse modo, o que no conservatório poderia requerer vários anos de estudo, na Escola Musical Vespertina era ensinado em pouco tempo [...] Com essa experiência se foi criando uma rede de interesses comuns, pois aos poucos os compositores eruditos também aprenderam dos músicos populares" (GONZÁLEZ, Juan Pablo. "Tradición, identidad y vanguardia en la música chilena en la década de 1960". *Aisthesis*. Santiago, n. 38, 2005, p. 202. Disponível em: <http://dialnet.unirioja.es/servlet/articulo?codigo=2358210>). Acesso em: 15 jul. 2015.

47 CARRASCO, *op. cit.*, p. 153

de Iquique" (1970), *"Vivir como él"* (1971) e *"La Fragua"* (1973). Antes de aprofundarmos esse tema, incursionaremos na última trajetória que nos propusemos a apresentar: a do conjunto Inti-Illimani.[48]

Inti-Illimani (1969-1973)

Formado no interior da *Peña de la UTE* em 1967, o grupo teve como antecedente um duo formado por Jorge Coulón (estudante de Engenharia Elétrica) e Max Berrú (estudante de Engenharia Mecânica) em 1965. Com a incorporação de mais dois integrantes – entre eles Willy Oddó, que depois ingressaria no Quilapayún –, o quarteto passou a se chamar Los Nubarrones. Em maio de 1967, já desfeito este grupo, Coulón e Berrú se uniram a dois outros estudantes da UTE, Pedro Yáñez e Horacio Durán, fundando o "conjunto sem nome" que em breve seria batizado como Inti-Illimani por sugestão do violonista Eulogio Dávalos. Em outubro do mesmo ano, o estudante secundário Horacio Salinas – que, aos dezesseis anos, conciliava a escola com estudos no Conservatório e atuações junto à orquestra do Balé Folclórico Pucará[49] – se integrou ao conjunto, que viria a dirigir nos anos seguintes.

Esse quinteto tinha como influências principais a música popular latino-americana (especialmente de origem argentina, andina, mexicana e chilena) e a música erudita de tradição europeia, com a qual Coulón e Salinas tinham contato desde crianças, estimulados por suas famílias.

Em inícios de 1968, o Inti-Illimani fez sua primeira viagem internacional, conforme relata Jorge Coulón:

48 As informações apresentadas nas próximas duas páginas resultam do cruzamento de três fontes *online*: *website* oficial do conjunto Inti-Illimani® (http://inti-illimani.cl/historia/1966-1977/); enciclopédia musical MusicaPopular.cl, verbete "Inti-Illimani" (http://www.musicapopular.cl/3.0/index2.php?op=Artista&id=18); e versão digital do livro de entrevistas *Fragmentos de un sueño: Inti-Illimani y la generación de los 60*, de Luis CIFUENTE SEVES, (*op. cit.*, s.n.p.).

49 Grupo artístico ligado à projeção folclórica, criado em 1964 e dirigido pelo folclorista Ricardo Palma, tendo como objetivo "levar à cena um folclore com conteúdo, em que se fizesse presente a realidade nacional lado a lado com as danças tradicionais" (CIFUENTES, María José. *Historia social de la danza en Chile*. Santiago: LOM, 2007, p. 122).

> Escolhemos a Argentina pela grande influência que sua música teve em todos nós. O Loro [Horacio Salinas] [...] havia aprendido quase tudo o que sabia dos discos de Eduardo Falú, por exemplo. A turnê não teve muito a ver com nossos interesses geográfico-musicais, já que não fomos nem a Salta nem a Jujuy e terminamos por ir aonde conhecíamos gente: Mendoza, Buenos Aires e San Martín de los Andes.[50]

Embora não tenham conseguido realizar pesquisas de campo na região andina do noroeste argentino, os músicos puderam adquirir novos discos e instrumentos, além de se apresentarem em *peñas* folclóricas. Na volta ao Chile, Pedro Yáñez se retirou do conjunto, sendo substituído por Ernesto Pérez de Arce, estudante da UTE e músico de formação jazzística. Em seguida, um novo membro foi incorporado: Homero Altamirano. Com essa formação, o conjunto realizou suas primeiras gravações para o disco coletivo *Voz para el Camino* (Hit Parade, 1968), ligado ao programa de TV homônimo que era exibido no canal da Universidad de Chile, sob direção de Iván Faba. O disco inclui duas músicas interpretadas pelo Inti-Illimani: "*Juanito Laguna remonta un barrilete*" (Hamlet Lima Quintana/René Cosentino), que havia sido gravada pela cantora argentina Mercedes Sosa no ano anterior, e o tema instrumental "*Huajra*", de Atahualpa Yupanqui.

Em seguida, o grupo participou com "*Zamba de los humildes*" (Armando Tejada Gómez/Oscar Matus) e "*Cueca de la CUT*" (Héctor Pávez) no LP *X la CUT*, editado pelo recém-criado selo Jota Jota em apoio à Central Única de Trabalhadores do Chile. O contato mantido pelos integrantes do Inti-Illimani com as organizações de esquerda – em especial, o PCCh – teve como canal fundamental o movimento estudantil universitário, conforme destacou Horacio Durán:

> [...] na UTE, e em especial nos cursos de engenharia, a Juventude Comunista era o grupo mais ativo e com grande influência entre os estudantes, sobretudo

50 Entrevista a CIFUENTES SEVES, *op. cit.*, s.n.p.

> graças ao prestígio incrível de dirigentes tais como Alejandro Yáñez, que foi eleito quatro vezes presidente da FEUT e que logo chegou a ser vice-presidente da União Internacional de Estudantes. Entre os anos 1968 e 1969, todos ingressamos, um por um, à Jota.[51]

Em fevereiro de 1969, o conjunto viajou à Bolívia, onde seus integrantes puderam escutar ao vivo uma banda de *zampoñas* e adquirir instrumentos andinos de boa qualidade. Também gravaram ali seu primeiro LP, intitulado *Si somos americanos*, pelo selo Impacto de La Paz. O disco mescla *cuecas* e *tonadas* chilenas com uma variedade de ritmos andinos, além de *zambas* argentinos, predominando a formação coro, violão, *charango, quena* e *bombo.*

Entre 1969 e 1973, o elenco do grupo sofreu outras mudanças: Homero Altamirano (1969) e José Pérez de Arce (1972) se retiraram; Jorge Coulón foi temporariamente substituído por seu irmão Marcelo (1970); José Seves (1971) e José Miguel Camus (1972) foram incorporados. Paralelamente, os músicos realizaram novas turnês internacionais, passando por Peru e Bolívia em 1970; Equador e Colômbia em 1971; Cuba, México, Costa Rica, Venezuela, Colômbia e Equador em 1972; Europa e Vietnã do Norte em 1973. Assim como Jara e o Quilapayún, foram encarregados de atuar como Embaixadores Culturais do governo da UP. No dia do golpe civil-militar, encontravam-se na Itália, onde permaneceriam durante todo o período do exílio, atuando ao lado de outros artistas no movimento pela redemocratização do Chile.

O quadro seguinte apresenta a discografia produzida pelo conjunto na fase anterior ao golpe:

51 *Ibidem*, s.n.p. Cabe indicar que alguns integrantes do conjunto haviam ingressado na *Jota* antes de 1968, como é o caso de Jorge Coulón.

<table>
<tr><th>Selo discográfico</th><th>Tipo</th><th>Título</th><th>Ano</th></tr>
<tr><td>Impacto</td><td>LP</td><td>Si somos americanos</td><td>1969</td></tr>
<tr><td>Hit Parade</td><td>LP</td><td>A la Revolución Mexicana*</td><td>1969</td></tr>
<tr><td rowspan="7">Jota Jota / DICAP</td><td>LP</td><td>Inti-Illimani</td><td>1969</td></tr>
<tr><td>LP</td><td>Canto al programa</td><td>1970</td></tr>
<tr><td>LP</td><td>Autores chilenos</td><td>1971</td></tr>
<tr><td>single</td><td>Charagua / El aparecido</td><td>1971</td></tr>
<tr><td>LP</td><td>Canto para una semilla</td><td>1972</td></tr>
<tr><td>single</td><td>Tatati / Lo que más quiero</td><td>1972</td></tr>
<tr><td>EP</td><td>Fiesta del domingo / A la mujer**</td><td>1972</td></tr>
<tr><td rowspan="4">Odeon</td><td>LP</td><td>Inti-Illimani</td><td>1970</td></tr>
<tr><td>single</td><td>Nuestro México, febrero 23 / Dolencias</td><td>1972</td></tr>
<tr><td>single</td><td>Quebrada de Humahuaca / Taita Salasaca</td><td>1972</td></tr>
<tr><td>LP</td><td>Canto de pueblos andinos vol. 1</td><td>1973</td></tr>
</table>

Não consideramos na tabela os LPs coletivos dos quais o conjunto participou nem os discos reeditados no exterior. Embora tenha sido produzido na Bolívia, optamos por incluir *Si somos americanos* na lista, tendo em vista que foi gravado exclusivamente pelo conjunto. Na tabela, os asteriscos indicam discos gravados juntamente com outros artistas. Nesses casos, nomeamos apenas o repertório interpretado pelo Inti-Illimani. Os dados complementares são: * o lado A foi gravado por Rolando Alarcón e intitula-se *A la Resistencia Española*; / ** as faixas que integram o lado B são "*¿Onofre? Sí, Frei*" e "*No volveremos atrás*", interpretadas pelo Quilapayún.

Reconhecendo a influência exercida pelo Quilapayún – "que impressionava por sua presença cênica e pela força de suas canções com alto conteúdo político" – na formação e desenvolvimento do Inti-Illimani, Jorge Coulón destacou que "Nós, apesar de admirá-los, não seguimos seus passos".[52] De fato, se compararmos o repertório dos dois conjuntos, perceberemos diferenças significativas, conforme sintetizou o musicólogo Alfonso Padilla:

> A linha artístico-estética do Inti escolhida já em seus primeiros trabalhos será diferente da adotada pelo Quilapayún. Se este canta abertamente canções

52 Entrevista a CIFUENTES SEVES, *op. cit.*, s.n.p.

> políticas (não somente, mas em boa dose), Inti se inclina mais pelo folclore ou aquelas de conteúdo social tratadas obliquamente. Se Quila é forte no vocal, o Inti põe mais atenção no instrumental; o Quila trabalha mais a polifonia vocal e a busca da dissonância harmônica, o Inti se inclina mais pela simplicidade do uníssono ou a harmonia a duas vozes; Quilapayún é forte e vigoroso, Inti é fino e delicado.[53]

Assim, as diferenças se processariam em dois âmbitos principais: temática das canções e interpretação vocal e instrumental. No que tange ao primeiro ponto, chama atenção a quantidade de temas amorosos gravados nos discos do Inti-Illimani, totalizando mais de vinte faixas. Também são recorrentes músicas instrumentais – incluindo duas composições de Horacio Salinas, "*Inti-Illimani*" e "*Alturas*" – e canções sobre tradições culturais latino-americanas, predominando o cenário rural, associado às figuras do camponês e do indígena.

Como vimos no capítulo 1, o mote central da proposta musical do Inti-Illimani era o ideal de unidade latino-americana, expresso principalmente na diversidade de gêneros andinos presentes em seu repertório (em especial, nos LPs *Inti-Illimani*, de 1970, e *Canto de pueblos andinos vol. 1*, de 1973), dentre os quais se encontram: *carnavalito*, *cachullapi, bailecito, taquirari, yaraví, sikuriada, sanjuanito, albazo, huayno* e *vidala*. Além do folclore andino, o conjunto gravou gêneros tradicionais chilenos (*tonada, cueca, sirilla, rin, cachimbo*) argentinos (*zambas*), bolivianos (*saya, morenada*), venezuelanos (*joropo*), mexicanos (*corrido*, *petenera*) e caribenhos (*son-guajira*). Dessa forma, predominam em seus discos músicas que buscam se filiar explicitamente ao folclore latino-americano, dentre as quais parte pertence ao repertório tradicional e parte foi composta por músicos então conhecidos no âmbito da difusão folclórica.

53 PADILLA, Alfonso. "Inti-Illimani o el cosmopolitismo en la Nueva Canción". *Literatura chilena, creación y crítica*. Madri; Los Angeles, n. 33/34, jul.-dez. 1985, p. 48.

Incursionando pelo caminho aberto pelos solistas da NCCh e, especialmente, pelo Quilapayún, o Inti-Illimani contribuiu para a incorporação de novos gêneros e instrumentos à produção discográfica nacional, o que foi possibilitado principalmente por suas viagens pelo continente. Além das já referidas *zampoñas* adquiridas na Bolívia, o grupo trouxe o *tiple* da Colômbia em 1971, que foi prontamente incorporado por Jara à sua composição "*Charagua*". As parcerias entre o cantor e os integrantes do conjunto foram frequentes, destacando-se a participação dos últimos nos LPs lançados pelo primeiro a partir de 1970 e a assessoria cênica que este lhes prestou.

De acordo com Juan Pablo González, o Inti-Illimani costumava se apresentar disposto em forma de meio-círculo, com o fim de que seus integrantes pudessem se escutar e ter acesso aos poucos microfones disponíveis em ambientes como as *peñas* universitárias. Percebendo que este formato deixava de ser adequado para as apresentações em cenários maiores, recorreram a Jara, que implementou uma flexibilização na disposição cênica dos músicos. Assim, o posicionamento destes passou a variar de acordo com o espaço disponível, sendo o formato linear privilegiado para o ambiente teatral. Além disso, suas atuações passaram a ser mais planejadas, ordenando as canções segundo critérios dramáticos e intercalando comentários em momentos específicos.[54]

Ainda de acordo com o autor, dois fatores caracterizariam a atitude cênica do conjunto após as intervenções de Jara: seriedade e igualdade. Aproximando-se do Quilapayún no primeiro aspecto – na medida em que apareciam em cena imóveis, grudados aos microfones, com o corpo oculto sob *ponchos* amarantos (cor identificada à *Jota*) e mantendo uma cuidadosa relação com os instrumentos –, o Inti-Illimani expressou sua originalidade na atitude igualitária mantida entre os integrantes.[55] Esta esteve presente não somente no posicionamento em bloco dos músicos uniformizados sobre o cenário, mas também nos arranjos das canções,

54 GONZÁLEZ *et al*, *op. cit.*, p. 429.

55 GONZÁLEZ, "Evocación, modernización y reivindicación...", p. 32-36.

nas quais "impera o canto grupal de vozes naturais e homogêneas, privilegiando o uníssono", de maneira que "o ouvinte não é incentivado a identificar vozes individuais".[56] É o que ocorre, por exemplo, em "*Juanito Laguna remonta un barrilete*" ou "*Vasija de barro*", ambas integrantes do LP *Inti-Illimani* (1969).

Em relação aos arranjos instrumentais, observa-se que, diferentemente do que ocorre no repertório de Víctor Jara – em que voz e violão estão em primeiro plano – ou do Quilapayún – em que os instrumentos são utilizados como acompanhamentos simples das vozes, que aparecem destacadas –, o colorido das músicas do Inti-Illimani é dado pelo uso de diferentes instrumentos, de modo que "cada som 'vive uma vida diferenciada' [...] cultivando sempre a riqueza e variedade timbrística e o detalhado uso das mudanças de tempo e intensidade sonora".[57] Na interpretação da composição de Salinas "*Inti-Illimani*" (*Inti-Illimani,* 1969), para citar um exemplo, nota-se a alternância constante entre violão, *charango* e *quena* na melodia. Além disso, os instrumentos entram e saem no decorrer da música, ocasionando mudanças de intensidade sonora.

Mas a importância atribuída aos diferentes timbres não se processou apenas em temas instrumentais, podendo ser observada em canções como "*La Petenera*" (*Inti-Illimani,* 1970), pertencente ao cancioneiro mexicano. Nesta, o destaque é dado à interpretação vocal (com passagens a solo e outras em coro) e ao acompanhamento do violão e do violino, os quais prevalecem nas partes instrumentais e introduzem contrapontos (violino) e variações rítmicas (violão) nas partes cantadas.

Assim como no caso do Quilapayún, a incorporação de diferentes recursos estéticos na produção do Inti-Illimani – cujos integrantes também frequentaram a Escola Musical Vespertina – foi potencializada pelo diálogo com músicos eruditos. De acordo com Horacio Salinas, "[Luis] Advis nos introduziu no contraponto e nos entregou uma concepção harmônica que se converteu em característica do nosso estilo. Com ele começamos essa união da

56 GONZÁLEZ *et al*, *op. cit.*, p. 429.

57 *Ibidem*, p. 429.

música popular latino-americana e a técnica musical do conservatório".[58] Se nos quatro primeiros LPs produzidos pelo conjunto predominavam repertórios folclóricos, a partir de 1970 a influência exercida por Advis resultaria em dois álbuns conceituais – *Canto al programa* (1970) e *Canto para una semilla* (1972) – e no disco *Autores chilenos* (1971), que abordaremos posteriormente.

Tendo como referência essa breve exposição das trajetórias e dos estilos de Víctor Jara, Quilapayún e Inti-Illimani, analisaremos na sequência o lugar ocupado pela temática política em seus LPs. Buscaremos, a partir daí, relativizar a ideia corrente na bibliografia segundo a qual a vitória eleitoral de Salvador Allende demarcaria uma mudança de atitude no movimento da NCCh, no sentido de deixar de lado os valores estéticos em favor de "uma estratégia de certa trivialização da música com o propósito de chegar a um público mais amplo".[59]

CANÇÃO DE BARRICADA?

As diferentes formas assumidas pelo compromisso

Como já exposto, os artistas em questão compartilharam determinado ideário político e militaram nos mesmos circuitos – participando do movimento pela Reforma Universitária, filiando-se às Juventudes Comunistas, engajando-se nas campanhas eleitorais da UP, incorporando-se à Secretaria de Extensão e Comunicações da UTE e sendo designados Embaixadores Culturais durante o governo de Allende. Mas o compromisso com o projeto revolucionário assumiu diferentes formas em suas respectivas produções musicais: enquanto o Quilapayún exaltou o fator político valendo-se da linguagem combativa direta, Víctor Jara acentuou a dimensão social dos temas abordados e o Inti-Illimani valorizou, sobretudo, o fator cultural associado ao folclore.

Baseando-se na concepção de um "povo" inventivo e criador, Jara recorria com frequência em suas canções à imagem de determinados

58 Entrevista a CIFUENTES SEVES, *op. cit.*, s.n.p.

59 ROLLE, "La 'Nueva Canción Chilena'...", p. 9.

personagens para abordar e articular três temas principais: mundo do trabalho, tradições culturais e crítica social. Adotando essa perspectiva, "*El arado*" (*Víctor Jara*, 1966) traz à tona a figura do camponês. Valendo-se da narrativa em primeira pessoa, o eu-lírico descreve determinadas cenas, a fim de inserir o personagem em seu meio, denunciando as condições de vida a que estaria submetido: "*Aprieto firme mi mano / y hundo el arado en la tierra / hace años que llevo en ella / ¿cómo no estar agotado? / Vuelan mariposas, cantan grillos, / la piel se me pone negra / y el sol brilla, brilla, brilla. / El sudor me hace surcos, / yo hago surcos a la tierra / sin parar*". Essa mesma temática é abordada em "*La pala*" (*Canto Libre*, 1970), também em primeira pessoa. A canção indica que desde criança o camponês seria direcionado para o trabalho exaustivo na terra – do qual não conseguiria mais se livrar e cujos frutos não lhe pertenceriam:

> Me entregaron una pala / que la ciudara pa' mí / que nunca la abandonara / pa' que la tierra regara. / Despacito, despacito. / Y cuando más mocetón / me entregaron un ara'o / que lo empujara con fuerza / pa' que gritara la tierra / Despacito, despacito. / Llévalos por los caminos / como llevas tu destino, / el trabajo hay que cuidar, / ellos te darán el pan. / Llévalos por los caminos. / Enyuga'o por los años / mi cuero ya no da más / todo lo trabajao / toíto me lo han quitao. / Despacito, despacito.

A crítica às relações de trabalho predominantes no meio rural esteve associada à reivindicação da reforma agrária, conforme explicita a canção "*A desalambrar*", composta pelo uruguaio Daniel Viglietti e gravada por Jara em 1969: "*Yo pregunto si en la tierra / nunca habrá pensado usted /que si las manos son nuestras / es nuestro lo que nos den. / ¡A desalambrar, a desalambrar! / que la tierra es nuestra, / tuya y de aquel, / de Pedro, María, de Juan y José*".

Em outras ocasiões, Jara abordou o trabalho enquanto criação – daí a recorrência da imagem das mãos, presente na capa de *Pongo en tus manos abiertas...* e na letra de canções como "*El lazo*" (*Víctor Jara*, 1967) e

"*Angelita Huenumán*" (*Canto libre*, 1970).[60] Como destaca a historiadora Sílvia Simões, a fotografia das mãos calejadas e sujas de terra estampada no LP de 1969 sugere um pedido de reconhecimento pelo trabalho duro no campo, além da doação para uma causa comum (Imagem 4, p. 289).[61]

Dando continuidade à descrição humana e social do camponês a partir de seus objetos de trabalho (como ocorre em "*El arado*" e "*La pala*"), "*El lazo*" tematiza o meio rural a partir da figura do velho trançador ou confeccionador de laços, desta vez em terceira pessoa:

> *Cuando el sol se inclinaba, / lo encontré, / en un rancho sombrío, / de Lonquén, / [...] / Sus manos siendo tan viejas / eran fuertes pa' trenzar, / eran rudas y eran tiernas / con el cuero 'el animal. / El lazo como serpiente / se enroscaba en el nogal / y en cada lazo la huella / de su vida y de su pan. / [...] / Las sombras vienen laceando / la ultima luz del día, / el viejo trenza unos versos / pa' maniatar la alegría. / Su vida deja en los lazos / aferrados al nogal, / después llegará la muerte / y también lo laceará.*

Aqui as metáforas relacionam os movimentos do trabalho de trançar aos movimentos da vida do trançador, alternando crítica social e elogio à habilidade manual. Este último aspecto aparece explícito em "*Angelita Huenumán*": "*Sus manos bailan en la hebra / como alitas de chincol / es un milagro como teje / hasta el aroma de la flor*". Constituindo uma homenagem a uma amiga tecelã de origem *mapuche*, a canção possui características próprias desta tradição musical: os dois violões acompanhantes introduzem traços de sua rítmica, que soma a sonoridade de chocalhos e a repetitividade à melodia tetrafônica do canto.[62] A ambientação é completada

60 Para mais exemplos e reflexões sobre a presença da imagem das mãos na obra de Víctor Jara, ver TURNER, Joan. "Las manos de Víctor Jara". *Araucaria de Chile*. Madri, n. 2, 1978, p. 176-180; e SIMÕES, *op. cit.*, p. 113-115.

61 SIMÕES, *op. cit.*, p. 113.

62 GONZÁLEZ *et al*, *op. cit.*, p. 406-407.

pela descrição do cenário de Pocuno, região da Araucanía onde vivia a personagem, destacando o elemento indígena:

> *En el valle de Pocuno / donde rebota el viento del mar / donde la lluvia cría los musgos / vive Angelita Huenumán. / Entre el mañío y los hualles / el avellano y el pitrán / entre el aroma de las chilcas / vive Angelita Huenumán. / Cuidada por cinco perros / un hijo que dejó el amor / sencilla como su chacrita / el mundo gira alrededor. / La sangre roja del copihue / corre en sus venas Huenumán / junto a la luz de una ventana / teje Angelita su vida. / [...] / En tus telares, Angelita, / hay tiempo, lágrima y sudor / están las manos ignoradas / de éste mi pueblo creador.*

A ênfase em tradições culturais também está presente nas canções de Jara que versam sobre temas religiosos, as quais podem ser divididas em duas tendências: valorização da religiosidade popular, por um lado, e denúncia do papel alienante que seria exercido pela Igreja católica, por outro. O primeiro aspecto é perceptível na canção "*Despedimiento del angelito*" (*Víctor Jara*, 1967), pertencente ao gênero folclórico chileno denominado *verso a lo divino.*[63] Os *velorios de angelito* fazem parte da cultura rural de origem *criolla* e são praticados quando uma criança de pouca idade falece. A celebração – mescla de reza e baile – intenciona despedir-se do "anjinho", demonstrando alegria por sua ascensão aos céus. Jara interpreta esse tema resguardando a instrumentação (voz e violão) e a métrica (décimas) tradicionais, expressando seu respeito pela crença popular.

63 "[...] chamaremos '*Verso ou Décima*' a uma composição poética escrita em décimas, estrofes de dez versos octassílabos com rima ABBA-AC-CDDC [...] Por seu conteúdo esta composição se agrupa em duas grandes categorias, '*a lo divino e a lo humano*'. A primeira abarca todas as criações de assunto religioso cristão católico; a segunda, o não religioso dentro dos quais uma parte se refere à atividade amorosa. Os 'versos' se interpretam cantados e à vezes recitados. O setor de sua vigência se estende entre Coquimbo e Temuco principalmente". FUNDACIÓN VÍCTOR JARA (ed.). *Víctor Jara: cancionero tradicional.* Santiago: Fundación Víctor Jara; LOM, 1998, p. 101, grifo no original.

Em "*Plegaria a un labrador*" – canção com a qual venceu o *I Festival de la Nueva Canción Chilena* –, a religiosidade popular é tomada como substrato cultural para compor uma mensagem de luta.[64] Conforme o próprio nome indica, trata-se de um tema que mescla versos das orações católicas "Pai-nosso" e "Ave Maria". Afirmando o protagonismo do camponês nas transformações sociais que evoca, a canção clama pela união dos setores populares na luta por melhores condições de vida:[65]

> *Tú que manejas el curso de los ríos, / tú que sembraste el vuelo de tu alma. / [...] / Líbranos de aquel que nos domina / en la miseria. / Tráenos tu reino de justicia / e igualdad. / Sopla como el viento la flor de la quebrada. / Limpia como el fuego / el cañón de mi fusil. / Hágase por fin tu voluntad / aquí en la tierra. / Danos tu fuerza y tu valor / al combatir. / [...] / Levántate y mírate las manos / para crecer estréchala a tu hermano. / Juntos iremos unidos en la sangre / ahora y en la hora de nuestra muerte. / Amén.*

Já em "*La luna siempre es muy linda*" (*Víctor Jara*, 1966), prevalece a crítica à religião oficial:

> *Jugando al ángel y al diablo / jugando al hijo que no va a nacer, / las velas siempre encendidas / hay que refugiarse en algo. / ¿De dónde sale el dinero / para pagar la fe? / No*

64 SILVA, Carla M. *Música popular e disputa de Hegemonia: A música chilena inspirada nas formas folclóricas e o Movimento da Nova Canção Chilena entre 1965-1970*. Dissertação (Mestrado em História) – Instituto de Ciências Humanas e Filosofia, Universidade Federal Fluminense, Rio de Janeiro, 2008, p. 102. Disponível em: <http://www.historia.uff.br/stricto/teses/Dissert-2008_SILVA_Carla_de_Medeiros-S.pdf>. Acesso em: 15 jul. 2015.

65 Neste procedimento de incorporação de elementos religiosos em um discurso de orientação marxista, podemos observar o que antropólogo Néstor García Canclini denomina hibridismo cultural, caracterizado pela combinação de estruturas ou práticas que existiam originalmente de forma separada, gerando novas estruturas, objetos e práticas. (GARCÍA CANCLINI, Néstor. *Culturas híbridas: estratégias para entrar e sair da modernidade*. São Paulo: Edusp, 2008, p. 19). Daí a importância de se observar como a retórica marxista é apropriada pelos músicos da NCCh, transformando-se de acordo com o contexto latino-americano. Desenvolveremos esta questão no terceiro capítulo.

> *recuerdo que desde el cielo / haya bajado una cosecha gloriosa / ni que mi madre hubiera tenido / un poco de paz, / ni que mi padre hubiera dejado / de beber. / Al pobre tanto lo asustan / para que trague todos sus dolores / para que su miseria la cubra de imágenes. / La luna siempre es muy linda / y el sol muere cada tarde.*

De inspiração autobiográfica – Jara nasceu em uma família de camponeses pobres, cujo pai tinha problemas com o alcoolismo e a mãe trabalhava arduamente para garantir a subsistência dos filhos –, a canção responsabiliza a Igreja pela condição miserável de seus fiéis. O efeito de denúncia é potencializado pelo emprego de recursos teatrais, que incluem passagens relatadas, com acompanhamento instrumental mínimo, e o cantar gritado nos dois versos finais de cada estrofe, aumentando a tensão.

Assim, a descrição crítica do modo de vida dos sujeitos populares constituiu um dos principais recursos empregados pelo artista para expressar sua visão de mundo. Mas a temática de conteúdo político explícito também marcou presença em sua obra musical, abarcando principalmente temas relacionados à conjuntura chilena e latino-americana. Denunciando a violência empregada pela polícia para reprimir uma ocupação de terreno levada a cabo por camponeses no sul do Chile em 1969, "*Preguntas por Puerto Montt*" (*Pongo en tus manos abiertas...*) acusa nominalmente o então Ministro do Interior, Edmundo Pérez Zujovic: "*¡Ay!, qué ser más infeliz / el que mandó disparar / sabiendo como evitar / una matanza tan vil. / [...] / Usted debe responder, / señor Pérez Zujovic, / por qué al pueblo indefenso / contestaron con fusil*".

Saindo do âmbito da denúncia, Jara gravou canções que expressavam seu apoio a causas como a Reforma Universitária, o movimento guerrilheiro organizado na Bolívia e a resistência vietnamita aos ataques norte-americanos. Também rendeu homenagem a personagens mortos em combate, como Che Guevara e Camilo Torres.[66] No período eleitoral de 1970, o músi-

66 Sacerdote colombiano integrante da organização guerrilheira Ejército de Liberación Nacional (ELN). Morreu em combate no dia 15 de fevereiro de 1966.

co difundiu sua composição "*A Cuba*", que afirmava a opção pela *via pacífica* ao socialismo ao expressar que "*nuestra sierra es la elección*".

Durante o governo de Allende, parte de suas canções assumiu um tom otimista e convocatório, como podemos observar em "*Vamos por ancho camino*": "*Ven, ven, conmigo ven, / ven, ven, conmigo ven. / Vamos por ancho camino, / nacerá un nuevo destino, ven. / [...] / El odio quedó atrás / no vuelvas nunca, / sigue hacia el mar / tu canto es río, sol y viento / pájaro que anuncia la paz*". Paralelamente, Jara compôs músicas que abordavam o cenário político nacional, como é o caso da já analisada "*Ni chicha ni limoná*" e de "*Las casitas del barrio alto*", que critica o modo de vida da elite santiaguina ao mesmo tempo em que a acusa de conspirar contra o governo da UP:[67]

> *Y las gentes de las casitas / se sonríen y se visitan. / Van juntitos al supermarket / y todos tienen un televisor. / Hay dentistas, comerciantes, / latifundistas y traficantes, / abogados y rentistas / y todos visten polycron. / Juegan bridge, toman martini-dry / y los niños son rubiecitos / y con otros rubiecitos / van juntitos al colegio high. / [...] / Fuma pitillos en Austin mini, / juega con bombas y con política, / asesina generales,*[68] */ y es un gángster de la sedición.*

No caso do Quilapayún, o compromisso político assumiu um caráter explícito desde os primeiros discos, expressando-se a partir de três enfoques principais: denúncia da ação "imperialista" norte-americana no continente latino-americano, exaltação de movimentos mundiais identificados como libertários no imaginário da esquerda e abordagem direta da contingência nacional. Vale ressaltar que essas categorias não abarcam a totalidade de seu repertório "de luta", no qual também se encontram

67 Todas as canções mencionadas nesse parágrafo integram o LP *El derecho de vivir en paz* (DICAP, 1971).

68 Referência ao assassinato do comandante-chefe do Exército, René Schneider, pelo grupo de extrema direita Pátria e Liberdade em 25 de outubro de 1970. O ato constituiu uma tentativa desesperada de impedir a posse de Allende, pois Schneider havia declarado seu respeito à ordem constitucional, explicitando sua lealdade ao governo eleito.

canções de temática social sem referência explícita a fatores políticos, como é o caso de "*La canción del minero*", composta por Víctor Jara em 1961 e gravada no primeiro LP do conjunto. Valendo-se de frases curtas e palavras diretas, a canção denuncia as más condições de trabalho enfrentadas pelos trabalhadores das minas de carvão (conhecidos como "caras negras"): "*Voy / Vengo / Subo / Bajo / Todo para qué / Nada para mí / Minero soy / A la mina voy / A la muerte voy / Minero soy / Abro / Saco / Sudo / Sangro / Todo p'al patrón / Nada pa'l dolor*". A dureza do trabalho é reforçada pela entoação seca do canto e pelo acompanhamento instrumental (violão e *bombo*) com ritmo repetitivo e bem marcado. Outras canções que adotam essa perspectiva crítica enfatizando o mundo do trabalho e/ou a desigualdade social são "*El pueblo*", "*La samba del riego*", "*Duerme negrito*", "*A la mina no voy*", "*Coplas de Baguala*", "*Por qué los pobres no tienen*", "*Patrón*" e "*Canción de Frondoso*" – todas gravadas entre 1967 e 1970.

Nesse mesmo período, a temática "anti-imperialista" ocupou um lugar central nos discos do Quilapayún, sendo abordada em diversas canções e também nas capas de *X Viet-nam* (1968) e *Basta* (1969). Enquanto o primeiro (Imagem 5, p. 289) traz estampada a imagem de um soldado vietnamita segurando um fuzil em gesto desafiador, o segundo apresenta na capa um pequeno pássaro morto e na contracapa a figura de um soldado norte-americano mesclada com uma mancha de pintura verde, simbolizando sua ação destrutiva nos países de "Terceiro Mundo" (Imagens 6 e 7, p. 290).

As imagens de pássaros constituem uma metáfora recorrente nas canções que trabalham com essa questão, podendo representar a liberdade ou a opressão. "*La gaviota*" (*Basta*) – composição de Julio Huasi (letra) e Eduardo Carrasco (música) – adota a primeira perspectiva para denunciar o "imperialismo" norte-americano:

> *Quiero seguirle en el vuelo, / gaviota, si me dejás; / ya nos robaron el cielo / será muy duro volar. / El gringo roba hasta el aire / roba la tierra y el mar / [...] yo soy esclavo en mi tierra / mi continente sin pan, / la sangre sigue*

> *cayendo, / gaviota, sobre los dos, / el yankee ríe por dentro, / gaviota, parémoslo.*

Por sua vez, "*Contrapunto entre el águila americana y el cóndor chileno*" (*Quilapayún 3*, 1968) – que retoma a representação dos EUA como águia, já utilizada em "*Por Vietnam*" – tematiza as relações mantidas entre os setores progressistas do país e a política externa voltada a implementar um novo plano continental baseado nos preceitos da Doutrina de Segurança Nacional:[69]

> *Dijo el águila americana: / [...] / Yo mis huestes mandaré / que te quiten lo entera'o / harto tiempo qu'héi deseado / gobernar los altos Andes / sin sacrificios muy grandes / tendré que hacerlos mi Estado. / Contestó el cóndor chileno: / Sabrás, yo soy muy castizo / ven cuando quieras, te espero, / pero te advierto que quiero / tener un hijo mestizo.*

Em "*Basta ya*", composição de Atahualpa Yupanqui gravada em *X Viet-nam*, a necessidade de terminar com a dominação estrangeira é postulada explicitamente: "*¡Basta ya, basta ya / que el yanqui mande! / [...] / ¿Qué pasa con mis hermanos / de México y Panamá? / Sus padres fueron esclavos, / sus hijos no lo serán*". Apontando para a existência de um inimigo comum aos diferentes países latino-americanos, essas canções reivindicam unidade na luta, contestando as fronteiras políticas que os dividem, como podemos observar na *cueca* "*Los pueblos americanos*" (*X Viet-nam*), de Violeta Parra: "*Los pueblos americanos / se sienten acongojados / porque los gobernadores / los tienen aprisionados. / ¿Cuándo será ese cuando, / señor fiscal, / que la América sea / solo un pilar? / Solo un pilar, ay sí, / y una*

69 ACEVEDO *et al*, *op. cit.*, p. 39. Doutrina de Segurança Nacional é um conceito utilizado para definir ações da política exterior norte-americana no contexto da Guerra Fria, voltadas a impedir a ascensão de regimes comunistas em países latino-americanos por meio do incentivo à intervenção das forças armadas no sentido de garantir a "ordem interna". Este princípio sustentou a instauração das ditaduras militares impostas no continente entre os anos 1950 e 1980.

bandera". No mesmo sentido, a "*Milonga de andar lejos*" (*Quilapayún 4*, 1970), composta por Daniel Viglietti, declara:

> *Qué lejos está mi tierra / Y, sin embargo, qué cerca / o es que existe un territorio / donde las sangres se mezclan. / Tanta distancia y camino, / tan diferentes banderas / y la pobreza es la misma / los mismos hombres esperan. / Yo quiero romper mi mapa, / formar el mapa de todos, / mestizos, negros y blancos, / trazarlo codo con codo. / [...] / No somos los extranjeros / los extranjeros son otros; / son ellos los mercaderes / y los esclavos nosotros.*

Como veremos mais à frente, esse ideário panamericanista esteve constantemente associado à figura de Che Guevara, evocada em muitas canções do conjunto.

A questão da soberania nacional também foi abordada por meio da tematização de movimentos revolucionários que tiveram lugar em diversas partes do mundo. Além da resistência vietnamita, os LPs celebram o Bando Republicano que combateu na Guerra Civil Espanhola, os guerrilheiros cubanos e bolivianos, os combatentes da Revolução Russa, os setores organizados na Resistência Italiana, os exércitos populares de Pancho Villa e Emiliano Zapata, o movimento operário chileno, entre outros. Aprofundaremos a análise deste repertório no próximo capítulo.

Durante o governo da UP, observa-se uma mudança de ênfase no discurso militante do Quilapayún: se antes o destaque era dado a temas de abrangência continental ou mundial, agora as questões relativas à política nacional passam ao primeiro plano. A partir de 1971, o conjunto popularizou uma série de canções contingentes, concebidas como um meio de "veicular ideias, ser um meio de propaganda e massificar uma determinada mensagem".[70] Eduardo Carrasco assinala a influência exercida pelo músico cubano Carlos Puebla – conhecido como "o cantor da Revolução Cubana" – no desenvolvimento desse repertório: "Suas canções, que assumiam um compromisso

70 SANTANDER, *op. cit.*, p. 82.

com a luta política e que queriam ser um fator na luta ideológica, eram para nós um bom exemplo de eficácia histórica".[71]

Tomando como base ritmos cubanos como a *guaracha* e o *son*, o conjunto chileno acrescentou-lhes um tom humorístico, perceptível tanto nas letras quanto na interpretação das canções. Para elaborá-las, contaram com a ajuda do compositor Sergio Ortega – que também era filiado ao PCCh –, com quem "chegamos a organizar uma verdadeira fábrica desse tipo de música, que começou a ser bastante difundida nos meios políticos da esquerda chilena".[72]

A primeira canção contingente gravada pelo Quilapayún que alcançou efeito massivo foi "*El enano maldito*",[73] composta por Ortega logo após a eleição de 1970.[74] Como a vitória de Allende nas urnas não havia se processado por maioria absoluta – obteve 36,2% dos votos contra 34,9% de Alessandri (Partido Nacional – PN) e 27,8% de Tomic (Partido Democrata-Cristão – PDC) –, caberia ao Congresso ratificar a primeira maioria. Nesse contexto, as organizações de direita expressaram sua intenção de impedir a posse, promovendo atos massivos e procurando negociar com a Democracia Cristã a seguinte proposta: os deputados reconheceriam a segunda maioria; Alessandri renunciaria à presidência e o PN se comprometeria, em um novo pleito, a apoiar a candidatura do PDC.[75] Baseando-se em uma caricatura popularizada pelo periódico de esquerda *Puro Chile*[76] – a imagem de um anãozinho "sem papas na língua" –, "*El ena-*

71 CARRASCO, *op. cit.*, p. 168.

72 *Ibidem*, p. 168.

73 Ver CARRASCO, *op. cit.*, p. 170-171.

74 Todas as canções analisadas na sequência foram gravadas em *singles* entre 1971 e 1972 e posteriormente incluídas no LP *La Fragua* (1972), com exceção de "*La batea*", que foi incluída em *Vivir como él* (1971), e "*¿Onofre? Sí, Frei*", que não foi regravada em LPs do conjunto durante o período estudado.

75 AGGIO, Alberto. *Democracia e Socialismo: a experiência chilena*. São Paulo: Annablume, 2002, p. 111.

76 O personagem "enano maldito" era um anão cabeçudo e calvo, criado por Orsus (pseudônimo de Jorge del Carmen Mateluna Muñoz), que se inspirou em uma notícia real sobre um criminoso de baixa estatura que atuava em bairros marginais de Santiago. Foi

no maldito" denunciava as manobras dos opositores da UP, chamando o povo a defender a posse de Allende:

> *El enano maldito acota / ya les volamos la que te dije, / a la derecha con tanto pije / los nacionales y sus patotas. / [...] El enano maldito acota / que todo el pueblo vendrá a la lucha. / Democristiano también escucha: / si tú eres pueblo también te toca. / [...] / El enano maldito acota / yo no le creo a la vieja clueca, / esa renuncia viene muy chueca, / no se la tragan ni los pelotas.*

O refrão apelava aos Carabineros, chamando-os a reprimir os *momios* (múmias) – termo utilizado pela esquerda para fazer referência aos setores reacionários: "*Patéalo carabinero / al momio chueco y cagüinero. / Patéalo carabinero / mientras más duro será mejor*".

Com a ratificação da vitória eleitoral de Allende, que assumiu a presidência em 4 de novembro de 1970, a direita lançou mão de novas estratégias conspiratórias, o que motivou a composição de "*La batea*"[77] (Tony Taño/Quilapayún) – canção que chegou a ser um *hit*. Por meio da metáfora da água se movendo em uma bacia, a letra abordava a situação política chilena, que ora pendia para um lado, ora para outro. Paralelamente, ridicularizava as famílias que abandonavam o país temendo a instauração de uma ditadura stalinista e denunciava as ações terroristas do grupo de extrema direita Patria y Libertad, que havia assassinado o general René Schneider em 25 de outubro de 1970:[78]

> *Mira la batea, como se menea / como se menea el agua en la batea. / El gobierno va marchando, qué felicidad!, / la derecha conspirando, qué barbaridad!, / va marchando, conspirando, / pero el pueblo ya conoce la verdad. / [...] / Por el paso de Uspallata, qué barbaridad!, / el momiaje ya se escapa,*

publicado em *Puro Chile* entre 1970 e 1973. Durante as eleições de 1970, o personagem atuou atacando duramente a direita política e apoiando o candidato da UP.

77 Ver SANTANDER, *op. cit.*, p. 84.

78 Conferir a nota de rodapé de número 68 deste capítulo.

qué felicidad!, / En Uspallata hacen nata, / que se vayan y no vuelvan nunca más. / [...] / Ya perdieron la cordura, qué barbaridad! / sabotear la agricultura, qué fatalidad!, / que chuecura las verduras / los culpables son de Patria y Libertad.

Entre as ações levadas a cabo pela direita com o objetivo de desestabilizar o governo instaurado, as de maior repercussão foram a *Marcha de las Cacerolas*, em 1971, e a paralisação de diversos setores da economia organizada por grupos de empresários em 1972. A primeira foi realizada em Santiago durante a visita de Fidel Castro[79] e teve como protagonistas as mulheres chilenas, que realizaram um panelaço para protestar contra o desabastecimento. Com o objetivo de denunciar os grupos de direita que estariam por trás do ato, Sergio Ortega compôs "*Las ollitas*",[80] que foi prontamente gravada pelo Quilapayún. A canção tem início com um pequeno diálogo que satiriza o argumento da escassez de alimentos, sugerindo que a elite se recusaria a abrir mão de produtos supérfluos:

— *Oiga mi'hijo tráigame un sandwich de cocodrilo con palta, por favor.*

— *No hay cocodrilo.*

— *Es el colmo, ¿hasta dónde vamos a llegar con este Gobierno?*

Mantendo o tom bem-humorado, mas valendo-se de uma linguagem bastante agressiva, a sequência joga com a ideia de que a marcha teria sido realizada com panelas vazias, enquanto a maioria das participantes possuía panelas maiores e cheias de comida em suas cozinhas:

La derecha tiene dos ollitas / una chiquita, otra grandecita. / La chiquitita se la acaba de comprar, / esa la usa tan sólo

79 Sobre a visita do líder cubano ao Chile, ver AGGIO, Alberto. "Fidel no Chile de Allende", publicado no *website* Gramsci e o Brasil (s/d, s.n.p.). Disponível em: http://www.acessa.com/gramsci/?id=564&page=visualizar. Acesso em: 9 jul. 2015.

80 Ver SANTANDER, *op. cit.*, p. 84-85.

> *pa' golpear. / Esa vieja fea, fea / guatona golosa, osa / como la golpea, pea / gorda sediciosa, osa. / Oye vieja sapa, sapa / esa olla es nueva, eva / como no se escucha, ucha / dale con la mano, ano. / La grandecita la tiene muy llenita / con pollos y papitas, asado y cazuelita. / [...] / La chiquitita se la acaba de entregar / un pijecito de Patria y Libertad.*

Aqui novamente a direita aparece identificada ao Patria y Libertad, apontado como mentor do panelaço.

Paralelamente, o Quilapayún difundiu a canção "*Vox populi*"[81] (também composta por Ortega), dirigida ao presidente Allende. Reivindicando que este adotasse uma atitude mais dura para parar os ataques da oposição, a música retomava um discurso em que o Secretário-Geral do PCCh ameaçou os setores golpistas com a violência popular:

> *Páralo, páralo, / la voz del pueblo te lo plantea, Salvador. / Páralo, páralo, / paremos al conspirador. / [...] / No crean que conspirando / la cosa se vuelve atrás / mejor no sigan soñando / que el pueblo los va a parar. / [...] / Que empiece no más la fiesta / los momios no pasarán / les sacaremos la cresta / como dijo Corvalán. / ¡A parar la sedición!*

A polarização ideológica se acirrou em 1972, quando o país viveu uma paralisação quase integral de suas atividades, devido a greves convocadas por diversos setores empresariais e de classe média. Como destacou o historiador Alberto Aggio, a ação teve como objetivo gerar uma situação de ingovernabilidade:

> A simultaneidade das demandas e a forma de ação com comandos múltiplos, táticas de guerrilha e greve generalizada explicitavam, portanto, a presença da direita em todo o movimento, cujo intuito era gerar uma situação de enfrentamento decisivo das classes proprietárias

81 *Ibidem*, p. 83.

> contra o governo, esperando que o clima geral de instabilidade e violência propiciasse um levante militar.[82]

Em resposta a essa situação, Sergio Ortega compôs "*No se para la cuestión*", cuja letra denunciava a ação conspiratória da direita ao mesmo tempo em que afirmava a impossibilidade de deter o "Governo Popular":

> *Los momios andan llamando / al paro y la sedición, / por más que los momios llamen / no se para la cuestión. / [...] / Armaron un movimiento / con mucha dedicación / y en el último momento / no se para la cuestión. / [...] / El pueblo ya ha contestado / con firme resolución, / el momio se va cortado y / no se para la cuestión.*

Outras canções de denúncia difundidas pelo Quilapayún entre fins de 1972 e inícios de 1973 foram "*La Tribuna*"[83] (Quilapayún / Carlos Puebla) – cujo objetivo era atacar o jornal homônimo, acusando-o de mancomunar com o "imperialismo"; "*Frei ayúdame*" (Quilapayún / Daniel Vangarde) e "*¿Onofre? Sí, Frei*" (Quilapayún / Sergio Ortega) – que tematizavam o pacto feito entre o PN (dirigido por Onofre Jarpa) e o PDC (dirigido por Eduardo Frei) com o objetivo de impedir a vitória da UP nas eleições parlamentares de 1973.[84]

Por fim, há que se fazer referência a "*La merluza*"[85] – composta pelo Quilapayún em parceria com Carlos Puebla –, cuja especificidade resi-

---

82 AGGIO, *Democracia e socialismo...*, p. 137.

83 Ver SANTANDER, *op. cit.*, p. 88-89.

84 No Chile, as eleições parlamentares ocorrem na metade do mandato presidencial. Em 1973, em meio ao clima de polarização política, elas foram disputadas acirradamente, pois seu resultado seria decisivo para garantir a continuidade da aplicação do programa de governo da UP ou, ao contrário, a deposição de Allende por vias legais. Nesse contexto, os partidos de oposição (PN e DC) se uniram na Confederação Democrática (*CODE*), que conseguiu 55% dos votos contra *os* 44% obtidos pela UP. O lado B do disco coletivo *No volveremos atrás*, lançado pela DICAP no início de 1973, tem como tema central as eleições parlamentares e inclui as canções "*Frei ayúdame*" e "*¿Onofre? Sí, Frei*". Sobre esta última, ver *ibidem*, p. 89.

85 Ver *ibidem*, p. 87-88.

de em não se limitar a desmoralizar a oposição direitista. A canção se inscreve na campanha feita pelo governo da UP para estimular o consumo de peixe no país, com a finalidade de diminuir o significativo gasto público com a importação de carne vermelha. A iniciativa contou com apoio da URSS, que emprestou duas embarcações especializadas em pescar e armazenar peixe. Aproveitando-se da ocasião para denunciar a "espionagem" soviética, a direita chilena investiu na propaganda contra o governo, alertando quanto ao perigo e os inconvenientes de consumir tal alimento. "*La merluza*" busca desconstruir tais argumentos, chamando todo o país a "comer merluza":

> *No me digas que merluza no, Maricusa, / que yo sí como merluza. / Cómo me vas a decir / que la merluza no es buena / si la merluza me llena / la alegría de vivir. / [...] / Y si le da indigestión / a ese Mercurio famoso / le recomiendo al goloso / buen purgante y discreción. / [...] / Anda diciendo el bribón / con voz que viene de USA / que no es buena la merluza / pero él no tiene razón. / [...] / Y me dice el barrigón / que el pescado es moscovita / y está afilando el hachita / contra la revolución.*

Assim, o jornal *El Mercurio*, órgão de imprensa da oposição, é acusado de servir aos interesses norte-americanos. A canção é finalizada com uma voz cômica que transmite complicadas (e ininteligíveis) instruções de preparo da merluza, "orgulho da cozinha popular".

Ao contrário do que pudemos observar na trajetória do Quilapayún, o fator político nunca se converteu no eixo da atividade musical do Inti-Illimani – característica que foi destacada por Jorge Coulón: "havia muito debate em torno da música popular e havia os que a viam em função exclusivamente instrumental, como ferramenta política. Nós não compartilhamos desse critério, apesar de receber [sic] muitas críticas".[86]

86 Entrevista a CIFUENTES SEVES, *op. cit.*, s.n.p.

Em uma entrevista[87] que nos concedeu, Max Berrú afirmou que o objetivo central que estimulou os integrantes a formarem o conjunto foi defender e difundir a parte da cultura latino-americana que praticamente não se escutava nas rádios nacionais – referindo-se aqui a determinados gêneros folclóricos. Se a proposta de aproximação com o folclore não constituía em si uma originalidade no âmbito da música popular chilena, a relação mantida pelo conjunto com a tradição foi bastante distinta daquela observada entre os principais nomes da NCCh.

Partindo da convicção de que a "herança cultural" do continente possuía um grande valor estético, os integrantes do Inti-Illimani se pautaram em elementos prioritariamente culturais para definir seu repertório. Daí que não procuravam enfatizar o "sentido de rebeldia" contido no repertório tradicional, como atesta a baixa presença de temáticas sociais e políticas em seus discos. A ausência de canções próprias[88] também corrobora esse argumento, pois indica que os músicos não se dedicaram a veicular mensagens através da incorporação de letras a ritmos folclóricos. Isso não significa que eles não atribuíssem um sentido político ao seu fazer artístico ou que não operassem seleções antes de gravar músicas tradicionais. Como já tivemos a oportunidade de apontar, o "resgate" de tradições continentais era encarado como uma maneira de fazer frente à face cultural do "imperialismo"; além disso, o grupo se recusou a abarcar repertórios considerados avessos à sua ideologia, como é o caso das canções de enfoque machista.

A proposta musical do Inti-Illimani teve como eixo temas e formas musicais associados principalmente às culturas indígenas e, em menor escala, camponesas da América Latina. No desenvolvimento dessa proposta, os músicos expressaram grande preocupação com o elemento instrumental: "Tudo o que queríamos era interpretar a música da América

87 A entrevista foi realizada em Santiago em 21 de fevereiro de 2012.

88 As únicas composições próprias gravadas nos LPs analisados são as duas músicas instrumentais de Horacio Salinas anteriormente referidas.

Latina igual como se interpreta em outros países",[89] o que demandou um trabalho de campo voltado a alcançar maior fidelidade interpretativa.[90]

As letras e os nomes dessas músicas abordam festas, paisagens e costumes tradicionais – ambientação reforçada pelos gêneros em que são executadas. O repertório está dividido em músicas folclóricas (sem autoria conhecida) e músicas compostas por artistas dedicados à difusão de música latino-americana. Neste último caso, observa-se que o diálogo estabelecido pelo Inti-Illimani com as outras expressões nacionais da Nova Canção não teve como referência central o repertório de cunho social, mas sim as criações inspiradas em elementos culturais. É o caso de "*Huajra*", composição de Atahualpa Yupanqui gravadas nos LPs *Si somos americanos* (1969) e *Inti-Illimani* (1970). Na apresentação de seu livro de partituras *Huájra: Canciones y danzas del Norte Argentino* (1941), Yupanqui escreveu:

> "HUAJRA", derivado da voz quechua "huájara", é o nome de uma quebrada do norte jujenho,[91] que se extende até o oriente, desde Tumbaya até os distantes montes de Tiráxi Chico. Em língua índigena, "HUAJRA" significa guampa, corno de vaca. [...] Tiráxi é tradicional como terra de gauchos reseros,[92] trançadores e baqueanos.[93] E a quebrada de Huajra segue sendo a rota habitual dos reseros. Entre os instrumentos típicos do povo jujenho, figuram o erke, o erkencho e a corneta, para cuja construção é elemento fundamental o corno de vaca chamado "huajra". Em outro tempo, o erke de "huajra" foi o clarim dos índios. Seu som, bronco e potente, chamava às regiões guerreiras ou

89 Trecho da entrevista que realizamos com Max Berrú.

90 GONZÁLEZ *et al*, *op. cit.*, p. 427.

91 Região de Jujuy, Argentina.

92 Trabalhadores que cuidam das reses (animais quadrúpedes cuja carne é utilizada na alimentação humana).

93 Pessoa conhecedora de caminhos e atalhos de um determinado terreno, suas características físicas e o idioma de sua população.

> anunciava uma festa. Na atualidade, tais instrumentos são infaltáveis em toda festa popular.[94]

Ainda de acordo com Yupanqui: "Ao reunir minhas músicas sob a denominação de 'HUAJRA', rendo homenagem de profunda recordação a toda a região indo-criolla da Quebrada de Humahuaca".[95] Seguindo o exemplo do *cantautor* argentino, os integrantes do Inti-Illimani gravaram as músicas instrumentais "*Quebrada de Humahuaca*" (*Inti-Illimani*, 1970) e "*Tema de la Quebrada de Humahuaca*" (*Canto de pueblos andinos vol. 1*, 1973), entre outros temas associados à região.

A busca por remeter ao universo folclórico é uma constante nos discos do conjunto. Na capa de *Inti-Illimani* (1969) (Imagem 8, p. 291), por exemplo, aparece estampada a imagem de um *tumi* – faca cerimonial inca –, elaborada pelos artistas gráficos Antonio e Vicente Larrea a partir de uma ilustração presente no manuscrito *El primer nueva corónica y buen gobierno*, escrito pelo cronista Felipe Guamán Poma de Ayala entre 1615 e 1616. De acordo com Antonio Larrea, a tipografia do nome do grupo empregada nessa mesma capa (que se transformaria no logotipo oficial do Inti-Illimani) evocaria as construções de pedra do Império Inca.[96]

O elemento indígena também aparece explicitado em diversas canções gravadas pelo conjunto, como é o caso de "*Flor de Sancayo*" (*Inti-Illimani*, 1970) e "*Tinku*" (*Canto de pueblos andinos vol. 1*, 1973), cantadas em línguas autóctones com ritmo de *huayno* e *tonada potosina*, respectivamente. Por sua vez, "*Sirviñaco*" – composição do poeta argentino Jaime Dávalos e do músico Eduardo Falú – se refere a uma forma de convívio pré-matrimonial característica de certas culturas altiplânicas. A canção foi apresentada como pertencente "ao tipo de novas composições que se inspiram no

94 YUPANQUI, Atahualpa. *Huajra: Canciones y Danzas del Norte Argentino*. Buenos Aires: Musical Buccheri Hnos, 1941, s.n.p. Disponível em: <http://www.atacris.com/ata/huajra.html>. Acesso em: 15 jul. 2015.

95 *Ibidem*, s.n.p.

96 LARREA, Antonio. *33 1/3 RPM: la historia gráfica de 99 carátulas 1968-1973*. Santiago: Nunatak, 2008, p. 32.

acervo cultural da América Latina. 'Sirviñaco' tem por isso um texto cheio de modismos populares e palavras [deformadas] que respeitamos".[97]

O LP *Canto de pueblos andinos vol. 1* – no qual "*Sirviñaco*" foi gravada pela primeira vez, sintetiza a proposta de

> mostrar uma pequena parte da extraordinária riqueza musical que encontramos enraizada nas alturas mediterrâneas de nossa América do Sul; esta música que, sendo um legado de séculos não perde vigência senão, pelo contrário, coloca um desafio à geração de músicos americanos de hoje.[98]

Aqui aparece com clareza a intenção de revitalizar as tradições culturais continentais como maneira de renovar a música popular nacional – ideia reforçada pela mescla de temas folclóricos com composições de músicos conhecidos.

Chama atenção a quantidade de músicas instrumentais presentes no disco: 7 das 12 faixas. Além destas, encontramos 4 canções amorosas e uma que tematiza o mundo do trabalho. Os ritmos das músicas são variados, assim como a instrumentação utilizada, que inclui vozes, violão, *charango*, *quenas*, *zampoñas*, *rondador*, *bombo*, caixa e pandeiro.

Nos outros LPs do conjunto que abarcam a temática indígena, mantém-se o enfoque nas tradições culturais por meio de temas amorosos e instrumentais. Localizamos apenas uma faixa que, de maneira indireta, aborda as dificuldades enfrentadas pelos índios – trata-se de "*Los arados*", composta pelo músico equatoriano Marco Vinicio Bedoya, cuja letra expressa: "*Los arados, / los sembríos / las cosechas y su amor, / dan al indio en este mundo / alegría en su dolor. / Por donde quiera que vaya / toca triste el rondador / porque en su alma hay sólo pena, / sufrimiento y gran dolor*".

97 As citações foram retiradas e traduzidas livremente do texto que integra as capas internas do LP *Canto de pueblos andinos vol. 2*, lançado na Itália pelo selo Dischi dello Zodiaco em 1976.

98 INTI-ILLIMANI. *Canto de pueblos andinos vol. 1*. Odeon, 1973, contracapa.

No que tange à cultura *criolla*, destacam-se as *cuecas* e *tonadas* gravadas em *Si somos americanos* (1969) e *Inti-Illimani* (1969), as quais versam sobre temas amorosos ("*Sed de amor*", "*Voy a remontar los montes*", "*La naranja*") e bem-humorados ("*Lárgueme la manga*", "*El músico errante*").

O cenário rural é abordado em "*Madrugada Llanera*" (*Inti-Illimani*, 1970), composta pelo poeta Germán Fleitas Beroes e pelo músico Juan Vicente Torrealba, ambos venezuelanos. A canção narra o amanhecer na região de Los Llanos – localizada no norte da América do Sul, entre a Colômbia e a Venezuela –, fazendo referência à preparação do camponês para um novo dia de trabalho:

> *En la rama de un samán / los gallos buscan el día / y cruza en la lejanía / su canto de alcaraván. / La luna se va ocultando, / la luna se va perdiendo / [...] / Dónde está mi yegua mora / y mi silla de montar, / mi sombrero, mis espuelas / y mi soga de enlazar? / La copla del becerrero / cantándole a la vacada / palpita en la madrugada / del botalón al tranquero.*

A ambientação é potencializada pelo ritmo de *joropo*, característico da região.

Não obstante a ênfase em tradições culturais, marcam presença no repertório do conjunto alguns temas sociais e políticos. No primeiro caso, podem ser citadas as canções "*Juanito Laguna remonta un barrilete*" e "*Zamba de los humildes*" (*Inti-Illimani*, 1969). Juanito Laguna é um personagem criado pelo artista plástico argentino Antonio Berni em 1956 e posteriormente transformado em uma série de quadros. Foi descrito por ele como "um menino dos arredores de Buenos Aires ou de qualquer capital da América Latina. É um pequeno pobre, mas não um pobre pequeno".[99] Baseando-se nesse personagem, o poeta Hamlet de Lima Quintana, ligado ao movimento do *Nuevo Cancionero Argentino*, compôs

99 *Apud Berni para niños y docentes*, Colección educ.ar, CD 5. Disponível em: <http://coleccion.educ.ar/coleccion/CD5/contenidos/bernichicos/hablaberni/index.html>. Acesso em: 13 jul. 2015.

a letra de "*Juanito Laguna remonta un barrilete*", que foi musicalizada por René Cosentino. A canção tematiza um menino empinando pipa, valendo-se de metáforas para abordar sua pobreza e seus sonhos:

> *Si Juanito Laguna llega a la nube / es el viento que viene, lo ama y lo sube, / es el nombre Juanito en la cañada / es el nombre Laguna, casi no es nada. / [...] / si Juanito Laguna sube y se queda / es, tal vez, porque puede, puede que pueda. / ¡Ay! Juanito Laguna / Volará el barrilete con tu fortuna. / Con el viento la caña silba una huella / y la huella se pierde, Juanito en ella. / Si Juanito Laguna le presta un sueño / es el canto que sube hasta su dueño. / Es un ojo en el aire, es carta y sobre: / Barrilete Laguna, Juanito Pobre.*

Já "*Zamba de los humildes*" – dos argentinos Tejada Gómez (letra) e Oscar Matus (música) – adota uma linguagem mais direta para denunciar as injustiças sociais e projetar uma mensagem de esperança, ao mesmo tempo em que aborda o próprio gênero *zamba*, associando-o às classes populares:

> *Zambita para que canten / los humildes de mis pagos, / si hay que esperar la esperanza / más vale esperar cantando. / Nacida de los boliches / donde el grito alza su llama, / su canción de largas lunas / sabe la siembra y el agua. / Como un canto de la tierra / hay que cantar esta zamba, / hermana de los humildes / sembradores de esperanza, / alzada raíz de sangre / del fondo de la guitarra. / [...] / Un corazón de camino / desde su canto regresa / a despertar el destino / que el pueblo en su pecho lleva.*

Por fim, as canções de conteúdo propriamente político gravadas pelo Inti-Illimani estão concentradas nos discos *A la Revolución Mexicana* (Hit Parade, 1969) e *Canto al programa* (DICAP, 1970), além de duas canções dedicadas a Che Guevara ("*Carta al Che*" e "*El aparecido*"). *A la Revolución Mexicana* abarca uma série de *corridos* difundidos durante a revolução, expressando simpatia pelo exército de Pancho Villa. Como veremos no próximo capítulo, a recuperação desse repertório no contexto chileno de fins dos anos 1960 foi bastante significativa.

Por sua vez, o álbum conceitual *Canto al programa* foi lançado entre a vitória eleitoral de Allende e a ratificação de sua posse, com o objetivo de difundir o programa de governo da UP. Assim, figuram no disco canções como "*El vals de la profundización de la democracia*", "*Cueca de las fuerzas armadas y carabineros*", "*El rin de la nueva constitución*", "*Canción de la reforma agraria*", "*Vals de la eduación para todos*", entre outras faixas compostas por Julio Rojas (letras), Luis Advis e Sergio Ortega (músicas e arranjos).

A capa do disco traz uma ilustração que integra as figuras de uma mulher de traços mestiços, uma criança e uma pomba com as cores da bandeira chilena, tendo ao fundo a natureza (Imagem 9, p. 291). Como constatou a historiadora Carine Dalmás em sua dissertação de Mestrado, os símbolos e traços empregados na composição eram característicos dos murais produzidos pelas Brigadas Ramona Parra (B.R.P.) – comitê de propaganda das Juventudes Comunistas do Chile.[100] Nessa representação, o programa de governo da UP é identificado como sinônimo de um processo gerador (maternidade) de uma sociedade que asseguraria um futuro melhor para o país através da transição pacífica para o socialismo (pomba-bandeira).[101]

A ilustração da contracapa apresenta as cabeças de três homens, dispostas lado a lado e sustentadas por uma engrenagem (Imagem 10, p. 292). Cada um dos personagens simboliza uma área da economia do país: agricultura, mineração e indústria, se os observarmos da esquerda para a direita. Como bem interpretou Dalmás, a imagem procurou representar o Chile como uma engrenagem dirigida pelos trabalhadores

100 De acordo com a autora, as representações humanas produzidas pelas B.R.P. apresentam olhos grandes, lábios grossos, nariz achatado e pele morena. Ver DALMÁS, Carine. *Brigadas Muralistas e Cartazes de Propaganda da Experiência Chilena (1970-1973)*. Dissertação (Mestrado em História) – Faculdade de Filosofia, Letras e Ciências Humanas, Universidade de São Paulo, São Paulo, 2006, p. 138.

101 *Ibidem*, p. 106

– identificados como agentes responsáveis pela prosperidade do país, sugerida pela imagem do trigo, à direita.[102]

O LP tem início com uma introdução musical que anuncia motivos que serão interpretados nas canções seguintes, as quais são intercaladas com relatos explicativos. Antes da primeira canção, o narrador (Alberto Sendra) se identifica como Peyuco Pueblo e diz ser um legítimo representante e conhecedor do Chile. Ele se propõe a apresentar "*el programa que, / según mi entendimiento, / nos favorece a nosotros / trabajadores chilenos / y a todas las capas medias*". Uma comparação das letras com o texto oficial do programa de governo indica que os temas foram simplificados no disco. Daí que as medidas específicas são poucas vezes explicadas; em lugar disso, enfatizam-se as consequências esperadas, sempre positivas, visando entusiasmar o público.

Toda a construção do álbum pretende transmitir a ideia de que a vitória eleitoral de Allende representaria um poder conquistado *pelo* "povo" e *para* ele, ou seja, "*Con la Unidad Popular / ahora somos gobierno. / Porque esta vez no se trata / de cambiar un presidente, / será el pueblo quien construya / un Chile bien diferente*" ("*Canción del poder popular*").

Originalmente concebido para ser interpretado pelo Quilapayún – cujos integrantes se encontravam em turnê durante a produção do disco, conforme nos relatou Max Berrú –, *Canto al programa* constitui uma exceção no repertório gravado pelo Inti-Illimani. Não obstante, é frequente nos depararmos com estudos sobre a NCCh que só recordam esse trabalho do conjunto, valendo-se dele para indicar o caráter propagandístico do movimento. Observa-se em tal tendência analítica a centralidade atribuída aos discos produzidos pela DICAP,[103] sendo recorrente o argumento de que antes da criação da gravadora não haveria espaço na mídia para a proposta musical dos artistas identificados com a NCCh.

102 *Ibidem*, p. 138.

103 Entre 1968 e 1970, os discos produzidos pela gravadora ligada à Juventude Comunista do Chile (DICAP) saíam com o selo Jota Jota. Em 1970, foi criado o selo DICAP e, após alguns meses de coexistência, a marca Jota Jota foi extinta.

A seguir, procuraremos problematizar essa concepção, analisando a influência exercida por diferentes gravadoras na conformação do repertório de Víctor Jara, Quilapayún e Inti-Illimani.[104]

A relação com a indústria fonográfica: arte, militância e mercado

Dos 25 LPs analisados ao longo de nossa pesquisa, 4 foram lançados no período anterior à fundação do selo Jota Jota – sendo 1 produzido pela Demon e 3 pela EMI Odeon. Naquele momento, esta última era a principal empresa discográfica operante no país, juntamente com a RCA Victor, à qual o selo Demon estava ligado. Sob direção de Camilo Fernández e tendo como foco o público jovem, a Demon difundiu artistas da Nova Onda e do *Neofolklore*, incluindo os irmãos Parra e Patricio Manns. Por sua vez, a Odeon – cujo diretor artístico era o argentino Rubén Nouzeilles – privilegiava o repertório de raiz folclórica (Música Típica, Projeção Folclórica, *Neofolklore*).[105]

Com a "crise" vivenciada pelo *Neofolklore* em 1966, as empresas saíram em busca de novos talentos que pudessem renovar o interesse do público pela música nacional. De acordo com uma notícia publicada na revista *Rincón Juvenil* em agosto de 1965, Víctor Jara teria despertado o interesse tanto de Fernández quanto de Nouzeilles, passando a ser

104 Para um panorama da indústria fonográfica chilena no século XX, ver GONZÁLEZ *et al*, *op. cit.*, p. 94-119. Os autores apontam que o disco de longa duração (LP) chegou ao país em 1951, quando a filial da multinacional RCA Victor passou a produzir discos de vinil. O outro selo operante naquele momento era a EMI Odeon, que demorou mais alguns anos para implementar tal tecnologia. Na segunda metade dos anos 1950, a RCA Victor lança seus primeiros discos de alta fidelidade (HI-FI), ao passo que nos anos 1960 difunde-se o som estéreo. Em fins da década de 1950, outra grande empresa havia entrado no mercado chileno, a Philips, e em 1963 aparecem os primeiros estúdios de gravação como empresas independentes. As multinacionais passam a "apadrinhar" parte dos selos pequenos que se proliferavam, ao passo que outros se mantêm independentes. Entre fins dos anos 1960 e início dos 70, o disco chileno entra em crise, ocasionada pela escassez de novas propostas comerciais e pela "invasão" de baladistas argentinos, espanhóis, franceses e italianos no país. Nesse contexto, ocorre a nacionalização da RCA Victor (1971), que se transforma na Indústria de Rádio e Televisão (IRT), buscando incentivar a produção musical nacional.

105 GONZÁLEZ *et al*, *op. cit.*, p. 102 e 107.

disputado pelas duas gravadoras.[106] Após lançar 2 *singles* e 1 LP pela Demon, o músico migrou para a Odeon em 1967, unindo-se assim ao Quilapayún, que havia iniciado ali sua produção discográfica.

Desse modo, a criação do selo Jota Jota e da gravadora DICAP não representou a "salvação" de músicos relegados ao anonimato. Mas ao garantir a circulação de repertórios mais politizados, tal iniciativa estimulou o desenvolvimento de um tipo de canção que encontrava dificuldades em ser aceito pela indústria fonográfica. Isso não quer dizer que a temática política e social estivesse banida dos discos produzidos por outros selos e nem que a DICAP gravasse apenas esse tipo de repertório. O ponto que queremos destacar é que, a partir de 1968, os músicos que viriam a integrar a NCCh puderam satisfazer, através das gravadoras existentes, as duas "faces" de sua criação musical: folclore e política (concebida de maneira ampla). Essa ideia é reforçada pelo fato de que Víctor Jara, Quilapayún e Inti-Illimani continuaram a gravar discos pela Odeon durante todo o período estudado, ao mesmo tempo em que produziam outros pela DICAP.

Embora seja possível observar tendências relacionadas a cada gravadora – sendo que, salvo exceções, os discos lançados por uma ou por outra possuíam perfis bastante distintos –, verifica-se que o folclore e a política coexistiram muitas vezes. No caso da Odeon, o destaque era dado à renovação do cancioneiro popular, isto é, às recriações de músicas folclóricas e às novas composições baseadas em gêneros tradicionais. Os contratos do selo muitas vezes previam o lançamento de séries ou discos temáticos, como é o caso dos LPs *Canciones folklóricas de América* e *Canto de pueblos andinos vol. 1* – este último concebido originalmente como parte de uma coleção que acabou frustrada pelo golpe militar, sendo retomada posteriormente no exílio.

Embora as canções de temática política explícita fossem incomuns nos LPs da Odeon, observa-se que tanto Víctor Jara quanto o Quilapayún buscaram contornar essa situação. São emblemáticas, nesse sentido, três referências indiretas à figura de Che Guevara. A primeira foi incluída no

106 *Ibidem*, p. 401.

single "*El aparecido / Solo*", lançado em 1967, mesmo ano da morte do guerrilheiro. Impedido pela gravadora de registrar no vinil uma dedicatória explícita, Jara escreveu: "*A E. (Ch.) G.*", remetendo a Ernesto (Che) Guevara.[107] Por sua vez, o conjunto gravou em seu LP *Quilapayún 3* duas músicas instrumentais que aludiam ao personagem: "*Elegía*" (também difundida como "*Elegía al Che Guevara*"), de Eduardo Carrasco, e "*Ñancahuazú*",[108] de Patricio Castillo.

Apesar de não incentivar os artistas a expressarem sua militância política nos discos, a Odeon se mostrou aberta em algumas ocasiões, como atesta a seguinte apresentação redigida por Sergio Ortega e incluída na capa do mesmo LP: "O Conjunto Quilapayún / como o povo inteiro / não tem nada a ocultar / porque não tem nada a perder. / Da cara e combate / como se deve combater neste momento, / com a arma transitória que é a arte".[109] Também podemos encontrar nos discos de Jara e Quilapayún lançados pelo selo uma quantidade significativa de canções que abordam temas sociais de maneira crítica. É o caso de, entre outras, "*Canción de cuna para un niño vago*" e "*El lazo*" (*Víctor Jara*, 1966); "*Lamento borincano*" (*Canto libre*, 1970); "*La canción del minero*" (*Quilapayún*, 1967); "*Dicen que mi patria es*" e "*Duerme negrito*" (*Quilapayún 3*, 1968); "*Plegaria a un labrador*" e "*Zamba de las tolderías*" (*Quilapayún 4*, 1970). Outras canções abordam a temática "anti-imperialista", como é o caso de "*Así como hoy matan negros*" (*Víctor Jara*, 1967; *Inti-Illimani*, 1970), "*Contrapunto entre el águila americana y el cóndor chileno*" (*Quilapayún 3*) e "*Tío Caimán*" (*Quilapayún 4*).

A canção "*¿Quién mató a Carmencita?*", composta por Jara em 1969 e gravada em *Canto libre*, exemplifica a presença simultânea das duas problemáticas acima referidas, visto que se baseia na

107 JARA, Joan, *op. cit.*, p. 161.

108 A Guerrilha de Ñancahuazú ou Exército de Libertação Nacional da Bolívia era a tropa guerrilheira comandada por Che Guevara naquele país entre 1966 e 1967, quando foi morto em combate.

109 ORTEGA, Sergio. *Liner notes*. In: QUILAPAYÚN. *Quilapayún 3*, Odeon, 1968, contracapa.

> história de uma garota de dezesseis anos que se suicidou sem que ninguém pudesse saber as causas. Para realizá-la tive que pesquisar sobre vários casos de suicídios juvenis, o ambiente de alienação que provocam os distorcidos meios de informação e a miséria em que está desaparecida a maioria do povo [...] [A canção] é um ataque a esse mundo de fantasia de ideal norte-americano de vida que cria a propaganda.[110]

Assim, Jara valeu-se do modo de vida de uma personagem para denunciar os meios de comunicação de massa dedicados a difundir o *american way of life*:

> *Apenas quince años y su vida marchita / el hogar la aplastaba y el colegio aburría / en pasillos de radios su corazón latía / deslumbrando sus ojos los ídolos del día. / Los fríos traficantes de sueños en revistas / que de la juventud engordan y profitan / torcieron sus anhelos y le dieron mentiras / la dicha embotellada, amor y fantasía. / [...] / Huyó, Carmencita murió / [...] / La muchacha ignoraba que la envenenarían / que toda aquella fábula no le pertenecía, / conocer ese mundo de marihuana y piscina / con Braniff International viajar a la alegría. / Su mundo era aquél, aquél del barrio Pila / de calles aplastadas, llenas de griterías / su casa estrecha y baja, ayudar la cocina / mientras agonizaba otros se enriquecían.*

Se por um lado os músicos procuravam incorporar mensagens ideológicas em seus discos Odeon, por outro eles exploraram o selo para diversificar seu repertório. O caso do LP *Quilapayún 5* é emblemático nesse sentido. Gravado entre os combativos *Vivir como él* e *La Fragua* – lançados pela DICAP –, o disco chama atenção pela predominância de músicas

110 SEPÚLVEDA, Ramiro. "Víctor Jara pregunta ¿Quién mató a Carmencita?". *Puro Chile*. Santiago, vol. 39, 5 jun. 1970, p. 7. Disponível em: <http://www.memoriachilena.cl/602/w3-article-75037.html>. Acesso em: 15 jul. 2015.

instrumentais: 8 das 13 faixas que o integram, marcando uma diferença em relação à produção anterior do conjunto, em que o destaque era dado aos arranjos vocais. Entre as canções, 3 abordam temas amorosos; 1, o mundo do trabalho e 1 faz referência à "pátria nova", remetendo ao governo da UP ("*Comienza la vida nueva*"). Este também é o LP que abarca mais composições dos integrantes do conjunto, sendo 5 de Eduardo Carrasco (uma delas com Rodolfo Parada) e uma coletiva, em parceria com Cirilo Vila. No que tange aos gêneros musicais abarcados, a novidade reside no tango "*La última cuerda*" (Catulo Castillo/Aníbal Troilo) e em um prelúdio bachiano. Veremos mais adiante que a influência da música erudita é bem marcada neste disco.

Como já sugerimos, os LPs analisados que foram lançados pela DICAP enfatizam temas de conteúdo político e social, os quais constituem o eixo de *Pongo en tus manos abiertas...* (1969), *El derecho de vivir en paz* (1971) e *La población* (1972), de Víctor Jara; *X Viet-nam* (1968), *Basta* (1969), *Santa María de Iquique* (1970), *Vivir como él* (1971) e *La Fragua* (1973), do Quilapayún; e *Canto al programa* (1970), do Inti-Illimani. Mas esses discos também abarcam temáticas como tradições culturais, romance e questões mais subjetivas – além de uma quantidade significativa de músicas instrumentais.

Em outros LPs do selo, estes repertórios são colocados em primeiro plano, como é o caso de *Inti-Illimani* (1970), centrado no folclore latino-americano; *Autores chilenos* (Inti-Illimani, 1971), que explora a relação entre folclore e música erudita; e *Canto por travesura* (Jara, 1973), uma coletânea de músicas tradicionais chilenas de conteúdo humorístico. A produção deste último disco às vésperas do golpe militar[111] é indicativa da impossibilidade de associar todo o catálogo da DICAP à conjuntura política nacional.

Tampouco se verifica que os músicos tenham atuado como meros "porta-vozes" do PCCh. Se essa relação é inegável – especialmente com

111 Prensado no início de setembro de 1973, o LP não chegou a ser lançado, por conta do golpe de 11 de setembro. Posteriormente foi reeditado no exterior e no Chile, inclusive na forma de CD.

a nomeação de Jara e Carrasco para o Comitê Central da *Jota* em fins dos anos 1960 –, ela deve ser compreendida antes como expressão da heterogeneidade de posicionamentos que conviveram no interior do partido do que como resultado de uma ação unidirecional. Assim, enquanto o PCCh postulava a *via pacífica* ou *democrática* para atingir o socialismo no Chile – tema que constituiu o principal ponto de debate[112] no interior da esquerda entre os anos 1960 e 1973 –, Jara e o Quilapayún gravaram canções que exaltavam a figura do guerrilheiro, como "*Camilo Torres*", "*A Cochabamba me voy*" (Jara, *Pongo en tus manos abiertas*..., 1969); "*Bella ciao*", "*Por montañas y praderas*", "*Carabina 30-30*" (Quilapayún, *Basta*, 1969); "*Por Vietnam*", "*Canción fúnebre para el Che Guevara*" e "*Cuecas de Joaquín Murieta*" (Quilapayún, *X Viet-nam*, 1968). A respeito deste último LP, Eduardo Carrasco comenta que durante a produção

> Surgiram vários problemas políticos acerca do conteúdo das canções: fomos convocados várias vezes para discutir os textos, que eram minuciosamente analisados para que não houvesse neles contradições com a linha do partido. Uma das canções motivava particular inquietude, a "Canción fúnebre al Che Guevara". O Che era no Chile um símbolo mirista [do MIR] e se corria o

112 Motivados pelo exemplo da Revolução Cubana, os partidos de esquerda se propuseram a "fazer a revolução" no Chile durante os anos 1960. Embora concordassem sobre os fins últimos a serem perseguidos (uma sociedade socialista, anti-imperialista, humanista e igualitária), apresentaram visões divergentes, frequentemente antagônicas, sobre os meios, ritmos, marcos e atores que deveriam orientar a "revolução chilena". Nesse sentido, observaram-se duas posturas paradigmáticas: gradualistas (PCCh, parte minoritária do PS e parte minoritária do MAPU) e rupturistas (maior parte do PS e do MAPU, Esquerda Cristã (IC) e MIR). A primeira corrente postulava a *via pacífica*, agindo dentro do sistema democrático e buscando o apoio da "burguesia progressista" para completar as tarefas "pendentes" do capitalismo (como reforma agrária) antes de construir a sociedade socialista. Por sua vez, os rupturistas defendiam a *via armada*, tendo como referência as experiências cubana, chinesa e soviética. Para estes atores, a "dominação imperialista" tornaria impraticável qualquer tentativa de chegar pacificamente ao poder político e ilusória toda atribuição de responsabilidade revolucionária à "burguesia" nacional. Sobre o assunto, ver PINTO VALLEJOS, *op. cit.*; e AGGIO, *Democracia e socialismo*...

> risco de fazer propaganda ao inimigo. Como os dirigentes da Juventude não se punham de acordo, o problema foi levado à direção do Partido. O texto foi submetido ao Secretário Geral, Luis Corvalán, quem deu sua aprovação: o Che era um comunista e os ultras [extremistas] não tinham exclusividade de sua imagem.[113]

Tal episódio permite antever, por um lado, a importância política atribuída à música e, por outro, os mecanismos de controle adotados pelo partido em relação à gravadora. Não obstante, há que se considerar que *X Viet-nam* foi produzido em circunstâncias bastante específicas, pois além de constituir o primeiro disco lançado pelo selo, teve como propósito representar o PCCh em um evento internacional. Com o passar do tempo, o catálogo foi se ampliando com diferentes graus de interferência partidária.

Mas se em fins dos anos 1960 os músicos se mostravam "balançados" pela ideia da *via armada* ao socialismo, com a formação da UP e a definição de um programa de governo comum às principais organizações de esquerda – marcando, assim, a opção pela *via eleitoral* –, processou-se uma mudança importante em seu discurso. A já referida canção "*A Cuba*" é expressiva da maneira pela qual Jara "se integra com entusiasmo ao projeto de fazer uma revolução à chilena",[114] conforme destacou Claudio Rolle. Rendendo homenagem à Revolução Cubana – apontada como exemplo a ser seguido pelos outros países do continente –, esta *guajira* demarca as especificidades do processo chileno:

> *Si yo a Cuba le cantara, / le cantara una canción / tendría que ser un son, / un son revolucionario, / pie con pie, mano con mano, / corazón a corazón, / [...] / qué más te puedo ofrecer, / sino continuar tu ejemplo, / comandante compañero, / viva tu revolución. / [...] / Como yo no toco el son / pero toco la guitarra / que está justo en la batalla / de*

113 CARRASCO, *op. cit.*, p. 129.

114 ROLLE, "La 'Nueva Canción Chilena'...", p. 7.

> *nuestra revolución / será lo mismo que el son / que hizo bailar a los gringos, / pero no somos guajiros / nuestra sierra es la elección.*

Assim, a política teve uma presença marcante no repertório analisado, dialogando com diversos outros elementos musicais e extra-musicais. A partir de 1970, os discos lançados pela DICAP tiveram como marca a aproximação entre música popular e música erudita, observável principalmente nos discos dos dois conjuntos estudados. Antes de aprofundarmos a análise das características estéticas e temáticas dessas obras, é importante tecer algumas considerações a respeito da influência do suporte físico – o LP de vinil – na produção musical dos artistas selecionados, para além das especificidades relacionadas às diferentes empresas discográficas.

Como destaca a semioticista Heloísa Valente, a *canção das mídias* tem como característica ser "composta, executada, difundida e recebida segundo os recursos oferecidos pelo conjunto de técnicas de som (e/ou do audiovisual) vigente, que, por sua vez, está condicionado à esfera político-econômica das gravadoras".[115] Nascido numa sociedade já "dominada" pelos meios de comunicação de massa, o repertório de Víctor Jara, Quilapayún e Inti-Illimani teve como principal referencial as gravações realizadas por outros músicos chilenos e latino-americanos. Mesmo no caso de músicas folclóricas, a realização de pesquisas de campo foi uma prática pouco recorrente,[116] prevalecendo a incorporação de temas que haviam sido gravados previamente por folcloristas ou artistas ligados à proposta de renovação do cancioneiro tradicional. Entre os diversos exemplos que poderíamos apontar desse procedimento, destacamos os seguintes intérpretes cujos discos provavelmente serviram como ponte entre os músicos analisados e o folclore latino-americano:[117]

---

115 VALENTE, *op. cit.*, p. 60.

116 O LP *Canto por travesura*, cujas canções integrantes foram recompiladas por Jara na província de Ñuble, ao sul do Chile, constitui uma exceção.

117 Na maioria dos casos, não temos como afirmar que os músicos efetivamente fizeram suas versões a partir desses registros específicos. Em todo caso, consideramos válido apontar que os temas elencados, entre outros, haviam sido gravados previamente por

- Cuncumén (Chile): "*Despedimiento del angelito*", "*Cueca a Balmaceda*".
- Los Hermanos Rosas (Chile): "*El músico errante*".
- Los de Ramón (Chile): "*El canelazo*".
- Atahualpa Yupanqui (Argentina): "*Duerme, duerme negrito*".
- Leda y María (Argentina): "*La cocinerita*", "*Ja jai*" (ou "*Tuita la noche*"), "*Que alegres son las obreras*" ("*Las obreras*"), "*Casi casi*", "*Romance del enamorado y la muerte*", "*Palomas del palomar*" ("*Remendé*"), "*El tururururu*" ("*Ya se murió el burro*"), "*La boliviana*", "*Dos palomitas*" ("*Manchay puito*"), "*En que nos parecemos*", "*La fortuna*", "*Tan alta que está la luna*" ("*La palomita*").
- Jorge Saldaña (México): "*La cucaracha*", "*Siete Leguas*", "*La Adelita*", "*La Valentina*", "*Juan sin tierra*".
- Los Calchakis (França[118]): "*Amores hallarás*", "*Quiaqueñita*".
- Los Chalchaleros (França): "*La Lagrima*", "*A vos te ha'i pesar*".

Dando continuidade ao trabalho de difusão do folclore realizado por esses intérpretes, Víctor Jara, Quilapayún e Inti-Illimani adotaram o modelo de apresentação do repertório consolidado no país pela Projeção Folclórica e pelo *Neofolklore*, no qual as faixas integrantes dos discos vinham listadas na contracapa, acompanhadas pela indicação de autoria e dos gêneros musicais aos quais corresponderiam. Desse modo, o LP *Canto de pueblos andinos vol. 1* apontava: "*Lado A: 1. – SIRVIÑACO, bailecito*

---

outros músicos, o que aponta para a existência de uma mediação anterior àquela realizada pelos artistas estudados.

118 A partir dos anos 1950, Paris se tornou um destino comum para músicos latino-americanos, que passaram a atuar nas pequenas casas noturnas (*boîtes de nuit*) localizadas no Bairro Latino (Quartier Latin), dentre as quais se destacavam L'Escale e La Candelaria. Tendo Paco Ibáñez como elemento articulador, artistas e escritores espanhóis e latino-americanos consolidaram uma verdadeira rede na capital francesa. Entre os intérpretes que transitavam por ali nos anos 1950 e 1960, encontram-se Atahualpa Yupanqui; Violeta, Isabel e Ángel Parra; Los Machucambos; Los Inkas; Los Chalchaleros e Los Calchakis. É nesse contexto que a música andina começará a ser difundida pelos meios de comunicação de massa, especialmente pelo selo discográfico Le Chant du Monde. A partir do êxito de tal repertório na França, os discos e instrumentos de música andina passarão a circular cada vez mais na América do Sul. Ver GONZÁLEZ *et al*, *op. cit.*, p. 445-446.

(Falú-Dávalos) / 2. – MIS LLAMITAS, motivo de huayno (Ernesto Cavour) / 3. – AMORES HALLARAS, sanjuanito (Víctor M. Salgado)" – e assim por diante. Observe-se aqui a intenção de educar o público e, ao mesmo tempo, chamar sua atenção para o valor cultural do disco.

Não obstante essa busca por filiar o repertório gravado ao universo folclórico, os músicos incorporaram em seus discos diversos elementos voltados a adequar as faixas ao padrão estabelecido pela indústria fonográfica. Distanciando-se dos gêneros tradicionais, as músicas passavam a ter partes bem definidas – como introdução (geralmente instrumental), primeira parte, refrão, segunda parte e coda (final) –, sendo frequente o emprego de recursos tais como o *fade in* e o *fade out*. A música instrumental "*Tema de la Quebrada de Humahuaca*" – gravada pelo Inti-Illimani em *Canto de pueblos andinos vol.* 1 (Odeon, 1973) – é representativa da influência exercida pela tecnologia da gravação no resultado final dos fonogramas, pois, em sua execução, a variação dinâmica foi potencializada pelo uso do *mixer* (mesa de som). Somado aos microfones utilizados para captação dos sons, este aparelho permitia o nivelamento das alturas dos instrumentos, garantindo um som mais coeso.

Por fim, é importante mencionar a padronização do tempo de duração das faixas, entre 2 e 4 minutos. A origem desse padrão remonta aos discos de goma-laca de 78 RPM, com capacidade de 3 minutos por lado. Mesmo após a invenção do *Long Play* de vinil de 33 1/3 RPM, este formato se manteve predominante no âmbito da música popular, abarcando a maior parte das faixas que analisamos.[119] Por outro lado, os discos conceituais lançados por Jara e pelos conjuntos tiveram o LP como pressuposto, na medida em que este permitia a gravação de faixas mais longas (como "*Vivir como él*", que ultrapassa 18 minutos), bem como o estabelecimento de diálogos entre as diferentes faixas a partir de um princípio unificador.

119 SBERNI JÚNIOR, Cleber. *O álbum na indústria fonográfica: contracultura e o Clube da Esquina em 1972*. Dissertação (Mestrado em História) – Faculdade História, Direito e Serviço Social, Universidade Estadual Paulista "Júlio de Mesquita Filho", Franca, 2007, p. 32-34. Disponível em: <http://www.franca.unesp.br/Home/Pos-graduacao/cleber.pdf>. Acesso em: 15 jul. 2015.

Como apontou o historiador Cleber Sberni Júnior, com a criação do LP de vinil – produto final de um processo de composição, *performance* e gravação –, os discos

> poderiam realizar uma determinada idéia, que deveria também vir encartada num título e numa capa e contracapa, expressar uma maior articulação de signos e elementos em torno de uma obra. Com o LP, há a possibilidade de execuções mais longas, criando intersecções e intertextos musicais, citações que se repetem, timbres, o prolongamento de um clima proposto pelas construções de arranjos.[120]

Assim, as condições técnicas passaram a possibilitar produções mais elaboradas – ou seja, "ao artista é apresentada a possibilidade da construção de 'uma obra' segundo uma possível e determinada temática",[121] abrindo espaço para o desenvolvimento do conceito ilustrado de arte no âmbito da música popular. No caso chileno, os anos 1960 e 1970 foram marcados por uma série de experiências voltadas a "incrementar" a canção folclórica através da vinculação com formas estéticas identificadas a outras tradições artísticas. Vejamos como esse diálogo se processou na produção discográfica analisada.

Os referenciais estéticos

De acordo com Juan Pablo González, "a inquietude artística e intelectual dos músicos da Nova Canção os levou a estudar, experimentar e aproximar-se da literatura, do teatro e da plástica, o que até então era pouco habitual entre os músicos populares".[122] Em sua busca por dife-

120 *Ibidem*, p. 36.

121 *Ibidem*, p. 37.

122 GONZÁLEZ, Juan Pablo. "Música popular chilena de raíz folclórica". In: ADVIS, Luis; CÁCERES, Eduardo; GARCÍA, Fernando; GONZÁLEZ, Juan Pablo (eds.). *Clásicos de la Música Popular Chilena vol. II, 1960-1973: Raíz folclórica.* Santiago: Ed. Universidad Católica de Chile y Sociedad Chilena del Derecho de Autor, 1998, p. 22.

renciar-se do repertório considerado mais comercial – ou de "baixa qualidade" –, os músicos identificados com a NCCh procuraram renovar o folclore atribuindo-lhe um papel artístico. Para tanto, valeram-se dos diferentes elementos integrantes dos LPs, desde as letras das canções e o acompanhamento instrumental até a arte gráfica utilizada nas capas e contracapas. No que tange a este último aspecto, a criação da DICAP instituiu um novo referente para a produção discográfica chilena. Tendo como protagonistas os artistas gráficos Vicente Larrea, Antonio Larrea e Luis Albornoz, os LPs lançados pelo selo integravam uma série de influências – como a *pop art*, a psicodelia, o realismo social, a fotografia de alto contraste, o muralismo político e a xilogravura.[123] Tal proposta permitiu a agregação de um valor estético aos discos, que "eram vistos mais como objetos culturais que como produtos comerciais".[124]

Visando "propagar conteúdos mais do que promover artistas", as capas e contracapas produzidas pela DICAP "evitavam a idolatria da estrela, pondo seus retratos em segundo plano [...] ou simplesmente substituindo-os por desenhos ou logotipos com os nomes dos músicos".[125] No conjunto de discos analisados, observamos uma diferença significativa entre as imagens que integram os LPs da Odeon – que priorizam as fotografias dos músicos – e aquelas presentes nos discos da DICAP. Por outro lado, verifica-se que este último selo exerceu influência sobre o primeiro – o que pode ser percebido na arte de discos como *Canto libre* e *Canto de pueblos andinos vol. 1*, que trazem em suas capas fotografias (no primeiro caso) e desenhos (no segundo) que procuram apresentar a proposta do disco sem recorrer ao retrato dos intérpretes.

Os artistas gráficos da DICAP utilizaram nos LPs analisados uma ampla gama de técnicas para representar visualmente o conteúdo dos fonogramas. Em alguns casos, a relação entre as capas e as faixas aparece explicitada – como ocorre, por exemplo, em *X Viet-nam*. Outras vezes, não se observa uma vinculação direta entre as imagens e a problemática

123 GONZÁLEZ *et al*, *op. cit.*, p. 375.

124 GONZÁLEZ, Juan Pablo. "Música popular chilena de raíz...", p. 23.

125 GONZÁLEZ *et al*, *op. cit.*, p. 111.

abordada no disco. Assumindo riscos criativos, os artistas elaboraram algumas imagens pouco convencionais para os padrões da época, como ocorre na contracapa de *Pongo en tus manos abiertas...*, que apresenta duas versões de uma foto de perfil da cabeça de Víctor Jara, unidas de forma invertida pelo pescoço (Imagem 11, p. 292).[126]

No que se refere ao diálogo com a poesia, um primeiro aspecto a ser considerado é que dois dos músicos ligados à NCCh eram poetas com obras literárias publicadas e membros da Sociedade de Escritores do Chile: Patricio Manns e Osvaldo Rodríguez. Conjugando formas características da poesia popular aparentadas com o *romance* espanhol – pesquisadas e difundidas por folcloristas como Margot Loyola e Nicanor Parra – com temas de crítica social, esses *cantautores* tiveram como referências centrais Violeta Parra e Pablo Neruda.[127] Militante do PCCh, Neruda participou de diversos projetos musicais durante os anos 1960 e 1970, que incluíram musicalizações de poemas de sua autoria realizadas por músicos eruditos e populares, além da gravação do LP *Neruda* (Jota Jota, 1969), em que o próprio poeta recita alguns de seus textos. Entre os compositores e intérpretes da NCCh, a aproximação com a poesia nerudiana resultou na cantata dramática "*Fulgor y muerte de Joaquín Murieta*" (que abordaremos mais adiante), composta por Sergio Ortega, e nos LPs *Arte de pájaros*, de Ángel Parra (Demon, 1966), e *Canto General*, do conjunto Aparcoa (Philips, 1971).[128]

No caso de Víctor Jara, Quilapayún e Inti-Illimani, o diálogo com a poesia se deu através da musicalização de textos de autores como o cubano Nicolás Guillén ("*La muralla*") e os espanhóis Miguel Hernández ("*El niño yuntero*", "*Vientos del pueblo*") e Juan Ramón Jiménez ("*La pérdida*"), bem como da interpretação de canções elaboradas por outros músicos com base em poemas de Neruda ("*Ya parte el galgo terrible*", "*Así como hoy*

126 LARREA, *op. cit.*, s.n.p.

127 Sobre a influência da poesia popular na NCCh, ver RODRÍGUEZ MUSSO, Osvaldo. *La nueva canción chilena: continuidad y reflejo*. Havana: Casa de las Américas, 1988.

128 Sobre estas duas últimas obras, ver GONZÁLEZ *et al*, *op. cit.*, p. 291-292.

matan negros", "*Cuecas de Joaquín Murieta*") e Violeta Parra ("*La exiliada del Sur*") – para citar alguns exemplos.

Passando aos aspectos musicais do repertório analisado, observa-se que embora o folclore tenha constituído o ponto de partida das criações e versões realizadas pelos músicos, outras influências foram sendo incorporadas a partir de fins dos anos 1960. Nas palavras do musicólogo Rodrigo Torres,

> O substrato desta música [NCCh] é a tradição musical folclórica [...] Contudo, é também característico desses criadores [...] que paulatinamente tenham integrado a suas vertentes fundamentais outros materiais, recursos e procedimentos (ritmos e sonoridades etc.) provenientes de distintos contextos musicais.[129]

Em relação aos compositores, o musicólogo Juan Orrego Salas indica que a trajetória de Víctor Jara seria representativa da progressiva abertura a "elementos rítmicos, melódicos, harmônicos, instrumentais e formais forâneos à órbita mesma da tradição popular, para enriquecer seu vocábulo expressivo e reforçar sua mensagem".[130] Assim, se num primeiro momento o repertório de Jara seria "tributário do folclore" tanto nas estruturas musical e poética quanto na substância melódica e harmônica, "avançando em sua obra, há um progressivo distanciamento das estruturas básicas da canção folclórica e de seus elementos mais evidentes".[131] Combinando materiais e formas de distintas procedências e, assim, movendo-se com mais liberdade no campo musical, a produção de Jara – especialmente a partir de 1969 – seria marcada pelos seguintes elementos: a) concepção da estrutura musical e poética mais extensa, complexa e contrastada; b) melodias mais variadas e flexíveis; c) ampliação dos

---

129 TORRES, Rodrigo. "La urbanización de la canción folklorica". *Literatura chilena: creación y crítica.* Madri; Los Angeles, n. 33/34, jul.-dez. 1985, p. 25.

130 ORREGO SALAS, *op. cit.*, p. 6.

131 TORRES, *op. cit.*, p. 29.

recursos harmônicos; d) maior versatilidade dos acompanhamentos instrumentais; e) maior preocupação com o colorido.[132]

As parcerias estabelecidas por Jara nesse período potencializaram esse desenvolvimento, abrindo espaço para novos projetos musicais. O trabalho com o Inti-Illimani permitiu a incorporação de variados instrumentos ao seu repertório, sendo que

> A operação musical propriamente nova foi a de ir fazendo prevalecer pouco a pouco um critério relacionado com as maiores possibilidades de desenvolvimento técnico e de integração grupal de cada instrumento, por sobre a variedade e novidade colorística das recém-descobertas sonoridades, deslumbramento que sem dúvida foi uma poderosa motivação inicial.[133]

O crescente domínio técnico dos instrumentos latino-americanos estimulou um processo de distanciamento em relação aos seus contextos musicais de origem, isto é, "uma progressiva desfolclorização e desterritorialização de seus usos e comportamentos tradicionais".[134] Tal procedimento pode ser observado no tema instrumental "*Charagua*", composto por Jara e gravado em 1971 em seu *single Charagua / El aparecido* (DICAP) e no LP *Autores Chilenos* (DICAP), do Inti-Illimani. Na entrevista que nos concedeu, Max Berrú contou que assim que o conjunto regressou de sua viagem à Colômbia, apresentou o *tiple* a Víctor Jara, que decidiu incluí-lo na música incidental que lhe havia sido encomendada pela TV Nacional do Chile. Adaptando o instrumento colombiano à sonoridade andina de *quenas*, pandeiro e *bombo*, "*Charagua*" integra diferentes tradições musicais, contribuindo para cristalizar, massificar e tornar cotidiana a fusão latino-americana.[135]

---

132 *Ibidem*, p. 29.

133 ACEVEDO *et al*, *op. cit.*, p. 51.

134 *Ibidem*, p. 52.

135 *Ibidem*, p. 52.

A preocupação com o acompanhamento instrumental se explicita em outra música composta para a TV Nacional: "*La partida*", gravada em *El derecho de vivir en paz* (DICAP, 1971). De acordo com Orrego Salas, trata-se da transformação do motivo melódico do acompanhamento utilizado na canção "*Manifiesto*"[136] em um tema instrumental independente.[137] Dando continuidade à proposta de integrar instrumentos de distintas procedências, "*La partida*" reúne *charango*, *tiple*, baixo acústico, *quena*, bongô e *pandereta*. O colorido da música é dado principalmente pelas frequentes variações dinâmicas e pela versatilidade instrumental. No primeiro caso, são empregadas mudanças de intensidade na interpretação a fim de contribuir com o contorno harmônico e melódico, conforme podemos perceber na introdução feita pelo *charango*. Os demais instrumentos vão sendo incorporados progressivamente – ocasionando um constante *crescendo* – e desempenham funções distintas no decorrer da música, como na parte que prepara a entrada da *quena* (que substitui o *tiple* na melodia), na qual os instrumentos acompanhantes passam a ser utilizados de forma percussiva (intervalo de 2'04'' a 2'38'').

Mas as inovações estéticas observadas no repertório de Jara não se reduziram ao âmbito instrumental. Estabelecendo diálogos entre música e teatro, o artista "levou o conceito de vanguarda à música popular, experimentando com a linguagem, aplicando estratégias de criação coletiva e enlaçando a música com o drama e a dança".[138] Embora possamos encontrar elementos teatrais já em seus primeiros LPs – como ocorre em "*El carretero*"[139] (*Víctor Jara*, 1966), que alterna canto em terceira pessoa e recitativo em primeira pessoa, estabelecendo dois planos diferentes e complementares –, é em *La población* (1972) que a fusão das duas expressões artísticas atinge seu ponto culminante.

---

136 Composta por Jara em 1972, "*Manifiesto*" foi gravada, mas não chegou a ser lançada em disco no período estudado. Em 1974, a gravação original foi incluída no LP *Manifiesto*, uma coletânea de canções editadas pelo selo inglês Logo Records.

137 ORREGO SALAS, *op. cit.*, p. 7.

138 GONZÁLEZ *et al*, *op. cit.*, p. 377-378.

139 Ver ACEVEDO *et al*, *op. cit.*, p. 35.

Tendo como tema central o processo de formação da *población* santiaguina Herminda de la Victoria, esse disco conceitual é resultado de um exaustivo trabalho de campo, conforme descreveu Sílvia Simões:

> Jara percorreu diversas *poblaciones* [...] gravando testemunhos e observando a organização social das pessoas que aí habitavam. Em *Herminda de la Victoria* gravou uma série de depoimentos do grupo de *pobladores* original que vivenciaram o drama de planejar e executar a *toma* [ocupação] da terra, assim como sons ambientais (vozes de mulheres, risos, conversas, uma poesia declamada por um menino, ruídos de animais, rádios transmitindo músicas) que foram utilizados no disco.[140]

Assim, a canção que abre o álbum, "*Lo único que tengo*", é precedida por um canto de galo; "*Luchín*" (faixa 3) inclui latidos de cachorro e a voz de uma criança recitando um poema; "*La toma*", "*Herminda de la Victoria*" e "*Marcha de los pobladores*" se iniciam com relatos de *pobladoras*. Outros recursos teatrais empregados nas canções são sons de estúdio imitando ventania e trovão ("*En el río Mapocho*"); coros aumentando a dramaticidade das letras ("*En el río Mapocho*", "*La toma*", "*Herminda de la Victoria*"); diálogos entre personagens ("*La toma*", "*La carpa de las coliguillas*", "*Sacando pecho y brazo*"); e letras com caráter descritivo, que contribuem para ambientar o ouvinte ("*Luchín*", "*La toma*").

Observa-se que os diferentes elementos cênicos, poéticos e instrumentais aparecem fortemente articulados no disco, complementando-se para reiterar determinadas ideias. Essa "concepção global da obra"[141] pode ser percebida, por exemplo, em "*Luchín*", baseada na história de um menino encontrado em meio aos escombros da casa em que vivia, localizada em uma *población* inundada pelo rio Mapocho durante

140 SIMÕES, *op. cit.*, p. 154, grifo no original.

141 Ver ACEVEDO *et al*, *op. cit.*, p. 49.

um temporal. A letra da canção descreve as condições de vida da criança, remetendo ao cenário miserável que a cercava:

> *Frágil como un volantín / en los techos de Barrancas / jugaba el niño Luchín / con sus manitos moradas / con la pelota de trapo / con el gato y con el perro / el caballo lo miraba. / En el agua de sus ojos / se bañaba el verde claro / gateaba a su corta edad / con el potito embarrado / [...] Si hay niños como Luchín / que comen tierra y gusanos / abramos todas las jaulas / pa' que vuelen como pájaros.*

Interpretada com voz e violão no estilo do *canto a lo humano*, a canção possui uma melodia simples e triste que, somada ao canto suave e à voz de criança que recita uma poesia, remete ao universo infantil.

A unidade alcançada por Jara nas faixas que compõem o LP foi possibilitada pelo trabalho conjunto com outros artistas: o dramaturgo Alejandro Sieviking foi coautor das letras; a atriz Bélgica Castro participou de alguns diálogos integrantes das canções; Isabel Parra e o conjunto Cantamaranto agregaram vozes femininas ao canto; os grupos masculinos Inti-Illimani e Huamarí atuaram na interpretação vocal e instrumental (incluindo alguns diálogos); o músico Pedro Yáñez realizou acompanhamentos de violão; e Franz Benko colaborou na engenharia de som.

Vejamos agora outra face das parcerias estabelecidas no período considerado que contribuiu para diversificar o repertório da NCCh: a aproximação entre músicos populares e músicos eruditos. Como ressaltou a musicista Pilar Peña em sua dissertação, o processo de politização ocorrido na sociedade chilena entre os anos 1960 e 1973 repercutiu nos diferentes espaços de produção musical, tornando-os transversais. Assim,

> os limites do "erudito" e do "popular" tendem, seja no discurso ou bem na prática desses músicos, a desvanecer (devido a que a conjuntura política e social faz que músicos de ambos campos trabalhem em

> conjunto, produzindo-se um fluido intercâmbio entre ambos ofícios musicais).[142]

Dois movimentos confluíram nessa busca por integração: por um lado, o impulso "ilustrado" da NCCh levou os músicos populares a aproximarem-se da tradição erudita, visando vencer as limitações técnicas que dificultavam o desenvolvimento de um pensamento musical mais completo e coerente;[143] por outro, alguns músicos acadêmicos passaram a questionar seus espaços tradicionais de atuação, postulando a necessidade de romper com o paradigma da "arte pela arte" de modo a colocar os frutos de sua criatividade a serviço de um discurso político de alcance massivo.[144]

Tendo como antecedente o trabalho desenvolvido pelo comunista Roberto Falabella (1926-1958) – "o primeiro compositor a posicionar-se explicitamente de maneira política e militante"[145] –, um grupo de compositores chilenos dos anos 1960 buscou dotar sua música de elementos que a vinculassem de maneira mais direta com a sociedade.[146] Num primeiro momento, o trabalho com temas políticos produziu obras orquestrais que, embora incorporassem recursos da música popular, foram concebidas para a interpretação de músicos de conservatório. É o caso de *América Insurrecta* (1962), de Fernando García e Pablo Neruda, dedicada ao PCCh; *Memento* (1966), de León Schidlowsky e Javier Heraurd, dedicada à memória do sacerdote Camilo Torres; *Responso para José Miguel Carrera* (1967), de Gustavo Becerra; e *Responso para un guerrillero* (1968), de Eduardo Maturana.[147]

---

142 PEÑA QUERALT, Pilar. *La revolución ilustrada de la música chilena 1960-1973: una aproximación al problema del arte*. Dissertação (Mestrado em Artes, menção em Musicologia) – Facultad de Artes, Universidad de Chile, Santiago, 2010, p. 2.

143 GONZÁLEZ, "Música popular chilena de raíz...", p. 15.

144 PEÑA QUERALT, *op. cit.*, p. 2.

145 *Ibidem*, p. 51.

146 GONZÁLEZ, "Tradición, identidad y vanguardia...", p. 200-201.

147 *Ibidem*, p. 201.

A partir de fins da década, três compositores daquela geração iniciaram uma frutífera colaboração com músicos populares: Sergio Ortega, Luis Advis e Gustavo Becerra. Esse trabalho se desenvolveu em diferentes frentes, abarcando a composição de temas de caráter popular (como vimos nas canções contingentes resultantes da parceria Ortega-Quilapayún); assistência na elaboração de arranjos musicais; e criação de obras híbridas, mesclando elementos populares e eruditos.

No caso dos arranjos, podemos citar as participações de Sergio Ortega no LP *Víctor Jara* (1967) e de Luis Advis em *Autores Chilenos* (Inti-Illimani, 1971). Este último disco constitui uma representação da "tradição" da música nacional que teria sido iniciada por Violeta Parra e continuada pelos músicos da NCCh. Das 10 faixas que o integram, 6 são de autoria de Violeta. Destas, 4 haviam sido gravadas por ela nos anos finais de sua vida ("*Run Run se fue p'al norte*", "*Rin del angelito*", "*Volver a los 17*", "*Corazón maldito*") e 2 foram musicalizadas e difundidas postumamente por Isabel Parra ("*Lo que más quiero*") e Patricio Manns ("*La exiliada del Sur*"). A seleção operada por Advis e o Inti-Illimani tem como base o tratamento artístico do folclore e sua proposta integradora (fusão de gêneros), ou seja, a parte da produção de Violeta recuperada no disco visa conectá-la diretamente com os demais músicos ali representados, todos eles ligados à NCCh: Víctor Jara, Sergio Ortega, Isabel Parra, Patricio Manns, Luis Advis e, em especial, Inti-Illimani.

Como destacou Juan Pablo González, a tendência a mover o folclore do papel funcional para o artístico, já observada em canções de Violeta, constituiu o eixo da proposta musical do conjunto.[148] Intencionando "produzir uma abstração artística do folclore, criando uma ativa relação entre folclore e arte",[149] seus integrantes incorporaram distintos recursos da música erudita, conforme podemos observar em *Autores chilenos*. Na versão ali incluída de "*Run Run se fue p'al norte*", a letra foi alterada de modo a destacar as longas passagens instrumentais, inexistentes na

148 GONZÁLEZ, Juan Pablo. "Inti-Illimani and the artistic treatment of folklore". *Latin American Music Review*. Austin, vol. 10, n. 2, 1989, p. 269.

149 *Ibidem*, p. 271.

canção original. Enquanto esta apresenta andamento rápido e é interpretada por Violeta apenas com voz e *charango*, Advis introduz outras vozes e um quarteto de violão, *tiple*, *quena* e *bombo* – instrumentos que vão sendo acrescentados no decorrer da música, variando seu andamento (que começa lento, vai sendo acelerado até o clímax e depois volta a ser lento). Outro recurso empregado pelo compositor nessa música é o contraponto (entre duas *quenas* e entre *quena* e violão) – também presente nas faixas "*Tatatí*", "*Rin del angelito*", "*Lo que más quiero*" e "*Volver a los 17*".

Para Horacio Salinas, o trabalho com Luis Advis foi fundamental no desenvolvimento do Inti-Illimani:

> Sim, Advis foi bem decisivo, nos deu um reconhecimento muito grande, nos deu uma grande confiança em nosso trabalho. A mim causou uma impressão muito forte, foi a janela que me deu entrada na música séria. [...] Advis nos introduziu ao contraponto e nos entregou uma concepção harmônica que se converteu em característica do nosso estilo. Com ele começamos essa união da música popular latino-americana com a técnica musical de conservatório.[150]

Esse diálogo entre as duas tradições musicais possibilitou o desenvolvimento de novos projetos de caráter híbrido. A ideia de compor obras de dimensões maiores estava em voga desde meados dos anos 1960 no âmbito da música popular chilena, especialmente após o sucesso de público alcançado por comédias musicais como *La Princesa Panchita*, de Jaime Silva e Luis Advis (1958); *Esta señorita Trini*, de Luis Alberto Heiremans e Carmen Barros (1958); e *La Pérgla de las Flores*, de Isidora Aguirre e Francisco Flores del Campo (1960).[151] Junto a estas, destacam-se outras duas

150 Entrevista a CIFUENTES SEVES, *op. cit.*, s.n.p.

151 Criadas por dramaturgos e compositores de conservatório, as comédias musicais do período tinham como objetivo atingir um público amplo através de uma linguagem simples. Seus temas eram situações dramáticas ligeiras, com desenlaces geralmente harmoniosos e moralistas. Ver GONZALEZ *et al*, *op. cit.*, p. 272-283.

formas de música para teatro, com *La remolienda*, de Alejandro Sieviking e Víctor Jara, e a já citada *Fulgor y muerte de Joaquín Murieta*, de Pablo Neruda e Sergio Ortega.[152]

Estimulados por tais experiências e influenciados por tendências desenvolvidas no exterior, alguns músicos populares se dedicaram a elaborar obras conceituais, em formato de missas (*Misa a la chilena*, de Vicente Bianchi, 1965; *Misa chilena*, de Raúl de Ramón; *Oratorio para el pueblo*, de Ángel Parra, 1965) e LPs temáticos (*Una imagen de Chile*, de Los de Ramón, 1965; *¡Al "7º de línea"!*, de Los Cuatro Cuartos, 1966; *El sueño americano*, de Patricio Manns, 1967).[153]

Em 1970, Luis Advis compôs *Santa María de Iquique*, inaugurando o gênero que ele mesmo batizou como "cantata popular". Pautando-se no modelo clássico da cantata barroca cultivada na Itália em fins do século XVII – cuja estrutura se baseia em árias, recitativos, coros e duos com acompanhamento instrumental –, o compositor promoveu alterações temáticas, estilísticas, instrumentais e narrativas visando adaptá-lo ao público da música popular. Conforme suas próprias palavras, as mudanças processadas foram as seguintes:

> ASPECTOS TEMÁTICO-LITERÁRIOS: O motivo religioso tradicional foi substituído por outro de ordem social e realista.
>
> ASPECTOS ESTILÍSTICO-MUSICAIS: Sem deixar de lado a tradição europeia, a ela foram amalgamados giros melódicos, modulações harmônicas e núcleos rítmicos de raiz americana ou hispano-americana.
>
> ASPECTOS INSTRUMENTAIS: Da Orquestra usual, só foi conservado o Baixo (Cello e Contrabaixo), a modo de apoio, agregando-se a ele dois Violões, duas Quenas, um Charango e um Bombo.

---

152 *Ibidem*, p. 272-273.

153 Sobre essa produção, ver *ibidem*, p. 283-294 (discos conceituais) e p. 294-302 (missas populares).

> ASPECTOS NARRATIVOS: O Recitativo Clássico, cantado, foi substituído pelo Relato Falado. Este contém elementos rítmicos, métricos e rítmicos [sic] com o objetivo de não romper a totalidade sonora.[154]

De acordo com Orrego Salas, a unidade da obra foi alcançada por meio do uso de materiais temáticos recorrentes, modificados de acordo com os ditames do desenvolvimento dramático.[155]

Concebida para ser interpretada pelo Quilapayún, *Santa María de Iquique* foi composta em fins de 1969, mas os ensaios realizados entre março e maio de 1970 influenciaram diretamente em seu resultado final. Como os integrantes do conjunto praticamente não possuíam conhecimentos formais de música, foi necessário estabelecer um modo de trabalho que permitisse superar as dificuldades de comunicação entre o criador e os intérpretes. Para tanto – distanciando-se do processo composicional clássico, em que todas as partes da música e intervenções instrumentais são escritas em partitura –, a montagem da cantata popular integrou partes interpretadas de ouvido (correspondentes ao acompanhamento rítmico-harmônico dos dois violões e do *charango*) com partes escritas (constituídas pelo canto, as duas *quenas*, o violoncelo e o contrabaixo). As "partes sem escrever" foram baseadas em ritmos e toques instrumentais latino-americanos propostos pelos integrantes do Quilapayún a Luis Advis, mas realizadas sobre harmonias determinadas pelo compositor, que cantava aos intérpretes as partes vocais e das *quenas* para que memorizassem.[156] Instaurou-se, assim, um modo de trabalho entre músicos de conservatório e músicos populares que serviria de antecedente para a elaboração de obras posteriores.

A estreia da cantata popular teve lugar no *II Festival de la Nueva Canción Chilena*, em agosto de 1970, embora algumas semanas antes ela já tivesse

154 ADVIS, Luis. *Liner notes.* In: QUILAPAYÚN; DUVAUCHELLE, Hector. *Santa María de Iquique.* Jota Jota, 1970, contracapa.

155 ORREGO SALAS, *op. cit.*, p. 11.

156 CARRASCO, *op. cit.*, p. 151-152; GONZÁLEZ *et al*, *op. cit.*, p. 306.

sido gravada em disco pela Jota Jota. Nossa análise se baseou neste último registro, que é necessariamente distinto da apresentação pública, seja pelos diferentes recursos técnicos, seja pela ausência da *performance* ao vivo.

Tematizando a repressão violenta dispensada a trabalhadores grevistas reunidos na cidade de Iquique em 1907, a cantata popular se divide em nove partes: dois pregões[157] que abrem e fecham o relato; quatro canções cujos motivos são a vida do trabalhador salitreiro, a ilusão da viagem a Iquique, o medo das consequências da greve e o triste desfecho do episódio; um interlúdio[158] cantado, que versa sobre as esperanças e frustrações dos pampianos frente à solidariedade dos pobres e o desdém dos ricos; uma canção-ladainha,[159] súplica cujo ritmo e tonalidade adquirem a forma de um réquiem no qual se enfatiza o número de vítimas; e uma canção final, que busca chamar a atenção para os acontecimentos lamentáveis clamando por um futuro diferente. A composição inclui também cinco relatos em verso, sem música, que resumem brevemente os fatos desde a origem do conflito até seu desfecho.[160]

Entre as partes cantadas e recitadas, intercalam-se quatro interlúdios e um prelúdio instrumentais, de estilos e formas variadas, acompanhando a atmosfera dos distintos episódios narrados. O prelúdio introdutório anuncia motivos e climas expressivos de toda a obra, ao passo que os outros interlúdios instrumentais desenvolvem motivos das canções precedentes, como acontece na cantata barroca. Os autores de *Historia Social de la Música Popular en Chile, 1950-1970* destacam que "esses verdadeiros *comentários musicais*, em que imperam recursos contrapontísticos como imitações, contracantos e inversões de motivos,

157 O "pregão" possui origem popular e se vincula aos gritos e cantos de rua com que vendedores e trabalhadores ambulantes anunciavam suas mercadorias e serviços.

158 Breve composição instrumental – com ou sem canto – executada entre dois corais.

159 Série de louvor e súplicas ordenadas, repetidas e concordantes entre si, pelas quais se roga a Deus e à Virgem Maria.

160 AGUAYA CISTERNAS, Gonzalo; ALVEAL QUINTANA, Nery; OSTRIA GONZÁLEZ, Mauricio. "Santa María en la literatura: desde los versos populares hasta Rivera Letelier". *Revista Chilena de Literatura*. Santiago, n. 75, nov. 2009, p. 281. Disponível em: <http://www.revistas.uchile.cl/index.php/RCL/article/viewPDFInterstitial/1183/1045>. Acesso em: 15 jul. 2015.

põem manifestos os elementos folclóricos latentes nas canções da cantata, isolando-os, reiterando-os e variando-os",[161] e, assim, contribuindo para dar unidade à obra.

De fato, *Santa María de Iquique* foi concebida como totalidade: as dezenove faixas que compõem o LP – resultando em aproximadamente 37 minutos de gravação – estão integradas, dialogando intimamente entre si. Sem desconsiderar essa relação, propomos a análise de uma faixa do álbum, a fim de demonstrar que a composição de Advis se inspira na música folclórica latino-americana – em especial, a andina –, mas utiliza sistematicamente recursos da música erudita.

A penúltima canção do LP (faixa 16) é introduzida por elementos que remetem à forma de oração, que são o canto de baixa intensidade com melodia na mesma nota e o acompanhamento mínimo do violão, lembrando uma música à *capella*. A primeira parte faz referência à estrutura da música andina ao introduzir o *charango* e a *quena*, que sobressai, além de apresentar melodia e harmonia marcadamente tonais, simples e repetitivas e ritmo com predominância do compasso terciário.[162] Uma comparação com a canção folclórica "*Ojos azules*",[163] gravada pelo Inti-Illimani em 1976, explicita essa identificação. Nota-se nas duas canções a utilização da escala menor e do quinto grau menor ao invés do dominante, sendo que a harmonia segue um padrão de quatro compassos, no qual a tônica é adiantada, caindo no quarto compasso.

A segunda parte, constituída de voz e violão, caracteriza-se por um contraponto complexo e harmonia desfuncionalizada,[164] sem direção clara. A terceira e última parte, desenvolvida com voz e violão, baseia-se na melodia da primeira, harmonizada com os acordes da segunda.

---

161 GONZÁLEZ *et al*, *op. cit.*, p. 307.

162 A predominância do compasso terciário é bastante comum nos gêneros andinos.

163 A canção "*Ojos azules*", pertencente ao cancioneiro andino, foi gravada pelo Inti-Illimani no LP *Canto de pueblos Andinos vol. II*, lançado pelo selo italiano Dischi dello Zodíaco em 1976. A versão utilizada em nossa análise foi a reedição em CD *Canto de pueblos Andinos vol. II*, FONOMUSIC (Espanha), 1990, faixa 7.

164 O termo foi retirado de GONZÁLEZ *et al*, *op. cit.*, p. 308.

Seu contraponto complexo começa igual ao desta, mas adiciona vozes, caindo no coro à *capella* tipicamente barroco. Por outro lado, é interessante notar que tanto na terceira quanto na segunda partes, o violão faz rasgueios que citam os da música andina tradicional, explicitando o elemento folclórico.

Com o sucesso dessa primeira experiência, novas cantatas populares foram montadas no período estudado, reunindo compositores eruditos e conjuntos populares, destacando-se a *Cantata del Carbón* (1970), de Cirilo Vila e Isidora Aguirre (não estreada); *Vivir como él* (1971), de Luis Advis e Frank Fernández, interpretada pelo Quilapayún; *Canto para una semilla* (1972), de Luis Advis, interpretada por Inti-Illimani e Isabel Parra; e *La Fragua* (1972), de Sergio Ortega, interpretada pelo Quilapayún. Como veremos no próximo capítulo, essas obras privilegiaram o trabalho com temáticas sociais associadas a episódios históricos e contemporâneos.

O trabalho com músicos de conservatório também estimulou os integrantes dos conjuntos da NCCh a comporem, eles próprios, músicas mais elaboradas. Embora tal atividade tenha florescido principalmente no período de exílio – com as novas criações de Horacio Salinas e José Seves, do Inti-Illimani; e Eduardo Carrasco e Rodolfo Parada, do Quilapayún –, podemos localizar já nos discos produzidos pelos grupos entre 1971 e 1973 elementos pouco convencionais no âmbito da música popular. É o caso das acentuadas variações dinâmicas presentes em "*Alturas*", de Salinas (*Canto de pueblos andinos vol. I*, 1973); dos contrapontos utilizados em "*Tatatí*", do mesmo autor (*Autores chilenos,* 1971), e nas composições de Carrasco "*Tú*" e "*Voy e vuelvo*" (*Quilapayún 5*, 1972); e de elementos harmônicos que fogem à égide da música andina tradicional, demonstrando maior preocupação com o acompanhamento instrumental – o que pode ser observado tanto nas mencionadas criações de Salinas como nas faixas "*Ausencia*", "*Tú*", "*Voy y vuelvo*" e "*Vals*", todas integrantes do LP *Quilapayún 5*.

Ao indicarmos o aporte dos músicos de conservatório no desenvolvimento da NCCh, não pretendemos reiterar a hierarquização praticada em alguns trabalhos acadêmicos segundo a qual a "qualidade" do movimento reside justamente nessa aproximação com a música erudita.[165] Entendemos que tal diálogo enriqueceu a obra dos artistas estudados por oferecer-lhes novos recursos e estimular novos projetos musicais – o que não significa que os elementos incorporados, por si mesmos, fossem mais ou menos legítimos; tivessem maior ou menor qualidade. Como procuramos demonstrar no decorrer deste capítulo, o diálogo com tradições distintas – da canção contingente à cantata barroca; do folclore aos recursos de estúdio – foi uma marca da NCCh, de modo que a análise do movimento tem mais a ganhar examinando os cruzamentos produzidos no meio artístico em questão do que julgando-os a partir de critérios subjetivos. Reconhecer que o conceito ilustrado de "arte" esteve fortemente presente na proposta cultural dos músicos comprometidos com a esquerda chilena – conforme demonstrou Pilar Peña na dissertação intitulada *La revolución ilustrada de la música chilena, 1960-1973* – não deve implicar a utilização desse critério para analisar a totalidade de seu repertório.

Afinal, é na relação tensa entre práticas e representações que os produtos culturais adquirem significados, cabendo ao historiador tratar os discursos em sua descontinuidade e em sua discordância.[166] Tal perspectiva nos parece fundamental, uma vez que permite compreender as diferentes faces do movimento da NCCh de maneira integrada, recusando as simplificações que buscam estabelecer qual seria a "verdadeira" natureza do movimento – "folclórica", "artística" ou "política". Em sua ânsia por dotar a música popular de elementos que a vinculassem com a realidade presente, os músicos analisados lançaram mão de uma ampla gama de recursos técnicos e comunicativos, que tenderam a se renovar constantemente.

---

165 Pilar Peña critica essa abordagem que concebe de maneira hierárquica a participação de músicos de conservatório no movimento da NCCh, apontando para a necessidade de questionar o conceito ilustrado de "arte" antes de aplicá-lo aos estudos musicais. Ver PEÑA QUERALT, *op. cit.*, especialmente p. 104-115.

166 CHARTIER, *op. cit.*, p. 76-79.

Nesse sentido, a questão da forma e do conteúdo não parece ter constituído um dilema no interior do movimento.[167] Se é inegável que ocorreram disputas voltadas a legitimar tal ou qual interpretação sobre a "autêntica música revolucionária" – como atestam as críticas de diversos artistas às canções contingentes gravadas pelo Quilapayún –, a variedade de estilos e temas cultivados pelos músicos aponta para a busca permanente de novas possibilidades criativas. Em outras palavras: na prática, o projeto revolucionário atuou antes como estímulo à diversificação do repertório associado à NCCh do que como elemento limitador e homogeneizante. Assim, o discurso compartilhado por diferentes músicos sobre a função social da arte num contexto marcado por grandes expectativas de mudança se traduziu em propostas que, embora apresentassem elementos comuns, não seguiram um mesmo padrão.

Como pudemos observar, o impacto ocasionado pela chegada da UP ao poder não implicou necessariamente em uma maior politização dos repertórios, mas antes na ressignificação do engajamento dos artistas. Se no caso do Quilapayún a contingência política nacional passou a ocupar um espaço mais significativo entre 1970 e 1973, não se pode falar em uma ruptura em relação à sua produção anterior – cuja marca principal era a militância – e nem reduzir os discos lançados naquele período ao projeto político da *via chilena ao socialismo*, conforme atestam as faixas instrumentais e os temas amorosos predominantes em *Quilapayún 5*. Essas constatações se aplicam igualmente aos casos de Víctor Jara e, de modo mais evidente, Inti-Illimani. Embora o apoio ao governo instaurado esteja presente em diversas canções compostas por Jara e no LP *Canto al programa*, lançado pelo conjunto, as principais mudanças observadas

167 Essa constatação se aproxima daquela realizada por Tânia Garcia em relação ao *Nuevo Cancionero*. De acordo com a autora, diferentemente do Centro Popular de Cultura da UNE (Brasil), o movimento argentino não concebeu hierarquias entre forma e conteúdo, embora reivindicasse uma revolução estética que fosse também político-ideológica. ("O nacional-popular e a militância de esquerda no Brasil e na Argentina nos anos 1960: uma análise comparativa do Manifesto do Centro Popular de Cultura e do Manifiesto del Nuevo Cancionero". In: EGG, André; FREITAS, Artur; KAMINSKI, Rosane (orgs). *Arte e política no Brasil: modernidades*. São Paulo: Perspectiva, 2014).

em seus respectivos repertórios a partir de 1970 dizem respeito antes a elementos estéticos do que temáticos.

Daí a impossibilidade de confinar o movimento na noção de "arte instrumentalizada politicamente", colocando o fator ideológico acima de qualquer outro elemento presente nos discos e tomando-o como critério explicativo básico. Pois, como lembra o historiador Jacques Revel, "os atores sociais do passado viviam, como é nosso caso, simultaneamente em vários mundos de significação e de ações",[168] de maneira que seus discursos e práticas são irredutíveis a um ou outro desses mundos.

A seguir, enfocaremos os fundamentos ideológicos que alimentaram a perspectiva revolucionária presente no repertório da NCCh. Analisando a relação estabelecida nos discos entre a ressignificação de referenciais simbólicos associados ao passado e o projeto político da UP, defenderemos a hipótese de que os músicos estudados buscaram inserir o contexto político-cultural chileno de fins dos anos 1960 e início dos 70 em determinada tradição, apontando para um suposto sentido da história, a fim de legitimar a *via chilena* como caminho para o triunfo do socialismo. Para tanto, examinaremos a maneira pela qual diferentes identidades (nacional, latino-americana e terceiro-mundista) e temporalidades (passado, presente e futuro) aparecem articuladas nesse repertório a partir do "popular" – tomado pelos músicos como referencial estético (arte popular) e ideológico (revolução socialista).

168 REVEL, Jacques. *Proposições: Ensaios de História e Historiografia.* Rio de Janeiro: Ed. UERJ, 2009, p. 136.

III

FUNDAMENTOS DA PERSPECTIVA REVOLUCIONÁRIA E A CONSTRUÇÃO MUSICAL DE UM DEVIR HISTÓRICO PARA O "POVO"

AS IDENTIDADES ENVOLVIDAS NA REIVINDICAÇÃO DO PROTAGONISMO HISTÓRICO DOS "EXCLUÍDOS"

A busca pelo nacional

Em seu livro autobiográfico *Quilapayún: la revolución y las estrellas*, Eduardo Carrasco recordou o "extremamente problemático que era para nós sermos chilenos", concluindo que "Na verdade não sabíamos o que éramos, e creio que esta sensação compartilhamos com toda nossa geração".[1] De acordo com Carrasco, a formação e o desenvolvimento do conjunto tiveram como problemática central a questão identitária: "Quem éramos nós afinal?, em que tradições podíamos verdadeiramente reconhecer-nos?, qual era finalmente nossa música? [...] Como se conciliam todas as nossas pertenças?".[2]

Recusando a representação da chilenidade difundida pela Música Típica por considerá-la demasiado parcial e artificial, os músicos debatiam "sobre o que devíamos ou não considerar como 'nacional'" num momento em que "este imperativo de autenticidade estava no

---

1 CARRASCO, *op. cit.*, p. 22.

2 *Ibidem*, p. 22-23.

coração de muitos, e em especial, de todos aqueles que estavam tentando criar um verdadeiro movimento da música nacional".[3] Segundo Carrasco, os artistas comprometidos com o projeto revolucionário decidiram-se pela aproximação com a cultura popular, encarada como depósito da "verdadeira" identidade chilena:

> De fato, como artistas, nós somente podíamos colocar nossas esperanças de desenvolvimento nas forças populares, únicas verdadeiramente sensíveis ao problema da cultura nacional. [...] Para realizar um projeto cultural nacionalista e libertário, nem as instituições oficiais, nem as universidades tal como então existiam, ainda menos os circuitos comerciais ou profissionais, tinham algo para oferecer-nos.[4]

Como assinalou Tânia Garcia recuperando o argumento do economista mexicano Jorge Castañeda, as esquerdas latino-americanas tradicionalmente pautaram seu discurso de luta no nacional, alegando que enquanto a elite local estrangeirizada se mantivesse no poder, a "verdadeira nação" – representada pelos setores marginalizados (pobres, indígenas, negros, camponeses) – estaria impedida de configurar-se. Mantendo essa concepção, os movimentos artísticos dos anos 1960 que levantaram a bandeira da revolução tinham como meta "devolver a nação ao povo", reivindicando para si a exclusividade de representação de uma nova cultura nacional-popular. Em última instância, o objetivo desse projeto seria revelar as clivagens sociais ocultadas pela ordem dominante e, a partir daí, permitir a materialização de uma nova hegemonia.[5]

---

3 *Ibidem*, p. 23-24.

4 *Ibidem*, p. 44-45.

5 Ver GARCIA, "O nacional-popular e a militância...". Concordamos com o argumento da autora a respeito da viabilidade e do interesse em utilizar os conceitos gramscianos de "nacional-popular" e "hegemonia" no estudo dos movimentos musicais engajados desenvolvidos na América Latina nos anos 1960.

No repertório analisado, a busca pelo nacional-popular se expressou de diversas formas, destacando-se a incorporação de gêneros folclóricos chilenos, a abordagem do universo dos sujeitos populares e o trabalho com temáticas vinculadas ao contexto nacional. Estes referenciais estão presentes não somente nas canções, mas também na arte gráfica utilizada nos discos.

É o caso de *Autores chilenos*, lançado pelo Inti-Illimani em 1971 (DICAP), o qual traz na capa a figura de uma araucária (Imagem 12, p. 293), que foi descrita por Antonio Larrea como "símbolo dos valores nacionais"[6] por remeter à expressão indígena (região da Araucanía). Na contracapa (Imagem 13, p. 293), encontramos a reprodução do mapa "*Tabula geographica regni Chile*",[7] produzido pelo jesuíta Alonso de Ovalle no século XVII e apontado pela bibliografia como a primeira representação cartográfica que expressa a consciência do Chile enquanto territorialidade específica. Reunindo representações de rios, animais e povos encontrados na então colônia espanhola, o mapa enfatiza a região da Terra do Fogo, localizada no extremo sul. Entendemos que a intenção dos artistas ao incluir essa imagem no LP foi explicitar o elemento identitário, associado à paisagem e aos indígenas.

Musicalmente, a descrição do Chile tem continuidade nas duas primeiras canções do lado A – composições de Violeta Parra que narram viagens pelo norte ("*Run Run se fue p'al Norte*") e pelo sul ("*La exiliada del Sur*") do país. Se no primeiro caso as já comentadas alterações feitas por Luis Advis na letra[8] omitem as passagens que fazem menção ao trajeto do personagem tematizado, em "*La exiliada del Sur*"[9] podemos encontrar referências a diversas cidades chilenas:

---

6 LARREA, *op. cit.*, p. 154.

7 O mapa original se encontra digitalizado e pode ser acessado através do *link* http://www.memoriachilena.cl/temas/documento_detalle.asp?id=MC0000066. Acesso em: 15 jul. 2015.

8 Como vimos no capítulo 2, Advis manteve apenas parte da letra composta por Violeta Parra, realizando uma versão quase instrumental da canção.

9 Trata-se da versão realizada por Advis da canção "*El exiliado del Sur*" (*Patricio Manns*, Philips, 1971), composta por Patricio Manns a partir de um fragmento do já citado livro *Décimas. Autobiografía en versos chilenos*, que reúne textos autobiográficos de Violeta Parra.

> *Un ojo dejé en Los Lagos / por un descuido casual, / el otro quedó en Parral / [...] / Mi brazo derecho en Buin / quedó, señores oyentes, / el otro por San Vicente / quedó no sé con qué fin; / mi pecho en Curacautín / lo veo en un jardincillo, / mis manos en Maitencillo / saludan en Pelequén, / mi blusa en Perquilauquén / recoge unos pececillos. / Se m'enredó en San Rosendo / un pie el cruzar una esquina, / el otro en la Quiriquina / se me hunde mares adentro, / mi corazón descontento / latió con pena en Temuco / y me ha llorado en Calbuco, / de frío por una escarcha, / voy y enderezo mi marcha / a la cuesta 'e Chacabuco. / Mis nervios dejo en Granero, / la sangr'en San Sebastián, / y en la ciudad de Chillán / la calma me bajó a cero, / mi riñonada en Cabrero / destruye una caminata / y en una calle de Itata / se me rompió el estrumento, / y endilgo pa' Nacimiento / una mañana de plata. / Desembarcando en Riñihue / se vio a la Violeta Parra. / [...]*

Aqui Violeta é homenageada como personagem "autenticamente" chilena, capaz de confundir-se com a paisagem do país que ela se dedicou a explorar em suas diversas pesquisas de campo. As outras músicas de sua autoria incluídas no LP abarcam gêneros musicais nacionais que foram resgatados e/ou difundidos pela artista, como o *rin* ("*Rin del angelito*") e a *sirilla* ("*Volver a los 17*").

Tomando as composições de Violeta como legado aos músicos da NCCh, *Autores chilenos* enfatiza a parte de seu repertório em que o "nacional" e o "latino-americano" se encontram em estreito diálogo, por meio de fusões instrumentais. Pode-se dizer que o disco tem como marca a ênfase no pertencimento do Chile ao continente latino-americano. Desse modo, a valorização de compositores nacionais se dá de maneira a circunscrever as temáticas e formas musicais utilizadas num quadro mais amplo, o que se expressa tanto nas letras das canções "*Ya parte el galgo terrible*" e "*El aparecido*" quanto na instrumentação presente nas diferentes faixas, predominando o trio andino (*quena*, *bombo* e *charango*) e o *tiple* colombiano.

Em sentido oposto, Víctor Jara reuniu no disco *Canto por travesura* um repertório voltado a ressaltar as especificidades nacionais no quadro latino-americano. De acordo com uma entrevista concedida a Ricardo García e publicada na revista *Ramona* em 1973,

> A ideia de fazer o disco me sugeriu um amigo, que me disse: "Olhe, e quando vai gravar essas canções alegres, divertidas, que tem escutado por aí?" Pensei que tinha razão, que os chilenos somos alegres, desbocados, com muito senso de humor... Por outro lado, neste vaivém da canção comprometida, nesta discussão diária que há sobre ela, me pareceu que se estava dando importância a uns materiais que não nos correspondem; uma insistência em incluir dentro de nós uns ritmos forâneos que embora sejam do patrimônio cultural latino-americano, não podemos deixar de considerar como de fora. Me pareceu conveniente fazer um disco com esse material tão chileno, tão nosso... Além disso, creio necessário lembrar que nem todo o chileno é quena, charango e bombo...[10]

Aqui é perceptível a crítica aos ritmos massivos (*cumbia*, *guajira*) empregados pelo Quilapayún em suas canções contingentes. Para responder ao que considerava uma politização excessiva da música popular, Jara recorreu ao argumento de que haveria diversos gêneros "autenticamente" nacionais a serem explorados pelos artistas comprometidos com a cultura popular. Nas *liner notes* do LP, a reivindicação da chilenidade adquire um caráter estereotipado:

> O cantor sempre cantou ao divino / ao humano e por travessura. / O homem de nosso povo / come pimenta cacho de cabra e / toma ponche de culén / por isso seus cantos saem temperados. / Isso é um pouquinho nada

10 O texto foi reproduzido na edição em CD de *Canto por travesura* produzida pela Warner Music Chile em 2001.

> mais / de todas as travessuras do chileno / e de todo seu saber popular.[11]

Como percebeu o historiador Martín Bowen Silva, *Canto por travesura*

> consegue politizar aquilo que aparece como inocente, mas já não no sentido da denúncia da inocência cúmplice da dominação burguesa, senão no do resgate de uma forma de conceber o sentido da vida cujo potencial era [...] necessário para a sobrevivência de um projeto destinado a restituir a fala ao povo.[12]

No disco *La Fragua*, versão gravada da cantata popular composta por Sergio Ortega e interpretada pelo Quilapayún com acompanhamento orquestral, esse projeto de uma nacionalidade pautada no popular tem suas dimensões ampliadas: "*Hablemos de ti e de mí, / de pueblo a pueblo. / Nuestra historia ha corrido / como el metal de Chuqui / en manos extranjeras. / Hagámosla nuestra / digámosla nosotros*" ("*Recitado 1*"). Dedicada à comemoração do cinquentenário do PCCh (1972), a obra discorre sobre a gestação, o desenvolvimento e o legado das lutas trabalhistas levadas a cabo no país, selecionando e interpretando episódios de modo a identificar os trabalhadores como motor da história nacional.

Observa-se em diversas passagens da obra a exaltação da "chilenidade" dos grupos que, em diversos momentos, teriam se rebelado contra a exploração imposta por representantes dos interesses estrangeiros – da Guerra de Arauco às manifestações dos trabalhadores do salitre e do carvão, incluindo também os conflitos agrários. Exploraremos esses encadeamentos mais adiante; por ora interessa ressaltar que a ideia que percorre *La Fragua* é a identificação da "pátria" com as lutas trabalhistas,

---

11 JARA, Víctor. *Canto por travesura.* DICAP, 1973, contracapa.

12 BOWEN SILVA, Martín. "Construyendo nuevas patrias. El proyecto sociocultural de la izquierda chilena durante la Unidad Popular". In: BOWEN SILVA *et al. Seminario Simon Collier 2006*. Santiago: Instituto de Historia de la Pontifícia Universidad Catolica de Chile, 2006, p. 31.

simbolizada pela imagem ambígua da bandeira: "*La llamada de la patria llega, / compañera, tenemos que pelear. / Camaradas tomemos la bandera, / por lo nuestro a luchar, a luchar, a luchar*" ("*Canción 4*"). Desse modo, diferentemente do que ocorre em *Canto por travesura*, aqui a identidade nacional aparece associada especificamente aos trabalhadores insurretos, tomados como representantes da vontade coletiva.

Não obstante as diferenças de ênfase observadas nos três discos analisados – ora privilegiando expressões culturais, ora políticas –, verifica-se que todos eles se lançaram à busca do "povo chileno", assinalando o comprometimento das artes com o projeto da esquerda. Elegendo determinados setores marginalizados (indígenas, camponeses, operários) como portadores da "essência popular", os artistas da NCCh procuraram reatualizar as representações da identidade nacional, num discurso voltado a mobilizar a sociedade para a necessidade de mudança.[13]

Observando os anos de produção dos LPs, podemos perceber que o interesse pelo nacional ganhou força com a chegada da UP ao poder. Entre 1970 e 1973, o ideal patriótico – deslocado de suas referências originais de modo a questionar a ordem imperante – passou a ser exaltado em diversas canções, como "*Cueca de las fuerzas armadas y carabineros*" e "*Venceremos*", integrantes do LP *Canto al programa* (Inti-Illimani, 1970); "*Marcha de los pobladores*", faixa final de *La población* (Víctor Jara, 1972); e "*Cueca de la libertad*", composição de Cirilo Vila gravada em *Quilapayún 5* (1972). Esta última identifica o governo instaurado com o resgate da pátria e convida o povo a participar do processo de mudanças em curso, a fim de consolidar a soberania nacional:

> *La vida, tanto me gusta el paisaje de mi tierra / que no quiero estar en ella como si extranjero fuera / y quiero mar y montaña hablando mi propia lengua / y a nadie pedir permiso pa' construir la patria nueva. / [...] / La libertad ha llegado, / conquista del pueblo ha sido / en el corazón chileno su llama ya se ha encendido. / Y siempre aquí quedará, la*

13 GARCIA, "O nacional-popular e a militância...".

> *patria está decidida / con unidad y trabajo no habrá fuerza que lo impida. / Y esta sí que es libertad / con la patria rescatada / con la justicia en la frente / nuestra tierra liberada. / El pueblo y su dignidad / conquista su libertad.*

Como procuramos demonstrar neste item, o nacional foi uma referência marcante no repertório analisado. Mas o sentimento de pertença evocado pelos músicos não esteve restrito a este âmbito, conforme podemos observar nas canções que, posicionando-se frente a processos internacionais, reivindicam as identidades latino-americana e terceiro-mundista – aproximando o "povo" chileno dos demais povos "que buscam se liberar do imperialismo" para garantir "a consecução de sua autêntica realização histórica".[14]

A proposta de unidade latino-americana

Em seu livro *Cantores que reflexionan*, o escritor e ex-integrante da NCCh Osvaldo Rodríguez destacou que "o que se levantava naqueles anos no Chile não era um problema acerca da música chilena senão da música latino-americana como expressão comum".[15] O argumento segundo o qual haveria uma identidade cultural que conectaria as diferentes expressões musicais dos países do continente foi desenvolvido pelo compositor Gustavo Becerra em uma entrevista publicada na revista *Araucaria de Chile* em 1978. Becerra propõe a definição da música chilena como "a música que fazem os chilenos", recusando a concepção de que ela possuiria elementos exclusivos ou fosse fruto de uma tradição musical claramente diferenciada de qualquer outra. Por sua vez, a música latino-americana seria aquela que se refere a questões latino-americanas, incidindo na realidade da região de modo a desempenhar "uma função no processo histórico-cultural latino-americano".[16]

14 QUILAPAYÚN, *Basta*, DICAP, 1969, capa interna.

15 RODRÍGUEZ MUSSO, *Cantores que reflexionan...*, p. 51.

16 BECERRA, Gustavo *apud* BOCAZ, Luis. "Música chilena e identidad cultural. Entrevista a Gustavo Becerra". *Araucaria de Chile*. Madri, n. 2, abr.-jun. 1978, p. 97.

O músico defende que as "nossas" fronteiras culturais não coincidiriam com as fronteiras geográficas. Por exemplo: a cordilheira dos Andes não deveria ser encarada como elemento separador, mas antes como fator de união; um cordão umbilical ou uma coluna vertebral da identidade cultural latino-americana.[17] Tal perspectiva permitiria explicar "por que em nossa música popular se ouvem quenas, pincullos, tambores ligeros, por que em nosso folclore temos que falar de folclore boliviano, argentino ou peruano". Afirmando a existência de uma unidade anterior ao descobrimento, o músico aponta para a necessidade de "recuperar o que verdadeiramente somos, a América tal como foi e a variedade tal como deve ser e não de acordo com preconceitos inventados na Espanha há séculos".[18]

Essa mesma ideia está presente no LP *El sueño americano* (Arena, 1967), cujas canções foram compostas em 1965 por Patricio Manns e gravadas em disco no ano seguinte, com acompanhamento do conjunto Voces Andinas. Segundo Manns, a empresa RCA Victor levou cerca de um ano e meio para prensar o disco – impondo diversas alterações em relação ao projeto inicial –, de modo que este só foi lançado em 1967.[19] Ainda de acordo com o músico, a ideia de compor uma obra centrada na unidade latino-americana lhe ocorreu após ler uma notícia sobre o desembarque de tropas norte-americanas em Santo Domingo, visando conter a ala constitucionalista da guerra civil dominicana, que contava com o apoio das forças de esquerda. A fim de denunciar a atitude "imperialista" das potências econômicas sobre os países latino-americanos e reivindicar unidade nas lutas voltadas a combatê-lo, Manns se inspirou no livro *Canto general* (1950) de Pablo Neruda para compor uma série de 12 canções articuladas.

El sueño americano pode ser dividido em três partes: a primeira enfoca o domínio espanhol no período colonial; a segunda traz à tona o "novo" imperialismo que assolaria os países após as Independências; e a última constitui um chamado a libertar o continente da exploração estrangeira. Na primeira parte, narram-se as transformações ocorridas na vida dos indígenas com a

17 RODRÍGUEZ MUSSO, *Cantores que reflexionan...*, p. 52.

18 BECERRA *apud* BOCAZ, *op. cit.*, p. 98.

19 *Apud* RODRÍGUEZ MUSSO, *Cantores que reflexionan...*, p. 103.

chegada dos colonizadores: "*Las manos que se empuñaban / cortaron, / los tristes ojos oscuros / cegaron, / los pies ligeros que huían / quebraron / y el puro pecho aborigen / mancharon. / [...] / a la mina mis hermanos / lanzaron*" ("*La traición del mar*"). A imposição do trabalho escravo aos nativos é apontada como fator que atravessa a região: "*desde México hasta Arauco / hay un camino de muertos. / Mira mis manos, con ellas / arañé el oro sangriento: / son manos americanas, / garras teñidas de duelo*" ("*Canto esclavo*"). Assim, "*la paz del indio en su tierra*" seria confiscada em nome da ganância dos estrangeiros.

Em seguida, são abordadas as rebeliões ocorridas no período colonial e a participação dos trabalhadores nos movimentos de Independência, deixando de lado os nomes dos generais que tomaram a liderança do processo. Movidos pelo desejo de "*que sean nuestros la tierra, / y el aire del continente*" ("*Alta lanza*"), esses combatentes veriam suas expectativas frustradas após o término dos conflitos, pois não conquistariam a liberdade, mas apenas a substituição do antigo amo por novos conquistadores. Nas palavras de Manns, "*Recién se larga este siglo, / recién se cabrió el hispano / y ya llega gente al baile. / [...] / Nos tumbaron el pingo: / ya llegó el gringo*" ("*Ta llegando gente al baile*").

Com a nova versão do "imperialismo", o povo perderia suas referências: "*Somos pobres, somos ricos, / nadie sabe lo que somos. / [...] / ya no somos nosotros. / Ya no somos de este valle, / ya no somos de este monte / y todo lo que uno labra / se va, usted sabe pa' dónde*" ("*Ya no somos nosotros*"). Daí a necessidade de recusar as fronteiras delineadas pelos opressores, recuperando a identidade latino-americana:

> *Humillados desde siglos / seguimos desentendiendo / y nos pasamos la vida / separándonos con miedo / mientras la fuerza enemiga / se nutre de nuestro suelo. / Ay, hermano: si entendieras / que solos nada valemos. / En la tierra americana / sólo hay un muro que existe: / al norte hay un pueblo alegre / y al sur veinte pueblos tristes. ("Bolivariana")*

Esses versos sintetizam o argumento geral da obra: os países latino-americanos estariam ligados por um passado e um presente comuns, devendo resgatar a unidade confiscada pelo inimigo para combatê-lo e, assim, libertar o "gigante adormecido" (América). A canção que fecha o disco ("*América novia mía*") explicita esse chamado à luta unificada:

> *América novia mía: este cantar / despierta el canto del pueblo en voz de mar, / la libertad ha salido a navegar, / es hora de combatir y caminar. / [...] / América novia mía: con afán / los dulces días antiguos volverán, / los rayos del alba un beso te darán, / las noches del forastero llegarán.*

A aproximação entre as diferentes partes do continente também é realizada através do uso de uma variedade de gêneros folclóricos, que incluem *malambo*, *baguala*, *refalosa*, *vidala*, *cueca*, *chacarera*, *zamba* e *pólo magariteño*. Como assinalam os autores de *Historia social de la música popular en Chile, 1950-1970*, esse modo de compreender e representar a história comum dos povos latino-americanos torna *El sueño americano* um antecedente direto de diversas obras da NCCh – movimento caracterizado pela orientação aberta a cenários sociais e culturais que ultrapassam o marco nacional.[20]

Movendo a noção de pátria para o âmbito regional, essa obra recusa o nacionalismo exacerbado que dá a tônica a um outro disco que alcançou grande sucesso no período: *¡Al 7° de Línea!*, do conjunto *neofolklórico* Los Cuatro Cuartos (RCA Victor, 1966). Trata-se de uma adaptação do romance histórico *Adiós al séptimo de línea*, de Jaime Inostroza, difundido originalmente na forma de radioteatro e publicado em cinco volumes em 1955. Com música de Guillermo (Willy) Bascuñán e arranjo de Luis Enrique (Chino) Urquidi, as 12 canções que compõem a obra narram diversos acontecimentos e personagens envolvidos na Guerra do Pacífico,[21] exaltando os "heróis" que

20 GONZÁLEZ *et al*, *op. cit.*, p. 290.

21 Conflito desencadeado de 1879 a 1883 entre o Chile e as forças aliadas do Peru e da Bolívia, tendo como objeto de disputa uma parte do deserto de Atacama. Ao final da guerra, o Chile anexou as zonas peruanas de Arica e Tarapacá e a província boliviana de Antofagasta, deixando o país sem saída para o Oceano Pacífico.

contribuíram para a vitória chilena. A marcha "*Los viejos estandartes*" – faixa que ocupou os primeiros lugares das rádios – é emblemática nesse sentido:

> *Cesó el tronar de cañones / las trincheras están salientes / y por los caminos del Norte / vuelven los batallones, / vuelven los escuadrones / a Chile y a sus viejos amores. / En sus victoriosas banderas / traen mil recuerdos de gloria / balas desgarraron sus sedas / y sus estrellas muestran / y sus estrellas muestran / honrosas cicatrices de guerra. / Cruzan bajo arcos triunfales / tras de sus bravos generales / [...] / Pasan los viejos estandartes / que en las batallas combatieron / y que empapados en sangre / a los soldados guiaron.*

De acordo com Jorge Coulón, integrante do Inti-Illimani, o disco provocou protestos no Peru e "feriu minha sensibilidade latino-americanista".[22] Como vimos, entre os músicos estudados, o Inti-Illimani foi o principal difusor desse ideário – o que pode ser observado na contracapa de seu primeiro LP lançado pela Odeon (Imagem 14, p. 294). Constituindo um antecedente da arte gráfica utilizada em *Autores chilenos* (1971), *Inti-Illimani* (1969) traz como pano de fundo uma versão modificada do mapa histórico "*Nova Totius Americæ Sive Novi Orbis Tabula*",[23] de G. Blaeu (1669) (Imagem 15, p. 294). Enquanto o original representava o Novo Mundo em sua totalidade, abarcando as atuais América do Norte, Central e do Sul, a imagem foi recortada no disco de modo a exibir apenas a América Latina. Os contornos continentais aparecem cercados por embarcações e homens europeus e o interior é ocupado por figuras indígenas, localizadas no litoral brasileiro e no sul da Argentina e do Chile.[24] A inclusão desta parte do mapa no LP sugere que a "Conquista" teve efeitos

22 Entrevista a CIFUENTES SEVES, *op. cit.*, s.n.p.

23 O mapa original se encontra digitalizado e pode ser acessado através do *link*: http://www.bentleys.co.za/images/fullsize/blaeu/america/america.jpg. Acesso em: 10 dez. 2014. Agradeço a Ana Carolina Viotti e a Raphael Cokero Abreu pela ajuda na identificação deste documento.

24 Vale ressaltar que a divisão das Américas e a delimitação dos países são posteriores ao mapa original.

negativos sobre as culturas autóctones. Por outro lado, busca-se definir a "verdadeira" América, excluindo os países do norte e valorizando um momento em que não havia fronteiras políticas delimitando os territórios – isto é, quando a América Latina "ainda" estava "unida".

Em outros discos analisados, esta identidade foi reivindicada através da abordagem de personagens e problemáticas que seriam comuns aos diferentes países da região. Já trabalhamos com os exemplos de Juanito Laguna e Carmencita, símbolos da infância desamparada[25] e da juventude "envenenada" pelos meios de comunicação de massa, respectivamente. Por sua vez, "*Te recuerdo Amanda*" (*Pongo en tus manos abiertas...*, 1969) foi descrita por Víctor Jara como "uma canção que fala do amor de dois trabalhadores, dois trabalhadores de agora [...] de qualquer fábrica em qualquer cidade e em qualquer lugar de nosso continente".[26] Aqui o amor adquire outras dimensões, convertendo-se em drama social:

> *Te recuerdo Amanda / la calle mojada / corriendo a la fábrica / donde trabajaba Manuel. / La sonrisa ancha / la lluvia en el pelo / no importaba nada / ibas a encontrarte con él / con él, con él, con él / que partió a la sierra / que nunca hizo daño / que partió a la sierra / y en cinco minutos / quedó destrozado / suena la sirena / de vuelta al trabajo / muchos no volvieron / tampoco Manuel.*

No âmbito do universo camponês, destacam-se as canções que denunciam a exploração do trabalhador e chamam à reforma agrária – caso de "*El pueblo*", "*Coplas de Baguala*" e "*A desalambrar*". Esta última é uma composição de Daniel Viglietti que foi alterada por Víctor Jara de modo a transcender o contexto uruguaio, permitindo a identificação com a

25 Essa temática também está presente nas canções "*Peoncito del mandiocal*", "*Duerme, duerme negrito*", "*El niño yuntero*", "*Canción de cuna para um niño vago*" e "*Luchín*", de Víctor Jara.

26 Palavras de Víctor Jara no já citado programa gravado para a TV peruana em julho de 1973. A transcrição é de nossa autoria.

realidade chilena. Como observou o etnomusicólogo Ernesto Donas,[27] Jara transformou o ritmo de *milonga* em *cueca*, além de substituir o verso "*o un dueño del Uruguay*" por "*o un dueño de este país*" no trecho destacado:

> *Yo pregunto a los presentes / si no se han puesto a pensar / que esta tierra es de nosotros / y no del que tenga más. / Yo pregunto si en la tierra / nunca habrá pensado usted / que si las manos son nuestras / es nuestro lo que nos den. / ¡A desalambrar, a desalambrar! / que la tierra es nuestra, / tuya y de aquel, / de Pedro, María, de Juan y José. / Si molesto con mi canto / a alguien que no quiera oír / le aseguro que es un gringo / o un dueño de este país.* [grifo nosso]

Do mesmo modo como ocorre em *El sueño americano*, a presença do "imperialismo" é aqui apontada como fator que impede o desenvolvimento dos países latino-americanos. A situação política é assim tomada como ponto de partida para a construção de uma identidade que reivindica unidade no combate ao inimigo comum.

Essa temática foi explorada em três canções integrantes da peça teatral *Fulgor y muerte de Joaquín Murieta*: "*Así como hoy matan negros*", "*Ya parte el galgo terrible*" e "*Cueca de Joaquín Murieta*". Estreada na forma de cantata dramática em 14 de outubro de 1967, com texto de Pablo Neruda e música de Sergio Ortega, a obra tematiza a Corrida do Ouro que teve lugar na Califórnia durante o século XIX. A narrativa acompanha a trajetória dos chilenos que partiram para a região iludidos com a perspectiva de enriquecimento e denuncia a exploração a que seriam submetidos pelos "gringos" ao chegarem à suas terras. Recuperando o lendário personagem Joaquín Murieta, Neruda narra sua revolta contra os opressores em defesa da dignidade latino-americana, representando-o simultaneamente como bandido e herói, homem e mito. Murieta é assim convertido em

27 DONAS, Ernesto. "Problematizando la canción popular: un abordaje comparativo (y sonoro) de la canción latinoamericana 'comprometida' desde los años 1960". *Anais do V Congreso da IASPM-AL*, Rio de Janeiro, 2004, p. 5. Disponível em: <http://www.iaspmal.net/wp-content/uploads/2011/12/ErnestoDonas.pdf>. Acesso em: 15 jul. 2015.

símbolo de uma situação político-histórica que encontra paralelo no contexto de encenação da obra.

Tendo participado como músico na estreia da peça, Víctor Jara gravou "*Así como hoy matan negros*"[28] em seu LP de 1967. A letra da canção aponta para o "imperialismo" norte-americano como um inimigo comum aos diferentes países latino-americanos, exaltando a figura de Murieta: "*Así como hoy matan negros / antes fueron mexicanos / así matando chilenos, nicaragüenses, peruanos, / se desataban los gringos / con instintos inhumanos / Quién les disputa el terreno / y quién de frente los reta. / [...] / es un bandido chileno, / es nuestro Joaquín Murieta*". Dois anos depois, Jara gravou "*Ya parte el galgo terrible*"[29] (*Pongo en tus manos abiertas...*), explicitando a violência empregada pelos EUA contra os povos do continente:

> *Ya parte el galgo terrible / a matar niños morenos. / [...] / Con el fusil en la mano / disparan al mexicano / y matan al panameño / en la mitad de su sueño. / Ya parte la cabalgata, / ay que haremos, ay que haremos / exterminando chilenos / ay que haremos, ay que haremos.*

Por sua vez, o Quilapayún incluiu a "*Cueca de Joaquín Murieta*" em *X Viet-nam* (1968), celebrando a violência empregada pelo justiceiro e, assim, abrindo margem para a defesa da *via armada* como meio de recuperar a dignidade nacional:

> *Mi vida, va llegó Joaquín Murieta / mi vida y a defender nuestra gente. / Mi vida, ya responde el corazón, / mi vida, por el rifle de un valiente. / Mi vida, ya llegó Joaquín Murieta. / Viva Joaquín Murieta / manos agrestes / sus ojos vengadores / traen la muerte. / Traen la muerte, ay sí, / rayo celeste / que me den un bandido / uno como éste.*

---

28 Esta canção também foi gravada no LP *Inti-Illimani* (1970).

29 Esta canção também foi gravada no LP *Autores chilenos* (1971).

Em tais canções, a denúncia dos crimes cometidos no passado pelos Estados Unidos visa apontar para a atualidade da questão, indicando que ela se manteria vigente e inaceitável. Nos discos que abarcam essas canções, opera-se sua descontextualização em relação à obra original, colocando-as em relação com faixas que exaltam lutas contemporâneas voltadas a combater o "imperialismo" e, assim, permitindo a associação direta da temática ao presente. Como exemplo desse procedimento, pode ser citado o disco *Pongo en tus manos abiertas...*, que reúne "*Así como hoy matan negros*", "*Camilo Torres*" e "*A Cochabamba me voy*" – estas duas últimas homenageando os movimentos guerrilheiros levados a cabo na Colômbia e na Bolívia, respectivamente, durante os anos 1960.

Além de Joaquín Murieta, outros "heróis" latino-americanos da causa anti-imperialista aparecem representados nos LPs analisados: os próceres das guerras de Independência José Artigas, Simón Bolívar e Manuel Ascencio Padilla; e os ícones da Revolução Cubana, Fidel Castro e Ernesto "Che" Guevara. No primeiro caso, verifica-se que as Independências não são lembradas como processos que reiteraram as fronteiras nacionais, mas sim como fenômeno unificado de libertação continental. Nessa direção, "*Tierra de Artigas*" (*Quilapayún* 4, 1970) proclama: "*El Uruguay es mi tierra, / pétalo blanco y azul / de esa rosa siempre viva / que es América del Sur*", interpelando o invasor de maneira desafiadora: "¡Vengan tiranos, / vengan nomás, / que nuestra sangre / los volteará!". Por sua vez, "*Simón Bolívar*" (*Inti-Illimani*, 1969) identifica o general como "*caraqueño americano*"[30] e vincula sua luta àquela liderada por Artigas: "*Simón Bolívar, Simón, / en el sur la voz amiga / es la voz de José Artigas / que también tenía razón*". Com "*Manuel Ascencio Padilla*" (*Quilapayún 3*, 1968), as figuras do militar alto-peruano e de sua esposa Juana Azurduy se somam ao quadro dos libertadores: "*Ya dispuestos a tomar / el corbo y la carabina / las pampas de la Argentina / del godo* [invasor espanhol] *van a librar*".

Em outra canção gravada pelo Quilapayún, "*Lamento Borincano*" (*Quilapayún* 4, 1970), a referência aos líderes das Independências visa

30 Caraquenha é a pessoa nascida em Caracas, capital venezuelana.

problematizar a situação dos países que nunca foram "libertados", com ênfase em Porto Rico (também chamado Borinquén): "*Bolívar en Venezuela, / en Cuba Maceo y Martí / y en República Argentina / el glorioso San Martín. / Ya le dieron a sus pueblos / patria y media libertad / y a mi borincana tierra / sabe Dios quién le dará*". Essa ideia de "meia liberdade" sugere a necessidade de uma "segunda independência" voltada a combater o novo "imperialismo". No trecho citado, é interessante notar a articulação de duas ideias distintas: por um lado, a especificidade de alguns países no quadro latino-americano; por outro, o apontamento dos Estados Unidos como inimigo comum, o que permite reivindicar uma luta conjunta.

Com a revolução de 1959, Cuba passou a figurar nesse imaginário como exemplo a ser seguido não apenas pelos países da América Central, mas também por todos os seus vizinhos do sul. Expressando um ponto de vista compartilhado por muitos de seus contemporâneos, Eduardo Carrasco estabeleceu uma continuidade entre as lutas de Independência e o processo cubano, tendo como referência o projeto latino-americanista, baseado na proposta de unidade política da região:

> a revolução cubana, desde seus começos, teve a grandeza de visão de situar-se politicamente no continente e não apenas no país que lhe deu vida [...] Cuba se transformou no "primeiro território livre da América" e manteve sua vocação de fazer política latino-americana, coisa inédita, creio, em nossa história, desde os tempos de San Martín e Bolívar, que foram os últimos a pensar seriamente nossa história comum.[31]

Essa perspectiva também está presente em duas canções gravadas por Víctor Jara: "*Zamba del Ché*" (*Pongo en tus manos abiertas...*) e "*A Cuba*" (*El derecho de vivir en paz*, 1971). Composta pelo mexicano Rubén Ortiz logo após a morte do guerrilheiro, a primeira afirma que "*Bolívar le dio el camino / y Guevara lo siguió: / liberar a nuestro pueblo / del dominio explotador. / A*

31 CARRASCO, *op. cit.*, p. 37.

Cuba le dio la gloria / de la nación liberada". Na mesma linha, mas adotando um tom bem-humorado, "*A Cuba*" indica: "*Si quieres conocer a Martí y a Fidel / a Cuba, a Cuba, a Cuba iré, / si quieres conocer los caminos del Che, / a Cuba, a Cuba, a Cuba iré, / si quieres tomar ron pero sin Coca Cola, / a Cuba, a Cuba, a Cuba iré*". Assim, Che Guevara e Fidel Castro são apontados como continuadores do "sonho americano" de Bolívar.

Combatendo "*ante la sombra fascista / y cruel del imperialismo*",[32] os "heróis" cubanos figuram como defensores dos pobres da América. Esse argumento é explicitado na canção "*Segunda Declaración de la Habana*", uma adaptação do discurso homônimo pronunciado por Fidel Castro em 4 de fevereiro de 1962.[33] Composta pela dramaturga Isidora Aguirre e pelo músico Luis Advis e gravada pelo Quilapayún no LP *Vivir como él* (DICAP, 1971), a canção tem início com a reprodução da parte final do discurso; na sequência, entram os instrumentos e, posteriormente, as vozes dos integrantes do conjunto, que cantam "por cima" das palavras de Fidel. Intercalam-se trechos em que a voz do líder cubano predomina com outros em que ela fica quase inaudível. A letra cantada recupera segmentos do discurso, acrescentando alguns versos e fazendo alterações em outros. Embora esta canção mereça uma análise aprofundada, nos limitamos aqui a destacar os trechos em que a Revolução Cubana é identificada como processo de libertação do "povo" latino-americano:

> *[Discurso gravado (voz de Fidel Castro):] Ahora, esta masa anónima, esta América de color, sombría, taciturna, que canta en todo el continente con una misma tristeza y desengaño, ahora esta masa es la que empieza a entrar definitivamente en su propia historia, [entram os instrumentos] la empieza a escribir con su sangre, la empieza a sufrir y a morir. Porque ahora, por los campos y las montañas de América, por las faldas de sus sierras, por sus llanuras y sus*

32 PUEBLA, Carlos. "*Carta el Che*". INTI-ILLIMANI. *Inti-Illimani*. Jota Jota, 1969, faixa 12.

33 O discurso foi motivado pela expulsão de Cuba da Organização dos Estados Americanos (OEA) em janeiro de 1962, a qual acarretou o rompimento de relações diplomáticas entre diversos governos latino-americanos e a ilha caribenha.

> *selvas, [entra o canto] entre la soledad, o en el tráfico de las ciudades, o en las costas de los grandes océanos y ríos, se empieza a estremecer este mundo lleno de razones, con los puños calientes de deseos de morir por lo suyo, de conquistar sus derechos casi quiñientos años burlados por unos y por otros. Ahora, sí, la historia tendrá que contar con los pobres de América, con los explotados y vilipendiados de América Latina, que han decidido empezar a escribir ellos mismos, para siempre, su historia. [...] Porque esta gran humanidad ha dicho "¡Basta!" y ha echado a andar. Y su marcha de gigantes ya no se detendrá hasta conquistar la verdadera independencia, por la que ya han muerto más de una vez inútilmente. ¡Ahora, en todo caso, los que mueran, morirán como los de Cuba, los de Playa Girón, morirán por su única, verdadera, irrenunciable independencia!*
>
> *[Letra cantada (Quilapayún):] Ha llegado la hora en que el pueblo / reivindique el derecho de ser / dueño al fin de su tierra robada / tierra inmensa que ha de germinar / con la paz del empeño ganado / con sus manos de fuerza tranquila; / ahora sí que la historia tendrá que contar / con los pobres de América. / [...] / Este pueblo levanta sus puños / este pueblo levanta su voz / ya no mira hacia el suelo, ni calla / ya la sombra se empieza a aclarar / nuestra América rompe el engaño / y su pueblo ha tomado conciencia / ahora sí la historia tendrá que contar / con los pobres de América.*

Aqui novamente podemos observar a indicação da existência de um passado de exploração comum aos diferentes países latino-americanos, reivindicando a união no presente para combater o inimigo "imperialista". As referências a cenários representativos de diferentes localidades (serras, selvas, cidades, litoral) reforçam a ideia de que o "despertar" constituiria um processo único de abrangência continental, iniciado pela Revolução Cubana com o objetivo de transformar os pobres, explorados e postergados em sujeitos da história.

Referindo-se aos intelectuais latino-americanos dos anos 1960, Claudia Gilman realizou uma constatação que contempla o caso dos músicos estudados: não obstante a referência continental ter constituído seu espaço de pertencimento mais evocado, "este latino-americanismo se inseria, ademais, dentro de uma solidariedade terceiro-mundista", buscando unir a cultura e a política em um conceito superador das fronteiras nacionais e regionais, focalizando "o conjunto dos 'condenados da terra'".[34]

A identificação com o Terceiro Mundo

Já vimos no primeiro capítulo que as resoluções do *Encuentro de la Canción Protesta* – realizado em Cuba em 1967 – reivindicavam a solidariedade internacional com "a luta de liberação dos povos contra o imperialismo norte-americano e o colonialismo".[35] Tal perspectiva reiterava os propósitos da *Primera Conferencia Internacional de Solidaridad de los Pueblos de Asia, África y América Latina* (*Tricontinental*), promovida em Cuba entre 3 e 15 de janeiro do ano anterior e presidida por Salvador Allende. No discurso de encerramento do evento, Fidel Castro ressaltou a existência de uma ligação entre os diferentes movimentos rebeldes levados a cabo no "Terceiro Mundo":

> o mais comum que une hoje aos povos destes três continentes e de todo o mundo, que é a luta contra o imperialismo, a luta contra o colonialismo e o neocolonialismo, a luta contra o racismo e, enfim, todos os fenômenos que são a expressão contemporânea do que devemos chamar imperialismo, cujo centro, cujo eixo, cujo suporte principal é o imperialismo ianque. [...] [Na conferência] Tivemos a oportunidade de conhecer mais profundamente [...] como cresce a força do movimento revolucionário a escala mundial, e

34 GILMAN, *op. cit.*, p. 27. Aqui a autora remete ao livro *Los condenados de la tierra*, escrito pelo intelectual antilhano Fantz Fanon e publicado em novembro de 1961, com prefácio de Jean-Paul Sartre.

35 OSSORIO, Jose, *op. cit.*, p. 143.

> como cresce e poderá crescer nos tempos vindouros a ajuda de uns povos a outros, a ajuda de todos os povos a cada um dos povos que lutam [...] E como apesar do poderio militar e técnico dos imperialistas, será inquestionavelmente muito mais poderosa a força unida dos povos revolucionários.[36]

Podemos perceber nesse projeto anti-imperialista a articulação do princípio de soberania nacional com a afirmação de que a "revolução mundial" estava em marcha e não poderia ser detida – isto é, "O imperialismo será inevitavelmente derrotado".[37] Compartilhando de tal ideário, Víctor Jara, Quilapayún e Inti-Illimani procuraram "colocar-se na barricada. No terceiro mundo da canção",[38] cantando "para o Movimento Revolucionário dos povos [...] que buscam libertar-se do imperialismo / e do capitalismo".[39] Embora as canções que abordam temas de abrangência terceiro-mundista respondam por uma parcela menor do repertório analisado do que aquelas associadas a questões nacionais e latino-americanas, sua relevância não deve ser subestimada, tendo em vista o teor combativo expresso nas letras, indicativo do envolvimento dos músicos com os acontecimentos internacionais.

Elegendo a Guerra do Vietnã como episódio representativo dos conflitos entre potências opressoras e nações oprimidas, Víctor Jara compôs "*El derecho de vivir en paz*" – canção-título de seu LP de 1971 –, na qual retoma a problemática abordada na peça *Viet Rock*, que ele havia dirigido em 1969 junto ao Departamento de Teatro da Universidad de

36 "Discurso pronunciado por el comandante Fidel Castro Ruz, Primer Secretario del Comité Central del Partido Comunista de Cuba y Primer Ministro del Gobierno Revolucionario, en el acto clausura de la Primera Conferencia de Solidaridad de los Pueblos de Asia, África y América Latina (Tricontinental), en el Teatro Chaplin, la Habana, el 15 de enero de 1966" [versão taquigráfica]. Havana: Departamento de Versiones Taquigráficas del Gobierno Revolucionario, s.n.p. Disponível em: <http://www.cuba.cu/gobierno/discursos/1966/esp/f150166e.html>. Acesso em: 16 jul. 2015.

37 *Ibidem*, s.n.p.

38 FABA, Ivan. *Liner notes*. In: INTI-ILLIMANI. *Inti-Illimani*, DICAP, 1969, contracapa.

39 *Liner notes*. In: QUILAPAYÚN. *Basta*, DICAP, 1969, capa interna.

Chile (Detuch). *Viet Rock* constitui uma adaptação do texto homônimo escrito pela dramaturga norte-americana Megan Terry, o qual tem como mote o sofrimento dos jovens enviados pelo governo dos EUA para combater no país asiático. Deslocando a mensagem pacifista imperante na versão original, Jara enfatizou em sua montagem a ação "imperialista" dos invasores e seus efeitos negativos sobre os vietnamitas.[40] Seguindo a mesma linha, "*El derecho de vivir en paz*" exalta o movimento de resistência à ocupação norte-americana liderado pelo político comunista Ho Chi Minh e atribui a esta luta um significado universal:

> *El derecho de vivir / poeta Ho Chi Minh, / que golpea de Vietnam / a toda la humanidad. / Ningún cañón borrará / el surco de tu arrozal. / El derecho de vivir en paz. / Indochina es el lugar / mas allá del ancho mar, / donde revientan la flor / con genocidio y napalm. / La luna es una explosión / que funde todo el clamor. / El derecho de vivir en paz. / [...] / Tío Ho, nuestra canción / es fuego de puro amor, / es palomo palomar / olivo del olivar. / Es el canto universal, / cadena que hará triunfar / el derecho de vivir en paz.*

Aqui a denúncia da violência aplicada pelos EUA na forma de bombas e armas químicas pretende angariar apoio para a causa vietnamita, estabelecendo um paralelo entre esta e os demais processos revolucionários voltados a combater o "imperialismo" em nome da soberania nacional. Ao afirmar que "nossa canção" faz parte do "canto universal", Jara insere o processo chileno (governo da UP) na "cadeia que fará triunfar o direito de viver em paz". Colocando-se ao lado do *poeta* Ho Chi Minh, o músico reivindica uma arte libertária, comprometida com as lutas do presente. Para reforçar a mensagem combativa, grava a canção em ritmo de *rock*, acompanhado pelo conjunto Los Blops, procurando proporcionar uma "experiência de 'invasão da invasão cultural'".[41]

40 Sobre a peça, ver CORRADINI, *op. cit.*, p. 140-146.

41 JARA, Joan, *op. cit.*, p. 214.

A figura de Ho Chi Minh havia sido abordada anteriormente por Rolando Alarcón no LP *Por Cuba y Vietnam*, lançado em 1969 pelo selo independente Tiempo. O personagem figura nas canções "*Las doradas colinas de Binh Thuân*" (Rolando Alarcón) – que tematiza a recém-ocorrida morte[42] deste "*joven héroe tendido / sobre su fuzil*" – e "*Su nombre puede ponerse em verso*" (Félix Pita Rodríguez / Pablo Milanés), que expõe as diferentes faces do revolucionário (presidente, poeta, camponês), glorificando sua luta pela "*tierra hermosa y atormentada de Vietnam*". Outros "heróis" homenageados no disco são Fidel Castro e Che Guevara, representados como iniciadores do processo mundial de libertação dos povos que estaria sendo continuado pelos combatentes vietnamitas, os quais "algum dia" também alcançariam a vitória:

> *Algún día, Vietnam, / florecerá el arroz, / y las delgadas cañas de tus ríos / contemplarán al mozo guerrillero, / ahora campesino. / Algún día, Vietnam, / podrás contar al mundo / cómo cegaron la vida de tu pueblo, / cómo quemaron el rostro de tus niños, / que ahora son recuerdos. / [...] / Pero aún, Vietnam, / tu pueblo combatiente / reclamando poemas y canciones / y pintando con su sangre guerrillera / la tierra más querida. ("Algún día, Vietnam")*

Na discografia do Quilapayún, a Guerra do Vietnã foi tematizada em três ocasiões: no LP *X Viet-nam* (1968), na canção "*Tío Caimán*" (*Quilapayún 4*, 1970) e na cantata popular que dá título ao LP *Vivir como él* (1971). Como mencionamos no capítulo anterior, a capa de *X Viet-nam* é composta pela imagem de um guerrilheiro vietnamita levantando um fuzil. De acordo com Antonio Larrea, a ilustração se baseou em uma fotografia retirada de uma revista chilena de propaganda antiestadunidense cuja legenda dizia "Desenvolvendo o espírito de lutar decididamente e alcançar a vitória, os combatentes do Exército Popular do Vietnã assentam severos

---

42 Ho Chi Minh sofreu um ataque cardíaco e morreu em sua casa no dia 2 de setembro de 1969, aos 79 anos.

golpes aos bandidos aéreos ianques".[43] A contracapa inclui um texto assinado pelo Comitê Internacional Preparatório do IX Festival Mundial das Juventudes e dos Estudantes pela Solidariedade, a Paz e a Amizade, no qual a heroicidade dos combatentes vietnamitas é novamente celebrada e associada a um processo universal (terceiro-mundista) de libertação dos povos:

> No IX Festival, os jovens delegados do mundo inteiro, se encontrarão com os representantes da heróica juventude do Vietnã e lhes expressarão sua plena solidariedade com sua luta pela liberdade de sua pátria e a paz.
>
> No IX Festival estarão presentes os jovens da Ásia, África e América Latina que lutam contra o colonialismo, o neocolonialismo, pela independência e libertação nacional. [...] A extraordinária diversidade do programa do Festival será a expressão de seu espírito universal.

Iniciado pela já analisada canção "*Por Vietnam*", o disco abarca faixas sobre distintos episódios históricos (Guerra Civil Espanhola, Corrida do Ouro na Califórnia, repressão à greve em Iquique em 1907) e contemporâneos (Revolução Cubana, assassinatos de líderes revolucionários), além da denúncia a situações de pobreza em contextos diversos. O fator utilizado para conectar essas temáticas é a crítica ao "imperialismo" e às elites estrangeirizadas – apontados como bloqueadores dos processos revolucionários. Dando destaque ao inimigo norte-americano, *X Viet-nam* procurou demonstrar que as questões postas pela juventude chilena e latino-americana seriam as mesmas que motivaram processos passados e presentes desenvolvidos em diferentes países que sofriam com a intervenção externa. Ficavam expressas, desse modo, a solidariedade com os vietnamitas e a proposta de unidade na luta libertária.

Da mesma forma, a canção "*Tío Caimán*" – composta pelo músico e escritor Carlos Francisco Chang Marín – parte da denúncia da ocupação

43 *Apud* LARREA, *op. cit.*, p. 18.

norte-americana no Panamá para abordar outras situações mundiais de enfrentamento contra o inimigo comum:

> *De repente el territorio / de sur a norte se abrió / la parcela que allí estaba / Tío Caimán se la tragó. / [...] / Tío Caimán hablaba inglés / y andaba por todo el mundo / y en cada sitio que iba / metía su colmillo inmundo. / [...] / Hoy con su cola cortada / anda loco el Tío Caimán / le dieron palos en Cuba / y le dan palo en Vietnam / Y yo como soy moreno / a mí no me engaña nadie / le daré palo al Caimán / a su padre y a su madre.*

Assim, a Revolução Cubana e a resistência vietnamita são apontadas como exemplos do caminho a ser seguido pelos países de "Terceiro Mundo" para livrarem-se do domínio estrangeiro.

Em "*Vivir como él*", a defesa do recurso à violência como meio legítimo de defesa aparece explicitada. Composta na forma de cantata popular por Luis Advis em parceria com o pianista e maestro cubano Frank Fernández, a obra gira em torno da "vida exemplar" do "herói" vietcongue Nguyen Van Troi e se encontra dividida em relatos (interpretados por Héctor Duvauchelle), interlúdios instrumentais e partes cantadas em coro. O primeiro relato explica o contexto em que o jovem Nguyen Van Troi, então com 24 anos de idade, foi capturado, torturado e assassinado pelas forças inimigas:

> *El 15 de octubre de 1964, por orden de los yanquis, las autoridades títeres de Saigón fusilaron al joven electricista Nguyen Van Troi, acusado de haber intentado dinamitar un puente por donde debía pasar el Secretario de Defensa norteamericano McNamara.*
>
> *Se recuerda aún como los patriotas venezolanos, en los primeros días de octubre, secuestraron al Teniente Coronel norteamericano Smolen y advirtieron a los yanquis que sería fusilado ese oficial si se ejecutaba a Nguyen Van Troi.*

> *Ante aquella situación Washington ordenó aplazar la ejecución del patriota vietnamita, pero tan pronto como fue libertado Smolen, los yanquis, a traición, firmaron la sentencia de Nguyen Van Troi.*

Após um interlúdio instrumental, intercalam-se coros e relatos que afirmam que as torturas promovidas pelos adversários não conseguiram mudar as "nobres convicções" desse homem que "cresceu formado pela revolução" e que levava em seu coração "um ódio incontível pelos inimigos da pátria". Na sequência, a cantata busca recriar as circunstâncias da morte do guerrilheiro, valendo-se do relato em primeira pessoa para simular suas últimas palavras:

> *[relato] Quise matar a McNamara porque es enemigo de la patria. / Acepto toda la responsabilidad de mi acción. / [coro] Silencio, / nos escucha el centinela / y si nos oyen nos torturarán de nuevo. / [interludio instrumental] / [relato] El enemigo quiere matarme. No tengo miedo a la muerte. Siento solamente haber sido capturado tan pronto sin haber podido terminar mi misión. Siento no poder continuar la lucha por la liberación de mi pueblo y de mi clase y realizar el ideal de mi vida. / [...] / [relato] Por no haber podido soportar la muerte de mi pueblo y la humillación de mi patria, he luchado contra el imperialismo yanqui. [...] Amo entrañablemente a mi Vietnam querido. He luchado contra los yanquis que han agredido a Vietnam del Sur, que han venido a traer tanta desgracia, dolor y muerte a mis compatriotas.*

Como podemos perceber, Nguyen Van Troi é tomado na obra como símbolo da luta anti-imperialista e encarna os valores de patriotismo, coragem e justiça. Em sentido oposto, os Estados Unidos aparecem representados como inimigos da pátria (invasores, imperialistas, traidores, assassinos) e, portanto, "*Hay que darle muerte al invasor. / Hay que matarlo*".

"*Vivir como él*" termina com a afirmação de que a morte de Nguyen Van Troi não teria sido em vão, pois "*Por Vietnam estamos dispuestos a dar / hasta nuestra propia sangre*". Este espírito coincide com as seguintes palavras de Fidel Castro, proferidas no já citado discurso de encerramento da Conferência Tricontinental:

> O imperialismo será inevitavelmente derrotado. Quem nos ensinou essa lição? Nos ensinaram os povos. Quem entre os povos nos tem dado nesses tempos a mais extraordinária lição? O povo do Vietnã. [...] Justo é que dediquemos nossa recordação aos que se sacrificaram pela vitória de seus povos [...] e que nos proponhamos a ser sempre fiéis a esta causa. [...] Nosso povo [...] [nutre] sentimentos fraternais e solidários pelos demais povos que lutam, pelos quais está disposto a dar também seu sangue.[44]

Não se trata de uma simples reprodução das diretrizes cubanas por parte da esquerda chilena. Conforme procuramos apontar no decorrer deste item – coincidindo com as constatações de Claudia Gilman –, a "onda revolucionária que varria boa parte do mundo"[45] desde finais da década de 1950 foi sentida pelos contemporâneos como um movimento mundial "que ia mudar o rosto do mundo e do Homem".[46] Sem negar as especificidades do *processo chileno* ou abandonar o interesse pelas questões nacionais, Víctor Jara, Quilapayún e Inti-Illimani compreendiam que as bandeiras levantadas por grupos que combatiam em diferentes contextos também lhes pertenciam – daí a importância de marcar seu apoio a movimentos como a Revolução Cubana e a Guerra do Vietnã. Enfatizando ora problemáticas locais, ora regionais, ora terceiro-mundistas e encadeando eventos do passado a acontecimentos contemporâneos, os músicos expressaram a convicção de que a tormentosa história dos países

44 "Discurso pronunciado por el comandante Fidel Castro Ruz...", s.n.p.

45 GILMAN, *op. cit.*, p. 45.

46 *Ibidem*, p. 42.

subjugados havia entrado em uma etapa resolutiva, na qual os "condenados da terra" alcançariam plena condição de sujeitos.[47]

A fim de aprofundar este último aspecto, analisaremos na sequência a maneira pela qual a experiência temporal foi vivenciada e representada nos discos estudados.

A ARTICULAÇÃO DAS DIFERENTES TEMPORALIDADES NO ESTABELECIMENTO DE UM SENTIDO PARA A HISTÓRIA

"Viemos contar aquilo que a história não quer recordar"

Em seu livro *Futuro passado*, o historiador Reinhart Koselleck aponta para o tempo como uma construção cultural que, em cada época, determina um modo específico de relacionamento entre o já conhecido e experimentado como passado e as possibilidades que se lançam ao futuro entendido como horizonte de expectativas.[48] Em sua busca por imprimir sentido à experiência contemporânea e reivindicar perspectivas de futuro, os atores sociais procurariam ordenar o tempo, sendo que "cada uma das temporalidades – o passado, o presente e o futuro – pode imaginariamente se alterar, contrair ou se expandir conforme cada época ou sociedade, modificando-se também a maneira como são pensadas e sentidas as relações entre elas",[49] conforme anotou o historiador brasileiro José d'Assunção Barros.

Debruçando-se "sobre um determinado tempo presente e sobre o tempo que se lhe apresentava então como o futuro",[50] Koselleck defendeu a hipótese de que na chamada Era Moderna "a diferença entre experiência e expectativa aumenta progressivamente, ou melhor, só se pode

---

47 *Ibidem*, p. 43-45.

48 JASMIN, Marcelo. "Apresentação". In: KOSELLECK, Reinhart. *Futuro passado: Contribuição à semântica dos tempos históricos*. Rio de Janeiro: Contraponto; Ed. PUC-Rio, 2006, p. 9.

49 BARROS, José d'Assunção. "Rupturas entre o presente e o passado: Leituras sobre as concepções de tempo de Koselleck e Hannah Arendt". *Revista Páginas de Filosofia*, São Paulo, vol. 2, n. 2, jul.-dez. 2010, p. 67.

50 KOSELLECK, *op. cit.*, p. 16.

conceber a modernidade como um tempo novo a partir do momento em que as expectativas passam a distanciar-se cada vez mais das experiências feitas até então".[51] Nesse regime moderno de historicidade – para lançar mão da terminologia desenvolvida pelo historiador François Hartog[52] –, a antiga noção de "história mestra da vida", na qual a relação entre *experiência* e *expectativa* era dominada ou ao menos regulada por referência ao passado (modelo a ser imitado), cede lugar à compreensão da História como um conjunto unificado de eventos singulares orientados na direção do "progresso". Como concluiu Hartog,

> A partir de então, não cabe mais ao passado esclarecer o futuro mas, ao contrário, cabe ao futuro esclarecer o passado. [...] Com o regime moderno, o exemplar, como tal, desaparece para dar lugar àquilo que não se repete. [...] Se ainda resta uma lição da história, ela vem, por assim dizer, do futuro e não mais do passado. Ela está em um futuro que acontecerá como diferente do passado.[53]

O próprio termo *modernidade* carrega a idcia de um "tempo novo", marcado por "novas experiências que jamais haviam sido experimentadas dessa maneira".[54] O presente passa a ser vivenciado como um tempo de ruptura e transição – daí que "poucas palavras foram tão largamente disseminadas e pertencem de maneira tão evidente ao vocabulário político moderno quanto o termo 'revolução'".[55] Koselleck destaca que a experiência fundamental de movimento, da mudança em relação a um futuro aberto, foi comum aos atores modernos, que divergiam apenas no que

51 *Ibidem*, p. 314.

52 Ver HARTOG, François. *Régimes d'historicité. Présentisme et expériences du temps*. Paris: Le Seuil, 2002.

53 HARTOG, François. "O tempo desorientado. Tempo e história. 'Como escrever a história da França?'". *Anos 90*, Porto Alegre, n. 7, jul. 1997, p. 9.

54 KOSELLECK, *op. cit.*, p. 274.

55 *Ibidem*, p. 61.

tange ao ritmo e à direção a ser seguida.[56] Para sustentar essa hipótese, o autor remete aos diversos conceitos terminados em "ismo" que foram criados a partir da segunda metade do século XVIII, evidenciando a perspectiva de orientação para o futuro. É o caso de "socialismo" ou "comunismo", que quiseram reivindicar para si a gênese do porvir, "o movimento real que supera a situação atual",[57] nas palavras do próprio Karl Marx.

Pautado na ideologia do progresso, esse *futurismo*[58] marxista não implicou, porém, no abandono da *experiência* enquanto referencial para a construção do novo. A convicção de que a história – cujo motor seria a "luta de classes" – não se repete abria espaço para a *expectativa* de que as lutas que foram derrotadas no passado tivessem um novo desfecho, permitindo a consolidação da sociedade sem classes. Tal perspectiva foi compartilhada pelas distintas correntes marxistas do século XX e encontrou eco na produção discográfica examinada.

Conforme mencionamos anteriormente, *La Fragua* (Quilapayún, 1973) se propôs a contar a história do Chile da perspectiva dos "de baixo", tendo como mote as lutas trabalhistas. A obra está dividida em quatro seções: "*Las claves*", "*Las luchas*", "*La herencia*" e "*El puño del pueblo*". A primeira se inicia com um recitado que faz menção a várias cidades chilenas, expondo suas características geográficas, históricas e/ou econômicas, com ênfase nos diferentes tipos de trabalho praticados em cada uma. Na sequência, a ênfase é posta sobre a região do deserto nortenho, apontando para as transformações da qual ele será palco ao longo dos séculos XIX e XX – fundação de Tarapacá, mineração do cobre e exploração do salitre pelas empresas estrangeiras –, ressaltando a exploração a que os trabalhadores seriam ali submetidos: "*Hondo desierto y salar / serás Tarapacá. / [...] / En el dormido*

56 *Ibidem*, p. 295.

57 MARX, Karl *apud ibidem*, p. 297.

58 Termo empregado por Hartog para remeter ao regime de temporalidade moderno, marcado pela ideologia do progresso, na qual se apoiam algumas das grandes filosofias da história cunhadas no século XIX, como o positivismo e o marxismo. Para o autor, o século XX é palco da instauração gradual de um novo regime de historicidade, o *presentismo*, que afirma o presente como único tempo possível.

arenal / tus hombres sufrirán. / [...] / Desde tu entraña saldrá / el rico mineral, / pronto con golpe mortal / te lo arrebatarán" ("*Canción 2*").

Deixando de lado o fato de que a região do deserto do Atacama só foi anexada pelo Chile ao final da Guerra do Pacífico, indica-se que "*el destino y la historia do Chile en ti se nutren*", o que se relaciona à origem do movimento operário entre os trabalhadores das minas de salitre, no início do século XX. Referindo-se aos patrões (elite estrangeirizada) como "inimigos mortais", o eu-lírico demonstra interesse pela vida do homem pampino e o chama a contar sua versão da história do desenvolvimento econômico do país: "*Tú que en las hondas galerías / convives con la muerte, / cuéntanos qué comes, qué haces cuando estás enfermo, / cómo vive tu mujer, / dónde moriste. / ¿En un pique? / ¿A balazos? / ¿O tosiendo se apagó tu vida?*" ("*Recitado 2*"). Assim, o "rico norte" seria pobre para os trabalhadores explorados. Mas com a chegada do "mensageiro glorioso" Luis Emílio Recabarren – líder sindical e fundador do Partido Obrero Socialista (futuro Partido Comunista) –, a história "se juntaria com o povo".

A parte seguinte, "*Las luchas*", indica que a maduração da classe operária chilena teria constituído um processo longo e doloroso, devido aos artifícios utilizados pelos patrões para reprimir suas organizações: "*Cuántos muertos en Iquique, / La Coruña, Lonquimay, Ranquil, / San Gregorio, Plaza Bulnes / por nombrar algunos pocos*" ("*Recitado 3*"). Tendo como fundamento estes conflitos de classe, o "*Recitado 3*" estabelece uma relação de continuidade entre os levantes indígenas ocorridos no período colonial e os movimentos trabalhistas do século XX. Assim, a rebelião dos índios garimpeiros de Marga Marga,[59] no século XVI, é apontada como a "primeira greve chilena". Nessa construção, os "pontos em comum" que conectariam os indígenas do passado aos operários do presente seriam a miséria, a revolta, a tentativa de organização e a repressão sofrida pelos manifestantes. Reforçando esse encadeamento, na sequência são abordadas as

---

59 Sobre este levante, ver GONZÁLEZ VARGAS, Carlos; ROSATI AGUERRE, Hugo. "Métodos y formas de resistencia indígena en la crónica de Gerónimo de Bibar". *Diálogo andino*, Tarapacá, n. 38, dez. 2001, especialmente p. 50-51. Disponível em: <http://www.dialogoandino.cl/revista/wp-content/uploads/2012/05/04-GONZALEZ-DA38.pdf>. Acesso em: 9 jul. 2015.

más condições de vida dos mineradores do carvão de princípios do século XX e sua batalha "valente" pelo fim da exploração. O desfecho teria sido o mesmo das lutas de seus antepassados: "*Bajo una bandera de lucha y de sombras / mueren los mineros en el socavón*" ("*Canción 4*").

Atribuindo ao Partido Comunista ("*roja ciencia del obrero*") a qualidade de autêntico representante dos interesses dos trabalhadores chilenos, os recitados e as canções seguintes abordam temas como a promulgação da "Lei maldita"[60] durante o governo de González Videla, o período de clandestinidade da organização (1948-1958) e a violência empregada contra os militantes comunistas, simbolizados pela figura de Ramona Parra, jovem manifestante morta pelas forças policiais em 1946. O eu-lírico assinala que as lutas que tiveram desfecho trágico na primeira metade do século XX teriam sido essenciais, enquanto aprendizado, para a futura vitória dos movimentos sociais: "*El dolor de camarada lo sentimos, / conservamos su recuerdo. / Pero ese dolor lo comprendemos, / es parte de nuestra lucha, / es parte de lo que hemos aprendido*" ("*Recitado 6*"). Quase parafraseando o que dissemos acima acerca da expectativa marxista de um desenlace diferente no futuro, o "*Recitado 6*" proclama: "*Pero sabemos también que podemos derrotarlos / y lo haremos. / La conciencia de clase es nuestra fuerza / Ella ha cambiado las tareas del martillo. / Con ella las usinas engendran otros frutos. / Con ella los motores nos abren nuevos rumbos*".

Nesse momento, a figura de Recabarren é evocada como um marco que dividiria a história dos trabalhadores chilenos em antes (sofrimento, derrota) e depois (consciência, luta, perspectiva de vitória):

60 Como reflexo da Guerra Fria, a Aliança Democrática (formada pelos partidos Radical, Democrata e Comunista) que havia conduzido o radical Gabriel González Videla à presidência da República em 1946, sofre abalos no ano seguinte, quando o Chile rompe relações diplomáticas com a URSS e os países da Europa Oriental. No plano interno, González Videla retira os ministros comunistas do gabinete e, em 3 de setembro de 1948, decreta a Lei de Defesa Permanente da Democracia (também conhecida como "Lei Maldita"), prescrevendo o Partido Comunista. Ver CORREA *et al*, *op. cit.*, p. 182-183.

> *Nuestra fuerza consumían / en el torno y los telares. / Nuestra vida convertían / en tragedias y pesares. / Los talleres nos mataban / en jornadas infernales. / Resistir era imposible / sin saber organizarse. / Hasta que alguna mañana / con empuje de guerrero / aparece Recabarren, / puño y fuego del obrero. / Su palabra es muy precisa: / Hay que unirse compañeros, / contra mil explotadores / oponer mil sindicatos. / Con valiente rebeldía / defender nuestras conquistas / Recabarren nos decía / y es palabra leninista / que los peores temporales / a la clase organizada / no hay poder que la resista. / Forjaremos todos juntos / una patria socialista.* ("*Canción 6*")

Em "*La herencia*", a temática dos conflitos entre indígenas e espanhóis é retomada para representar a história do Chile como a história das disputas pela terra. Opondo as figuras de Lautaro ("herói" indígena) e Pedro de Valdivia (invasor espanhol) a partir de uma perspectiva diversa da sustentada pela história oficial, o eu-lírico pergunta pelo legado da Guerra de Arauco:

> *¿Qué nos dejaste, Valdivia, / qué heredamos? / ¿Tu zarpazo de tigre embravecido, / tu alarido final? / ¿Qué huella dejó tu paso / en los ríos y planicies? / ¿Qué conquistaste? / Y los bravos araucanos / ¿qué ganaron? / En el albor de la historia / la tierra fue disputada, / cercados fueron los valles, / arrebatados los bosques. ("Pregón")*

Em seguida, o tema da reforma agrária é abordado através da denúncia da desigualdade social associada à concentração de terras, reclamando a redistribuição destas e chamando o "camponês postergado" a tomar a frente da luta, unindo-se ao operário para honrar a memória dos indígenas vencidos no passado:

> *Campesino postergado, / desdichado compatriota, / enceguecido por siglos / de miseria continuada / [...] /*

> *Ensilla tú tu caballo, / el obrero te acompaña. / Recabarren el maestro / ancha huella te señala. / Con tus hermanos de clase / unidos todos avanza. / [...] / Y el mapuche adolorido / con dolor de tierra amarga / recupera sus derechos / de chileno combativo. / Tu historia de duros hombres, / capitanes primitivos, / ronco sur encabritado, / albor de nuestro destino.* ("Pregón")

Encadeando, novamente, a luta mapuche às lutas proletárias contemporâneas, estes versos celebram a reforma agrária como fator de união e libertação da classe trabalhadora, que passaria a ser dona de seu destino e protagonista da história.

Veremos no próximo item que a parte final da obra, "*El puño del pueblo*", enfoca o presente como o momento da concretização do devir da classe, identificando a "nova pátria" ao governo da UP e exaltando a figura de Recabarren como o mestre que apontou o caminho a ser seguido pelos trabalhadores.

Conforme observou o próprio Sergio Ortega, *La Fragua* carece de unidade dramática, sendo os aspectos formais os principais responsáveis por articular suas diferentes partes.[61] Para Eduardo Carrasco, embora os acontecimentos relatados não possuam articulação natural, a obra "encontra sua unidade na intenção épica geral".[62] Pretendendo constituir um afresco da história das lutas dos trabalhadores chilenos, esta cantata tem como protagonista um suposto gesto popular e revolucionário que atravessaria os séculos, apontando para o passado como a origem do presente e do futuro. Assim, a história é concebida como um processo unificado de acontecimentos, marcado por diferentes etapas que não se repetem, mas antes se superam no sentido do progresso. Mesmo no caso dos eventos que parecem repetir-se – como a exploração dos trabalhadores e a repressão dispensada às suas manifestações –, é possível constatar

61 *Apud* "Es la historia de um Oasis o de un monte". *El Siglo*. Santiago, 6 jan. 1972, p. 15.

62 SANTANDER, *op. cit.*, p. 71.

deslocamentos que alimentam as expectativas de mudança. Essa noção se inscreve no que Koselleck denomina "o conceito moderno de história":

> Mas o axioma do princípio da singularidade individual que determina o conceito moderno de história se refere – estruturalmente falando – menos ao ineditismo efetivo dos eventos do que à singularidade do conjunto das transformações da modernidade. Isso comprova-se pelo que passamos a chamar de "mudanças estruturais". [...] As mudanças estruturais de longo prazo, com intervalos de tempo cada vez mais curtos, resultam em predições que têm por objeto não mais eventos concretos singulares, mas sim as condições de um determinado futuro possível.[63]

Nos discos estudados, observa-se a intenção de explicar o passado através do projeto de futuro (socialismo), apontando para os enfrentamentos anteriores como condição para a vitória "que virá", o que se explicita nos seguintes versos de *La Fragua*: "*Bajo una bandera de lucha y de sombras / mueren los mineros en el socavón. / Bajo una bandera de lucha y de sombras / se gesta en su muerte la revolución*" ("*Canción 4*"). Como destacou a historiadora Carla de Medeiros Silva em sua dissertação, os músicos ligados à NCCh dedicaram-se em diversas ocasiões a reavivar a memória das lutas que foram derrotadas no decorrer do processo histórico, visando assinalar um compromisso com o passado.[64] Assim, renderam homenagem a personagens identificados como mártires da causa libertária – caso de, entre outros, Simón Bolívar, Luis Emilio Recabarren, Camilo Torres, Che Guevara e Nguyen van Troi; os jovens comunistas Ramona Parra e Miguel Ángel Aguillera;[65] além dos trabalhadores anônimos caí-

63 KOSELLECK, *op. cit.*, p. 144.

64 SILVA, Carla, *op. cit.*, p. 115-117.

65 Jovem *poblador* chileno assassinado pelas forças policiais em 8 de julho de 1970, durante uma passeata em apoio à candidatura de Salvador Allende. Para homenageá-lo, Jara compôs "*El alma llena de banderas*", canção com a qual se apresentou no *II Festival do la Nueva Canción Chilena*, no mesmo ano.

dos em combate. Tais canções recorreram frequentemente à metáfora da luz para representá-los como guias, indicadores do caminho a ser seguido pelo povo a fim de atingir sua "autêntica realização histórica":

> *Simón Bolívar, Simón, / nació de tu Venezuela / y por todo el tiempo vuela / como candela tu voz. / Como candela que va / señalando un rumbo cierto / en este suelo cubierto / de muertos con dignidad.* (Isidro Contreras / Rubén Lena, "*Simón Bolívar*", *Inti-Illimani*, 1969)

> *Aquí estamos, Comandante, / y todos puestos de acuerdo: / con la luz de su recuerdo / seguiremos adelante.* (Carlos Puebla, "*Carta al Che*", *Inti-Illimani*, 1969)

> *Recabarren, / Luis Emilio Recabarren, / simplemente, doy las gracias / por tu luz. / Con el viento, con el viento / de la pampa / tu voz sopla por el centro / y por el sur. / Árbol de tanta esperanza / naciste en medio del sol / tu fruto madura y canta / hacia la liberación.* (Víctor Jara, "*A Luis Emilio Recabarren*", *Pongo en tus manos abiertas...*, 1969)

Celebrando "o poder difusor e contagiante dessa luz, que profeticamente também emanará daqueles que conseguirão manter sua luta",[66] os músicos procuraram indicar que o sacrifício feito pelos mártires não teria sido em vão, já que os ideais pelos quais lutaram permaneceriam vigentes – daí a ideia de imortalidade, opondo a ausência física do corpo à presença eterna de sua "mensagem":

> *Ahí, debajo de la tierra, / no estas dormido, hermano, compañero. / Tu corazón oye brotar la primavera / que, como tú, soplando irán los vientos. / Ahí enterrado cara al sol, / la nueva tierra cubre tu semilla, / la raíz profunda se hundirá / y nacerá la flor del nuevo día. / [...] / Tu muerte*

66 VILLAÇA, Mariana. "Representações de Che Guevara na canção latino-americana". *Projeto História*. São Paulo, n. 32, jun. 2006, p. 361.

> *muchas vidas traerá, / y hacia donde tu ibas, marcharán, / cantando. / [...] / Aquí hermano, aquí sobre la tierra, / el alma se nos llena de banderas / que avanzan, contra el miedo, / avanzan contra el miedo, / venceremos, venceremos.* (Víctor Jara, "*El alma llena de banderas*", *El derecho de vivir en paz*, 1971)

> *Su presencia, Comandante, / está viva, está lozana / en la vida cotidiana, / en el trabajo gigante. / Aquí se mantiene erguida / la conciencia firme y clara, / Comandante Che Guevara, / del ejemplo de tu vida. / [...] / Aquí se mantiene clara / en el dolor de tu ausencia / la aurora de tu presencia, / Comandante Che Guevara.* (Carlos Puebla, "*Carta al Che*", *Inti-Illimani*, 1969)

> *A pesar del sufrimiento / cantamos, cantamos / porque mientras la carne sufre / el pensamiento está / en el día de la victoria. / [...] / Nguyen Van Troi, / tu sangre al derramarse no fue en vano.* (Frank Fernández / Luis Advis, "*Vivir como él*", *Vivir como él*, 1971)

> *Campesino masacrado / en Ranquil o Lonquimay / con tu sangre nuevo surco / todo el pueblo trazará. / Y en la plaza ensangrentada / la paloma quedará. / Es Ramona la que ha muerto / su valor perdurará.* (Sergio Ortega, "*Canción 5*", *La Fragua*, 1973)

Em "*Camilo Torres*" (Víctor Jara, *Pongo en tus manos abiertas...*, 1969), podemos encontrar alusões à imagem do Cristo crucificado, reforçando a ideia de redenção:

> *Donde cayó Camilo / nació una cruz, / pero no de madera / sino de luz. / Lo mataron cuando iba / por su fusil, / Camilo Torres muere / para vivir. / [...] / Lo clavaron con balas / en una cruz, / lo llamaron bandido / como a Jesús. / Y cuando ellos bajaron / por su fusil, / se encontraron que*

> *el pueblo / tiene cien mil. / Cien mil Camilos prontos / a combatir, / Camilo Torres muere / para vivir.*

Vale mencionar que a homenagem ao sacerdote colombiano foi realizada num contexto de disputa pelos setores progressistas da Igreja. Assim, a canção afirma a compatibilidade entre sentimento religioso e revolução: "*Cuentan que tras la bala / se oyó una voz. / Era Dios que gritaba: / ¡Revolución! / A revisar la sotana, / mi general, / que en la guerrilla cabe / un sacristán*".

Fechando parênteses, interessa-nos destacar que essas representações partem da concepção de que as lutas do passado teriam continuidade no presente. Os valores e as bandeiras permaneceriam os mesmos – mas o desfecho poderia ser diferente. Daí a necessidade de, inspirando-se nos "heróis" de outros tempos, procurar romper com o histórico de dominação, transformando os "vencidos" em "vencedores" e, assim, honrando a memória daqueles "mortos com dignidade".

A convicção de que caberia ao revolucionário "de hoje" continuar a luta dos revolucionários "de ontem" se expressa com bastante clareza na cantata popular *Santa María de Iquique* (Quilapayún, 1970). O "*Pregón*" que abre a obra anuncia a intenção de trazer à tona episódios apagados da história oficial, reivindicando para os músicos a qualidade de promotores da verdade:

> *Señoras y Señores / venimos a contar / aquello que la historia / no quiere recordar. / Pasó en el Norte Grande, / fue Iquique la ciudad. / Mil novecientos siete / marcó fatalidad. / Allí al pampino pobre / mataron por matar. / [...] / Seremos los hablantes / diremos la verdad. / Verdad que es muerte amarga / de obreros del salar. / Recuerden nuestra historia / de duelo sin perdón. / Por más que el tiempo pase / no hay nunca que olvidar.*

Após narrar as más condições de vida as quais os trabalhadores do salitre eram submetidos por seus patrões e acompanhar a organização do movimento grevista e as ilusões alimentadas pelos manifestantes, o eu-lírico lamenta seu triste desfecho, indicando que os mortos (estimados pelo compositor Luis Advis em 3600)[67] teriam sido emudecidos, não podendo contar sua versão da história:

> *Murieron tres mil seiscientos / uno tras otro. / Tres mil seiscientos / mataron uno tras otro. / [...] / Serían tres mil seiscientos / ensordecidos. / Y fueron tres mil seiscientos / enmudecidos. / [...] / Tres mil seiscientas miradas / que se apagaron. / Tres mil seiscientos obreros / asesinados. ("Canción letanía")*

A canção seguinte assinala um compromisso com a memória dos trabalhadores caídos, prometendo lutar para que a justiça fosse feita, de modo a honrar sua lembrança:

> *¿Dónde están los asesinos / que mataron por matar? / Lo juramos por la tierra, / los tendremos que encontrar. / Lo juramos por la vida, / los tendremos que encontrar. / Lo juramos por la muerte, / los tendremos que encontrar. / Los juramos compañeros / ese día llegará. ("Canción [IV]")*

Podemos estabelecer um paralelo entre estes versos e a parte final da canção *"Canto a la pampa"* (Fernando Pezoa / Tomás Gabino Ortiz),[68] a qual fora gravada anteriormente pelo Quilapayún (*X Viet-nam*) e provavelmente serviu de inspiração para Luis Advis na elaboração de *Santa María de Iquique*. A canção descreve a pampa salitreira como um lugar "maldito" e destaca as condições subumanas a que os trabalhadores eram submetidos, afirmando que suas reivindicações seriam legítimas. Na sequência, denuncia a repressão violenta da qual foram vítimas, afirmando a culpa

67 O número de mortes não é consensual, variando na bibliografia sobre o assunto de 140 a 3600.

68 De acordo com os autores de *Historia Social de la Música Popular en Chile*, 1950-1970, o texto de "*Canto a la pampa*" teria sido escrito pelo poeta anarquista Francisco Pezoa e sobreposto à música "*Ausencia*", de Tomás Gabino Ortiz, segundo a prática de *contrafactum*, que consiste em agregar novos versos a melodias já conhecidas. Ainda segundo os autores, a versão com letra de Pezoa figurava em cancioneiros das Juventudes Comunistas desde antes de sua gravação pelo conjunto (GONZÁLEZ *et al*, *op. cit.*, p. 423).

eterna das "feras massacradoras" e reivindicando que as novas gerações vingassem a memória daqueles mártires:

> *Pido venganza para el valiente / que la metralla pulverizó / pido venganza para el doliente / huérfano y triste que allí quedó, / huérfano y triste que allí quedó. / Pido venganza por la que vino / de los obreros el pecho a abrir / pido venganza por el pampino / que allá en Iquique supo morir, / que allá en Iquique supo morir.*

Assim, caberia ao presente honrar os sacrifícios feitos no passado, procurando realizar os objetivos pelos quais as gerações vencidas lutaram sem poder alcançar. Afinal – como anotou Michael Löwy acerca do pensamento de Walter Benjamin, com o qual é possível estabelecer algumas aproximações cuidadosas para pensar nosso objeto –, acreditava-se que "Os derrotados [...] esperam de nós não só a rememoração de seu sofrimento, mas também a reparação das injustiças passadas e a realização da utopia social".[69] Nos termos da cantata popular, "*No basta sólo el recuerdo, / el canto no bastará. / No basta sólo el lamento, / miremos la realidad. / [...] / Unámonos como hermanos / que nadie nos vencerá. / [...] / La tierra será de todos / también será nuestro el mar. / Justicia habrá para todos / y habrá también libertad*" ("*Canción final*").

"Hoje é o tempo que pode ser amanhã"

É possível distinguir no repertório analisado duas maneiras de interpretar o presente, estreitamente relacionadas com a conjuntura política do país: até 1970, predominou a sensação de continuidade em relação ao passado, depositando as esperanças de mudança no futuro; entre 1970 e 1973, a ênfase foi posta na ruptura com o "ontem", aproximando

69 LÖWY, Michael. *Walter Benjamin: aviso de incêndio: Uma leitura das teses "Sobre o conceito de história"*. São Paulo: Boitempo, 2005, p. 51.

o "hoje" do "amanhã".[70] No primeiro caso, destacam-se as canções que apontavam para a atualidade de lutas transcorridas em períodos anteriores, sendo emblemático o LP *A la Resistencia Española / A la Revolución Mexicana*, lançado pelo selo independente Hit Parade em 1969 e interpretado por Rolando Alarcón (lado A) e Inti-Illimani (lado B).[71]

Como se pode depreender, o lado A[72] é dedicado ao repertório da Guerra Civil Espanhola (1936-1939)[73] associado à causa republicana. A ênfase é posta sobre canções que versam sobre o mundo do trabalho, denunciando a exploração a que mineiros, operários e camponeses eram submetidos por seus patrões e o respaldo oferecido pelo governo espanhol a estes últimos.

---

70 Tal diferença não é indicativa de um maior ou menor "grau" de engajamento do discurso revolucionário em cada um desses momentos, pois, como vimos no capítulo anterior, o compromisso dos músicos com as questões postas no presente atravessa todo o período estudado, assumindo diferentes formas em suas respectivas obras.

71 Analisamos este disco em um trabalho anterior, do qual retiramos alguns trechos que integram a explanação aqui apresentada. Ver SCHMIEDECKE, Natália. "Usos do passado na Nova Canção Chilena: Rolando Alarcón, Inti-Illimani e a representação sonora da Revolução Mexicana e da Guerra Civil Espanhola (1969)". *Anais do I Seminário Internacional História do Tempo Presente*, Florianópolis, 2011, p. 204-218. Disponível em: <http://eventos.udesc.br/ocs/index.php/STPII/stpi/paper/view/261/180>. Acesso em: 16 jul. 2015.

72 Todas as canções gravadas em *A la Resistencia Española* foram compostas pelo músico espanhol Chicho Sánchez Ferlosio, que as havia gravado anteriormente, entre 1963 e 1964, de forma clandestina.

73 A Guerra Civil Espanhola foi um conflito bélico deflagrado em 1936, após um fracassado golpe de Estado encabeçado por um setor do exército contra o governo da Segunda República Espanhola, que era liderado por uma coalizão de partidos de esquerda denominada Frente Popular. O conflito dividiu o país entre bando republicano e bando nacional e teve ampla repercussão no cenário internacional. Em 1º de abril de 1939, foi imposta a vitória dos militares, inaugurando o regime fascista liderado pelo general Francisco Franco, que se estendeu até 1975. Tendo atuado como cônsul do Chile em Madri durante a guerra, Pablo Neruda constituiu a principal ponte entre os dois países. Declarando seu apoio aos republicanos, o poeta se envolveu ativamente no conflito – o que lhe causou a perda do cargo consular. Comprometido com a causa da Frente Popular, Neruda passou a atuar na França, incumbindo-se da tarefa de tirar os militantes republicanos de suas prisões e enviá-los ao Chile por meio do navio Winnipeg. Através desses exilados e dos chilenos que combateram na Espanha, as canções em voga durante a guerra se tornaram bastante conhecidas no Chile, sendo apropriadas pelos partidos de esquerda como expressão das lutas trabalhistas mundiais. Sobre a presença desse repertório no Chile, ver RODRÍGUEZ MUSSO, *Cantores que reflexionan*, p. 55-57.

Na faixa inicial, "*La Paloma*", a denúncia de tal situação culmina na afirmação de que "*pero nos uniremos / contra la explotación; / la fuerza de los hombres, paloma, / siempre será la unión*". Essa temática encontra continuação nas faixas "*A la huelga*" e "*Coplas del Tiempo*". Na primeira, os trabalhadores são incitados a entrar na greve federal "*contra el gobierno del hambre*". Por sua vez, "*Coplas del Tiempo*" exalta a união das forças de esquerda que teve lugar nas bacias mineiras das Astúrias: "*Hay una lumbre en Asturias / que calienta España entera, / y es que allí se ha levantado, / toda la cuenca minera. / Ay asturianos, / están nuestros destinos / en vuestras manos*". A letra da canção indica a divisão existente no interior das forças religiosas espanholas durante a guerra, criticando os padres que ficaram ao lado dos patrões, mas reconhecendo que "*Hay algunos sacerdotes / francamente progresistas / apoyan las peticiones / de los mineros huelguistas*".

Por sua vez, a faixa "*El gallo rojo*" aborda as duas forças em combate valendo-se da metáfora "galo preto" *versus* "galo vermelho", na qual o primeiro tipo representa os nacionalistas e o segundo, os republicanos. A preferência por esta segunda tendência se explicita nos versos "*Cuando canta el gallo negro / es que ya se acaba el día. / Si cantara el gallo rojo / otro gallo cantaría*". Reconhecendo a preponderância do galo preto naquele momento, a canção se encerra com a garantia de que a luta não acabou: "*Gallo negro, gallo negro, / gallo negro, te lo advierto: / no se rinde un gallo rojo / mas que cuando está ya muerto*".

Podemos observar a ênfase dada no disco à figura dos trabalhadores revolucionários – temática utilizada como chave de leitura da Guerra Civil Espanhola. O apelo a tal memória dialoga diretamente com o contexto político no qual *A la Resistencia Española* foi produzido – marcado pelo acirramento das lutas trabalhistas no Chile. Nesse sentido, os episódios selecionados da guerra figuram como seus antecedentes diretos, estabelecendo uma "tradição revolucionária" na qual o presente chileno estaria inserido.

A tentativa de associar a realidade nacional ao conflito espanhol também aparece nas mudanças de palavras promovidas por Rolando Alarcón em relação às letras originais das canções, dentre as quais podem ser destacadas: substituição de "*Nacerá el trigo joven entre besanas*" por "*Nacerá el trigo joven entrevesado*" ("*Canción de Grimau*"); de "*Desde el pozo y la besana*" por "*Desde el pozo y el arado*" ("*A la huelga*"); de "*Ale, asturianos*" por "*Ay, asturianos*" ("*Coplas del tiempo*"); e de "*cojo el fusil y la manta*" por "*tomo el fusil y la manta*" ("*Canción de soldados*"). Observa-se aqui a tentativa de chilenizar as letras, substituindo expressões espanholas por equivalentes e, desse modo, buscando a identificação do público nacional com as questões abordadas.

Dando continuidade à temática das lutas trabalhistas, o lado B do LP, *A la Revolución Mexicana,* apresenta na capa uma notícia jornalística contemporânea ao conflito, datada de 10 de abril de 1919. Sob o título "*Los campesinos mejicanos se quedan sin caudillo*", esta apresenta a clássica foto (1914) de Francisco ("Pancho") Villa sentado na cadeira presidencial, tendo ao lado esquerdo o guerrilheiro Emiliano Zapata. Como indicou o historiador Carlos Alberto Barbosa, "Villa e Zapata representam uma espécie de retrato do México, de Norte a Sul. Esta fotografia sintetiza o auge da revolução camponesa".[74] Ao lado da imagem, figura um texto que informa sobre a morte de Zapata, "defensor de seus irmãos, os camponeses índios", por forças do então presidente, Venustiano Carranza. De acordo com a notícia, Zapata constituía uma grave ameaça para o regime instaurado enquanto este não resolvesse a questão agrária e o problema do indígena: "'Luto não somente por meus índios, senão por todos os camponeses do mundo'. Tal era o lema do 'índio bom' assassinado".[75]

Ao virarmos o disco de vinil, deparamo-nos com uma sonoridade bastante diversa. Embora mantenham a base instrumental das canções gravadas por Alarcón – voz e violão –, as faixas do lado B pertencem a um gênero musical característico do México, denominado *corrido*,[76] que este-

---

74 BARBOSA, Carlos A. S. *A fotografia a serviço de Clio: Uma interpretação visual da Revolução Mexicana (1900-1940).* São Paulo: Ed. Unesp, 2006, p. 118.

75 *Apud* INTI-ILLIMANI, *A la Revolución Mexicana.* Hit Parade, 1969, capa.

76 Segundo o historiador mexicano Antonio Hernández, o *corrido* constitui "um gênero lírico narrativo popular, de temática múltipla, que pode ser cantado ou não, e é usado para narrar histórias reais ou de ficção, que expressam o ponto de vista do bando, ou as ligações afetivas ou ideológicas a que está afiliado o autor e cuja construção obedece às formas folclóricas, poéticas e/ou musicais, que prevalecem na região onde se produz". (HERNÁNDEZ, Antonio. *La narrativa de las Cristiadas.*

ve em voga durante a Revolução. Tendo como marca a abordagem direta de acontecimentos e/ou personagens específicos, ressaltando o próprio contexto narrado, os *corridos* ficaram fortemente associados no imaginário coletivo à história das lutas populares camponesas.[77]

Essa relação aparece com clareza na faixa que abre o álbum, "*Nuestro México, febrero 23*", na qual se estabelece a oposição Villa (herói) *verus* Carranza (inimigo), em que o primeiro é representado como defensor dos interesses nacionais, enquanto o segundo é acusado de aliar-se ao governo norte-americano. Acreditamos que a canção tematiza a Expedição Punitiva liderada pelo general John Pershing em resposta ao ataque ao povoado de Columbus – desencadeado por tropas villistas, em maio de 1916, em protesto ao apoio oferecido pelo governo do presidente Thomas W. Wilson a Carranza, resultando na morte de civis e oficiais norte-americanos. Os versos finais convocam a união popular em defesa da nação mexicana – encarnada por Villa: "*Yo les encargo mis fieles compañeros / que se estén firmes al pie de su cañón / que disparen la última metralla / para defensa de nuestra nación*".

"*El Siete Leguas*", a terceira faixa do álbum, é outra canção centrada na figura de Villa. Fazendo referência ao cavalo que o teria carregado semi-inconsciente por sete léguas após uma batalha, a música narra os feitos heroicos do guerrilheiro, exaltando sua valentia. A figura do "*Soldado Revolucionário*" é novamente abordada na faixa seguinte, tendo como mote o dia a dia no campo de batalha. A julgar pelas referências presentes na letra – a exemplo da menção a "*mi buen treinta-treinta*", arma mais leve e utilizada em emboscadas e lutas próximas do combatente –, a canção remete aos exércitos populares.[78] Nesse sentido, é significativa a presença do elemento religioso nos versos finais: "*Ya con esta me voy despidiendo,*

Novela, cuento, teatro, cine y corrido de las Rebeliones Cristeras. Tese (Doutorado em História), UAM-1, Cidade do México, 2006, p. 633). Agradeço ao historiador Caio Pedrosa da Silva por esta referência.

77 HÉAU LAMBERT, Catherine; GIMÉNEZ, Gilberto. "La representación social de la violencia en la trova popular mexicana". *Revista Mexicana de Sociologia*, Cidade do México, n. 4, out.-dez. 2004, p. 629. Disponível em: <http://www.ejournal.unam.mx/rms/2004-4/RMS04402.pdf>. Acesso em: 16 jul. 2015.

78 Agradeço ao historiador Rafael Pavani da Silva por esta informação.

/ ya me voy de revolucionario, / si Dios quiere que vuelva, pos vuelvo / si no, rezan por mí un novenario".

Assim, a ênfase é posta no caráter supostamente "popular" da Revolução, representado pelos exércitos de Pancho Villa e Emiliano Zapata e expresso nas temáticas abordadas nos *corridos* selecionados. Trazendo à tona a questão da luta camponesa pelo acesso a terra, *A la Revolución Mexicana* dialoga com a reivindicação pela intensificação da Reforma Agrária iniciada no Chile durante o governo Frei – pauta que tomou grandes proporções no período anterior às eleições de 1970, transformando-se numa das principais medidas previstas no programa de governo da UP, como vimos no capítulo 1. Outros paralelos observáveis com a conjuntura chilena são a denúncia do "imperialismo" norte-americano e a associação da religiosidade com o "popular", indicando que a Igreja deveria se comprometer com as lutas de seus fiéis.

Estabelecendo vínculos com os conflitos espanhol e mexicano, lidos na chave das reivindicações de cunho social, Rolando Alarcón e Inti-Illimani apontaram para um presente no qual os problemas que motivaram conflitos no passado permaneceriam vigentes. Os "movimentos revolucionários" de "ontem" são tomados como exemplo a ser seguido pelos "oprimidos" de "hoje" e as esperanças de mudança são depositadas no "amanhã", como podemos observar na "*Canción de Grimau*", integrante de *A la Resistencia Española*. Constituindo uma homenagem ao comunista Julián Grimau, fuzilado em 1963 pelo regime franquista, a canção opõe presente e futuro, assinalando a expectativa de um desenlace diferente para as causas defendidas pelo mártir: "*Las piedras del camino / hoy sangre llevan, hoy sangre llevan. / Nacerá el trigo joven entrevesado, / las razones de nuevo pisoteadas. / Pero a pesar de todo / yo sé que un día / tú estarás con nosotros / como querías, como querías*".

Outras canções que trabalham com a perspectiva de continuidade entre passado e presente depositando no futuro a possibilidade de mudança podem ser encontradas nos repertórios de Víctor Jara e Quilapayún. É o caso de "*El arado*" (*Víctor* Jara, 1966), que após denunciar a exploração do trabalho do camponês, afirma: "*Y en la tarde cuando vuelvo / en el cielo apareciendo / una estrella. / Nunca es tarde, me dice ella, / la paloma volará, volará, volará, / como el yugo de apretado / tengo el puño esperanzado / porque todo cambiará*". De forma similar, "*Peoncito del mandiocal*", composição do uruguaio Aníbal Sampayo incluída em *Canciones folklóricas de América* (1968), incentiva o menino camponês a sonhar com um futuro melhor: "*sueña, niño sueña, cielo y luna de almidón, / carpe tu esperanza que la noche te hará un sol*". Por sua vez, "*El pueblo*" (*Quilapayún*, 1967) destaca a longa espera pelo "florescer", reafirmando a certeza de que ele virá: "*Mucho tiempo hace que espero / ver mi tierra florecer / que se termine tu invierno / tu verano va a nacer*".

A formulação mais clara da concepção predominante nos discos pré--UP pode ser encontrada em "*Somos pájaros libres*", canção de Jara gravada pelo Quilapayún em seu LP de 1967: "*Yo no soy aquel que soy, / yo soy aquel que será*". Em algumas canções gravadas em 1969, já se manifesta a mudança de enfoque que será característica dos anos seguintes: a esperança em dias melhores cede lugar à convocação para "antecipar" o amanhã, conforme podemos observar na já citada "*Plegaria a un labrador*" (*El derecho de vivir en paz*, 1971; *Quilapayún 4*, 1970):

> *<u>Levántate</u> y mírate las manos / para crecer estréchala a tu hermano. / Juntos iremos unidos en la sangre / <u>hoy es el tiempo que puede ser mañana.</u> / Líbranos de aquel que nos domina / en la miseria. / Tráenos tu reino de justicia / e igualdad. / [...] / Hágase por fin tu voluntad / aquí en la tierra.* [grifo nosso]

A noção do presente como tempo de transição se fundamentava na compreensão de que se estava vivenciando um momento decisivo da história, no qual a concretização do ideal de futuro estaria nas mãos dos contemporâneos. A canção "*El martillo*"[79] (*Pongo en tus manos abiertas...*, 1969) – "um

79 Trata-se da versão em espanhol realizada por Víctor Jara da composição "*If I had a hammer*", de Lee Hays e Pete Seeger, que havia sido popularizada em 1962 pelo trio norte-americano Peter, Paul and Mary.

genuíno hino da época"[80] – capta esse espírito, enfatizando o protagonismo dos músicos na construção da justiça, da liberdade e da paz:

> *Si tuviera un martillo, / golpearía en la mañana, / golpearía en la noche / por todo el país. / Alerta el peligro / debemos unirnos para defender / la paz. / Si tuviera una campana, / tocaría en la mañana, / tocaría en la noche / por todo el país. / Alerta el peligro, / debemos unirnos para defender / la paz. / Si tuviera una canción, / cantaría en la mañana, / cantaría en la noche / por todo el país. / Alerta el peligro / debemos unirnos para defender / la paz. / Ahora tengo un martillo / y tengo una campana / y tengo una canción que cantar / por todo el país. / Martillo de justicia, / campana de libertad / y una canción de paz.*

A partir de 1970, essa perspectiva que associava o presente ao futuro ganhou força, conforme indicam as diversas canções que celebram a chegada da UP ao poder, identificando-a como o momento em que o "povo" conquista sua liberdade, deixando para trás o passado de ódio e exploração:

> *La libertad ha llegado, conquista del pueblo ha sido / en el corazón chileno, su llama ya se ha encendido. / [...] / Y esta sí que es libertad / con la patria rescatada / con la justicia en la frente / nuestra tierra liberada. / [...] / El pueblo y su dignidad / conquista su libertad.* (Cirilo Vila, "*Cueca de la libertad*", *Quilapayún 5*, 1972)

> *Con arados se despiertan / tierras que estaban dormidas / [...] / Ya se acaba el latifundio / el campo al que lo trabaja / se hace la reforma agraria. / El momento es importante / nadie se ponga delante. / Y los técnicos agrarios / ya se ponen al servicio / del campesino chileno / que ha encontrado su destino.* (Julio Rojas / Sergio Ortega, "*Canción de la reforma agraria*", *Canto al programa*, 1970)

80 ACEVEDO *et al*, *op. cit.*, p. 44.

> *Y también al ancho mar que en Chiloé / infierno fue hace diez años / el chilote con astucia y con engaño / le arrebata el porvenir. / Ancho mar que ayer dejó / la población en soledad desesperada / hoy le entrega su alimento y su morada / le hace fácil el vivir.* (Sergio Ortega, "*Canción 10*", *La Fragua*, 1973)

> *Yo canto porque el presente / no es de pena ni es de llanto, / por eso es que cuando canto, / canto lo que el pueblo siente. / [...] / Como cantar es mi oficio / yo canto el esfuerzo duro / de construir el futuro / con alegre sacrificio.* (Carlos Puebla, "*Soy del pueblo*", *Vivir como él*, 1971)

> *María, / abre la ventana / y deja que el sol alumbre / por todos los rincones / de tu casa. / María, / mira hacia afuera / [...] / Pasó lo más cruel, / ahora tus ojos se llenan de luz / y tus manos de miel. / [...] / tu risa brota como la mañana brota en el jardín. / María...* (Víctor Jara, "*Abre la ventana*", *El derecho de vivir en paz*, 1971)

> *Ven, ven, conmigo ven, / ven, ven, conmigo ven. / Vamos por ancho camino, / nacerá un nuevo destino, ven. / El odio quedó atrás / no vuelvas nunca, / sigue hacia el mar / tu canto es río, sol y viento / pájaro que anuncia la paz.* (Víctor Jara, "*Vamos por ancho camino*", *El derecho de vivir en paz*, 1971)

Podemos perceber nesses fragmentos a ideia de um presente melhor do que o passado, já que estaria mais próximo do "final da história", quando o "povo" consolidaria o poder recém-conquistado. Assim, a "*Marcha de los pobladores*" – que encerra o LP temático *La población* (1972), de Víctor Jara – convida a "seguir avançando" com o "governo popular", rumo ao porvir:

> *Poblador, compañero poblador, / seguiremos avanzando hasta el final, / poblador, compañero poblador, / por los hijos, por la patria y el hogar, / poblador, compañero*

> *poblador, / ahora la historia es para ti / con techo, abrigo y pan / marchemos juntos al porvenir. / Poblador, compañero poblador, / con las banderas del gobierno popular, / [...] / trabajemos siempre unidos / y será Chile el gran hogar.* [grifo nosso]

A mesma ideia está presente na parte final da cantata popular *La Fragua* ("*Recitado 9*"), em que o eu-lírico chama os trabalhadores chilenos a apropriarem-se da história para "abrir o caminho" rumo ao futuro:

> *Pueblo, la Historia está entregando tareas luminosas, / la Historia está dejando en tu rivera / tremendos desafíos. / Libera tu energía en esta hora, / pescador, jornalero de Quillota / y tú, compañera tejedora. / Tomemos la historia en nuestras manos. / Abramos el camino.* [grifo nosso]

Na sequência do disco, são celebradas duas medidas "patrióticas" levadas a cabo pelo governo da UP: a nacionalização dos recursos naturais e a reforma agrária. Essas atitudes são apontadas como a concretização do objetivo anunciado pelo "visionário" Luis Emilio Recabarren e perseguido pelos trabalhadores durante toda a história nacional, "*Abriendo el camino / que Chile se ha forjado*" ("*Canción 12*"). Assim, o Chile de Allende é representado como o momento de libertação da classe trabalhadora, que passaria a ser dona de seu destino e protagonista da "nova pátria": "*La historia te pertenece / el pueblo dice: ¡adelante!*" ("*Pregón*", grifo nosso); "*Tú renacerás, / tú defenderás, / abre tu camino, / forja tu destino, / con la clase obrera / toma la bandera. / Tú construirás, / tu defenderás, / la patria espera, / tu gran bandera*" ("*Canción 9*").

Diferentemente do que ocorre na maioria das canções gravadas antes de 1970, a possibilidade de um desenlace diferente para as lutas do passado é aqui associada ao presente – e não mais ao futuro –, confirmando a tese Koselleck segundo a qual "na era moderna a diferença entre experiência e expectativa aumenta progressivamente, ou melhor, só se pode conceber a modernidade como um tempo novo a partir do momento em que as expectativas passam a distanciar-se cada vez mais das experiências feitas até então".[81]

"Socialista será o porvir"

Como pudemos observar no decorrer deste capítulo, o projeto de futuro defendido pelos músicos previa a realização de três objetivos principais: o fim do domínio "imperialista", a paz mundial e a construção do socialismo. No que tange ao primeiro ponto – já exaustivamente explorado –, nos limitamos a destacar uma pequena passagem da "*Canción del poder popular*", integrante do LP *Canto al programa* (1970): "*Echaremos fuera al yanqui / y su lenguaje siniestro. / [...] / La patria se verá grande / con su tierra liberada*". Tendo nas libertações nacionais sua condição de possibilidade, a expectativa de paz mundial supunha o fim das guerras entre países e a substituição da segregação pela união, conforme indicam as seguintes canções, também gravadas pelo Inti-Illimani:

> *Si somos americanos / seremos buenos vecinos, / compartiremos el trigo, / seremos buenos hermanos. / [...] / Si somos americanos, / seremos todos iguales, / el blanco, el mestizo, el indio / y el negro son como tales.* (Rolando Alarcón, "*Si somos americanos*", *Si somos americanos*, 1969)

> *Que empiece la fiesta grande / de corazones ardientes, / se abracen los continentes / por este momento cumbre, / que surja una perdidumbre / de lágrimas de alegría, / se baile y cante a porfía, / se acaben las pesadumbres. / Entremos en la columna / humana de este desfile. / Miles y miles de miles / de voces fundidas en una. / De todas partes los "hurra", / aquí todos son hermanos / y así estarán, de la mano, / como formando cadena / porque la sangre en las venas / fluirá de amor sobrehumano.* (Violeta Parra / Luis Advis, "*Canción final*", *Canto para una semilla*, 1972)

81 KOSELLECK, *op. cit.*, p. 314.

Na concepção marxista da história – compartilhada pelos músicos filiados ao PCCh –, o "amor universal" só poderia ser alcançado na sociedade comunista, em que o individualismo e a competitividade seriam substituídos pela união em nome do bem coletivo. Tomado como fim último da história, o socialismo representaria o momento de redenção da humanidade, instaurando uma nova era em que o "povo" seria protagonista.

No repertório analisado, essas representações conviveram com a afirmação de que o porvir só poderia ser alcançado por meio das ações efetivas dos contemporâneos. Assim, a canção final da cantata *Santa María de Iquique* (1970) alertava:

> *Ustedes que ya escucharon / la historia que se contó / no sigan allí sentados / pensando que ya pasó. / [...] / Quizás mañana o pasado / o bien, en un tiempo más, / la historia que han escuchado / de nuevo sucederá. / Es Chile un país tan largo, / mil cosas pueden pasar / si es que no nos preparamos / resueltos para luchar. / Tenemos razones puras, / tenemos por qué pelear. / Tenemos las manos duras, / tenemos con qué ganar.*

Aqui a realização da utopia é colocada como uma *possibilidade* real, mas condicionada à conduta dos atores envolvidos com o projeto revolucionário. Embora não faltem testemunhos do otimismo[82] reinante entre os apoiadores da UP – especialmente no período imediatamente posterior às eleições de 1970 –, a "chegada" do socialismo não foi encarada por eles como algo que ocorreria automaticamente.

82 Esse otimismo pode ser percebido nas seguintes palavras de Eduardo Carrasco: "nesse momento estávamos longe de pensar que algo assim [um desfecho trágico] podia ocorrer, porque na realidade era como um movimento de ascensão das lutas populares, veio o triunfo de Allende [...] então a cantata se via mais como uma expressão positiva, nós estávamos muito longe de pensar que poderia ocorrer uma coisa como o que ocorreu depois com a ditadura". Entrevista concedida a Eileen Karmy em 26 de julho de 2009 e reproduzida em sua dissertação (*"Ecos de um tiempo distante": La Cantata Popular Santa María de Iquique (Luis Advis – Quilapayún) y sus resignificaciones sociales a 40 años de su estreno*. Dissertação (Mestrado em Artes, menção em Musicologia) – Facultad de Artes, Universidad de Chile, Santiago, 2011, p. 137).

A canção que fecha o LP *Canto al programa*, "*Venceremos*", é representativa dessa relação entre otimismo e chamado à ação:

> *Desde el hondo crisol de la patria / se levanta el clamor popular, / ya se anuncia la nueva alborada, / todo Chile comienza a cantar. / [...] / Venceremos, venceremos / Mil cadenas habrá que romper / [...] / Campesinos, soldados, mineros, / la mujer de la patria también, / estudiantes, empleados, mineros / cumpliremos con nuestro deber. / Sembraremos las tierras de gloria, / socialista será el porvenir, / todos juntos seremos la historia, / a cumplir, a cumplir, a cumplir.*

O governo da UP é assim apontado como um movimento histórico progressista, voltado a realizar a transição do capitalismo para o socialismo – objetivo final que só poderia ser concretizado com a realização de todas as etapas abordadas ao decorrer do disco ("*mil cadenas habrá que romper*"), correspondentes ao projeto da *via chilena*. Tal concepção foi explicitada pelo personagem-narrador Peyuco Pueblo no relato que antecede "*Venceremos*":

> *Yo que soy Peyuco Pueblo / confío en que ahora se hace / el programa que termina / para ustedes de cantarse. / Pero, ¿quién lo hace? / ¡Nosotros! Sin egoísmo ni nada, / para esto los chilenos / somos gallos de palabra. / Como estamos decididos, / aunque es dura la tarea, / escuchemos esta marcha / que viene con pinta nueva.*

Assim, a certeza expressa na canção se refere antes à disposição dos chilenos a levarem o projeto adiante do que a qualquer lei histórica irreversível. Mas a julgar pela amplitude da campanha promovida pelo governo desde a posse de Allende com o objetivo de envolver os chilenos em seu programa, essa confiança na ação popular constituiu antes uma estratégia retórica – visando torná-la realidade efetiva – do que propriamente uma certeza por parte dos governantes. Daí as diversas "canções de construção do novo Chile" compostas e difundidas pelos artistas da NCCh entre 1970 e 1973, dentre as quais se encontram: "*Marcha de la producción*" e "*La fiesta del domingo*", de Sergio Ortega, gravadas pelo Quilapayún; "*Que lindo es ser voluntario*" e "*Parando los tijerales*", de Víctor Jara; "*Póngale el hombro, m'hijito*", "*La hormiga vecina*" e "*En esta tierra que tanto quiero*", de Isabel Parra; "*Canto al trabajo voluntario*", de Osvaldo *Gitano* Rodríguez; "*Cueca de la organización*", de Ángel Parra; além dos discos *Canto al programa* (Inti-Illimani) e *Las cuarenta medidas* (Richard Rojas), inteiramente dedicados ao programa da UP.[83]

Como destacou o historiador Claudio Rolle, essas canções insistem na responsabilidade coletiva que os chilenos assumiram ao eleger Allende como presidente. Particularmente significativo (e recorrente) nesse sentido é o tema dos trabalhos voluntários, que eram realizados aos domingos visando atingir metas de produção e melhorar as condições de vida das famílias mais carentes.[84] Em "*Que lindo es ser voluntario*", gravada em *single* em 1972, Víctor Jara reitera a ideia de que tais trabalhos eram fundamentais para atingir o "destino" do país: "*Qué cosa más linda es ser voluntario, / construyendo parques para el vecindario, / levantando puentes, casas y caminos, / siguiendo adelante con nuestro destino, ¡sí!*".

Para "seguir adiante", o governo da UP deveria ser constantemente defendido dos ataques das forças retrógradas – argumento que foi constantemente reforçado por Allende e que está presente na parte final de *La Fragua: "El duro camino que lleva al socialismo / el puño del pueblo lo construirá / y aquellos que intenten cerrarnos el camino / el puño del pueblo los castigará*" ("*Recitado 11*"). É significativo, nesse sentido, que tenham sido incluídas na sequência da cantata – no LP de 1973 – seis das canções contingentes que abordamos no segundo capítulo. Centradas na denúncia dos inimigos políticos do governo, essas canções são indicativas do papel assumido pelos músicos comprometidos com o projeto da *via chilena*: mobilizar a população, a fim de fazer emergir o "punho do povo".

83 ROLLE, "La 'Nueva Canción Chilena y el proyecto'...", p. 9.

84 *Ibidem*, p. 9-10.

A importância que os artistas atribuíam ao seu ofício num contexto de extrema polarização ideológica pode ser percebida nas seguintes palavras de Víctor Jara:

> Vivemos um processo de transição de uma sociedade capitalista para uma sociedade socialista. A luta deve dar-se em todos os cantos. E isso significa não ceder nunca ante as pressões. Jamais perder a autenticidade do compromisso. A burguesia, como regra normal de seus hábitos, quer adquirir tudo com o dinheiro, inclusive as consciências. No instante que vivemos, o pior que pode acontecer a um cantor revolucionário é deixar de arriscar sua vida com seu canto.[85]

Desse modo, a "batalha pelas consciências" constituiria a tarefa primordial do "músico revolucionário" naquele momento; esta seria sua maneira de contribuir para o "avanço" da história no sentido do socialismo. Mas é importante ressaltar que em diversas ocasiões Jara esclareceu que "o combate com o violão", para dar "bom termo a esta linda tarefa",[86] não deveria se reduzir às canções de conteúdo político explícito. A perspectiva de um mundo livre trazia novos desafios à criatividade artística – pois uma vez que "somos chamados a criar a nova cultura", "temos nesses momentos que buscar, eu diria, em todos os cantos da alma, para que a sensibilidade vibre com uma força que nos renove e assim ajudar a renovação e a transformação total".[87]

Como observou a pesquisadora chilena Nadinne Canto em sua dissertação, os escritores e artistas comprometidos com o projeto da UP se dedicaram ao "desenvolvimento de práticas estéticas [...] que configurassem um modo singular de inscrever *sentido* na comunidade, [...] delineando um novo modelo social que, através de um repertório significante em

85 *Apud* "Una canción vale más que diez discursos". *El Siglo*. Santiago, [1972], p. 12.

86 CHAMORRO DIAZ, "Cultura sin paternalismo". *El Siglo*. Santiago, 15 nov. 1970, p. 5.

87 *Apud* MALDONADO, Carlos. "La mejor escuela para el canto es la vida". *Revista El Siglo*. Santiago, 14 out. 1972, p. 6.

conformidade ao projeto [político], pudesse integrar as massas".[88] Esse programa se aproximava daquele defendido por Che Guevara em suas formulações acerca do "homem novo" – que tinham como premissa a concepção de que a "revolução" não previa unicamente uma transformação das estruturas sociais e políticas, mas principalmente uma profunda e radical transformação dos homens em termos de consciência e valores:

> Para construir o comunismo, simultaneamente com a base material, é necessário fazer o homem novo [...] é necessário o desenvolvimento de uma consciência na qual os valores adquiram categorias novas. A sociedade em seu conjunto deve converter-se em uma gigantesca escola. [...] Neste período de construção do socialismo podemos ver o homem novo que vai nascendo. [...] O importante é que os homens vão adquirindo cada dia mais consciência da necessidade de sua incorporação à sociedade e, ao mesmo tempo, de sua importância como motores da mesma.[89]

Para Guevara, os artistas teriam um papel crucial a cumprir nesse projeto de educação das "massas". Como bem anotou Nadinne Canto, caberia a eles "colocar em marcha um projeto de *produção de subjetividade* [...] por meio da qual seria possível concretizar o desejado *Homem Novo*, ao procurar um tipo de consciência particular nele, que lhe possibilitaria emancipar-se".[90] Para tanto, a separação "burguesa" entre "trabalho material" e "trabalho espiritual" deveria ser superada – ideia reiterada por Fidel Castro quando afirmou que o artista deveria se considerar um trabalhador como qualquer outro, a serviço da revolução.[91]

---

88 CANTO NOVOA, Nadinne. *Cultura y Hegemonia. Notas sobre la construcción del 'Hombre Nuevo' en la Unidad Popular.* Monografia (Licenciatura em Artes, menção em Teoria e História da Arte) – Facultad de Artes, Universidad de Chile, Santiago, 2010, p. 25, grifo no original.

89 GUEVARA, Ernesto. *El socialismo y el hombre en Cuba*. Cidade do México: Siglo Veintinuno, 1977. (América Nuestra), p. 7-9.

90 CANTO NOVOA, *op. cit.*, p. 12, grifo no original.

91 *Apud* VILLAÇA, *Polifonia tropical...*, p. 98.

De acordo com a historiadora Mariana Villaça, a morte de Guevara (1967) e sua subsequente mitificação como herói/mártir transformaram-no no próprio modelo de "homem novo" que ele havia preconizado: "ideal de homem voluntarioso, solidário, militante disposto a qualquer sacrifício, consciente politicamente de seu papel de cidadão e, principalmente, de seu compromisso com a manutenção das conquistas obtidas com a revolução".[92] Ainda segundo a autora, a ideia do "homem novo" repercutiu com força em diversas manifestações musicais latino-americanas, cujos expoentes procuraram assumir o papel designado pelo dirigente cubano, reivindicando para si a qualidade de "trabalhadores da cultura".[93]

Compartilhando desse ideário, Víctor Jara expressou que

> A música cumpre um papel muito importante no fenômeno de conscientização e esclarecimento [...] um artista é um revolucionário, porque não somente denuncia os males de uma sociedade, mas também contribui para que a vida do homem se esclareça para conseguir sua dignidade e liberdade.[94]

Para cumprir seus objetivos "que não são outros que colocar o homem em sua posição de ser livre sobre a Terra", o artista comprometido "tem que ser antes um militante de seu compromisso e depois um intelectual desse compromisso".[95] Em uma entrevista posterior, o músico aprofundou este último argumento:

> Seria bom esclarecer que o verdadeiramente revolucionário está atrás do violão, quando o cantor não canta, quando é uma pessoa a mais. Assim sendo, revolucionário é

92 *Ibidem*, p. 58.

93 *Ibidem*, p. 59.

94 *Apud* CATALDO, Francisco. "Víctor Jara: un militante de su compromiso". *El Siglo*. Santiago, 2 maio 1971, p. 11.

95 *Apud ibidem*, p. 11.

> aquele que trabalha pela revolução. Portanto, sendo um artista um trabalhador a mais, deverá colocar a arma de seu talento a serviço do processo que vivemos.[96]

Mas "o artista revolucionário ou o revolucionário-artista, como o trabalhador da música"[97] não deveria limitar sua atuação à esfera criativa. O termo "trabalhador da cultura" tem como premissa a reformulação da divisão intelectual/povo, de modo que o "artista revolucionário" deveria, assim como o restante da população, "acentuar sua participação consciente, individual e coletiva em todos os mecanismos de direção e produção [...] Assim alcançará a total consciência de seu ser social, o que equivale a sua realização plena como criatura humana",[98] conforme expôs Guevara.

Essas premissas nos permitem compreender um verso – já citado, mas ainda não abordado – da cantata *Santa María de Iquique*: "*el canto no bastará*". Como destacou a musicóloga Eileen Karmy em sua dissertação, ele pode ser interpretado como um chamado dirigido à NCCh no sentido de atuar para além do musical, complementando o canto com ações concretas para alcançar as mudanças buscadas pelo movimento e pela UP. Os membros do Quilapayún – intérpretes da obra – figuravam como exemplo a ser seguido, uma vez que sua filiação ao PCCh não implicava somente em cantar um discurso de conotação política, mas possuía consequências práticas: apresentavam-se gratuitamente nos atos organizados pelo partido ou pela UP; abriam mão de parte (ou, em alguns casos, da totalidade) da renda obtida com a venda de discos em favor do partido; participavam dos trabalhos voluntários, entre outras tarefas "de base".[99] As imagens 16, 17 e 18 (p. 295) são ilustrativas das diferentes faces do envolvimento dos músicos com o projeto revolucionário.

Essa conduta indica que os artistas não concebiam a música como um meio que poderia, por si próprio, conduzir ao "fim da história". Mas tampouco seria possível seguir em frente sem cantar, pois "o canto é

96 *Apud* "Una canción vale más...", p. 11.

97 *Apud ibidem*, p. 11.

98 GUEVARA, *op. cit.*, p. 10.

99 KARMY, *op. cit.*, p. 134.

como a água que limpa as pedras, o vento que nos une, e que fica aí, no fundo de nós para melhorarmos".[100] Nessa perspectiva, "não há revolução sem canções" e não há canções revolucionárias sem o comprometimento integral do "homem por trás do violão" com o projeto socialista. Daí a afirmação de que "o pior que pode acontecer a um cantor revolucionário é deixar de arriscar sua vida com seu canto"[101] – indicando que os músicos que se comprometeram com o projeto da UP tinham consciência dos riscos implicados em suas atitudes, pois a possibilidade de uma reviravolta no curso dos acontecimentos não foi descartada.

Isso não quer dizer que eles previssem o golpe militar e todas as suas consequências trágicas, ou que este desfecho fosse inevitável. O que queremos ressaltar aqui é que a convicção de que a revolução estava por chegar não constituía uma perspectiva *ingênua*, visto que valorizava acima de tudo a ação dos seres humanos para "mudar a história".[102] Com este capítulo, pretendemos contribuir para situar esse ideal voluntarista – hoje em franco descrédito – na visão de mundo em que ele se apoiava,

100 JARA, Víctor. "Las raíces del canto". *La Quinta Rueda*. Santiago, 9 ago. 1973, p. 15.

101 JARA, Víctor *apud* "Una canción vale más...", p. 12.

102 Em seu estudo sobre a arte engajada brasileira dos anos 1960/1970 intitulado *Em busca do povo brasileiro: artistas da revolução, do CPC à era da TV*, o sociólogo Marcelo Ridenti associou esse ideal voluntarista ao conceito de "romantismo revolucionário", empregado por Michael Löwy e Robert Sayre para definir o tipo de romantismo que procura "'investir' a nostalgia do passado na esperança de um futuro radicalmente novo" e "aspira à abolição do capitalismo ou ao advento de uma utopia igualitária em que seria possível encontrar algumas características ou valores das sociedades anteriores [à modernidade capitalista]" (*Revolta e melancolia: o romantismo na contramão da modernidade*. Petrópolis: Vozes, 1995, p. 113). No caso chileno, o conceito de "romantismo revolucionário" deve ser aplicado com cautela. Embora possamos encontrar na NCCh elementos associados a uma estrutura de sentimentos romântica – como a busca das "autênticas" raízes populares –, não se verifica que o passado tenha constituído o principal referente dos músicos comprometidos com o projeto revolucionário ou que estes expressaram um "desenraizamento do tempo presente" (ingrediente básico das utopias românticas, conforme indicou Saliba, *op. cit.*, p. 27). Como vimos no decorrer deste capítulo, é necessário adicionar ao ingrediente romântico a "confiança na 'razão teórico-política', [...] fundamento do voluntarismo iluminista da esquerda marxista e da 'via chilena' ao socialismo" (ILLANES OLIVA, María Angélica. *La batalla de la memoria. Ensayos históricos de nuestro siglo. Chile, 1900-2000*. Santiago: Planeta; Ariel, 2002, p. 163).

inscrevendo a perspectiva revolucionária presente nas fontes analisadas nas condições que, aos olhos dos contemporâneos, pareciam sustentá-la.

Eduardo Carrasco definiu o período em questão como "anos de louca esperança em que acreditávamos ver o futuro aberto ante nós".[103] Seguindo Claudia Gilman, podemos considerar que o golpe militar implicou no fechamento das portas de um futuro possível, "esse futuro que havia sido minuciosamente delineado pelas camadas progressistas da sociedade. Nesse sentido, a época chegou ao seu fim quando esse futuro foi chamado utopia".[104]

103 CARRASCO, *op. cit.*, p. 143.

104 GILMAN, *op. cit.*, p. 56.

CONSIDERAÇÕES FINAIS

Nosso estudo apontou para a possibilidade de apreender a dinâmica dos tumultuados e esperançosos anos 1960/1970 chilenos através de um viés ainda pouco explorado pela historiografia: as relações estabelecidas entre utopia revolucionária e música popular.

Por estabelecer mediações entre experiência social, valores ideológicos, proposta estética e cultura de massas, a canção se revelou uma fonte riquíssima para abordar esse período culminante do projeto democrático no país, marcado pela intenção de instalar o "povo" no cenário principal da história.[1] Como vimos, tal princípio constituiu o mote dos programas de governo de Eduardo Frei (1964-1970) e Salvador Allende (1970-1973), que se propuseram a promover mudanças estruturais na sociedade atuando dentro dos parâmetros democrático-liberais.[2] Daí a geração de grandes expectativas de transformação, que também foram alimentadas por acontecimentos internacionais como a Revolução Cubana e as revoltas desencadeadas no chamado "Terceiro Mundo".

Centrando nossa atenção no movimento da Nova Canção Chilena, verificamos que a música foi concebida como um meio privilegiado para o engajamento de artistas interessados em tomar parte ativa no

1 ILLANES OLIVA, *op. cit.*, p. 251.

2 JOCELYN-HOLT LETELIER, *op. cit.*, p. 93.

"processo revolucionário". Remontando ao período anterior ao governo da UP, procuramos evidenciar que o movimento não foi um produto deste, senão o resultado de inquietudes políticas e culturais que atravessaram os anos 1960 e que terminaram construindo o próprio governo.[3] A fim de analisar as práticas e representações geradas a partir de tais inquietudes, acompanhamos as trajetórias musicais de Víctor Jara e dos conjuntos Quilapayún e Inti-Illimani, com especial interesse em seus LPs produzidos entre 1966 e 1973.

Observamos que as principais representações presentes nesse repertório estiveram pautadas em determinada leitura (marxista) do processo histórico, que compreendia o momento vivido como decisivo no direcionamento da sociedade para o socialismo. Nessa concepção, os setores populares figuravam como protagonistas do porvir, ao passo que a arte era encarada como potencialmente revolucionária, capaz de sensibilizar e conscientizar a população, fazendo emergir o "homem novo" que conduziria ao "fim da história". Para tanto, seria necessário construir uma identidade nacional fundamentada no "popular", isto é, "caberia ao mundo das artes revigorar, re-atualizar a cultura pertencente às camadas populares, num discurso capaz de mobilizar a sociedade para a necessidade de mudança e, sobretudo, conscientizar esse segmento de seu lugar de sujeito da história".[4]

As práticas correspondentes a tais representações abarcaram a gravação de músicas folclóricas, modificadas de modo a permitir sua conexão com a realidade presente; a difusão de canções centradas em temáticas políticas e sociais; a realização de apresentações em fábricas, sindicatos, *poblaciones*, universidades e outros meios identificados como "populares"; além de atividades extra-musicais, como a militância no Partido Comunista e a participação em trabalhos voluntários voltados a viabilizar a concretização da *via chilena ao socialismo*.

---

3 ALBORNOZ, Cesar. "La cultura en la Unidad Popular: Porque esta vez no se trata de cambiar un presidente". In: PINTO VALLEJOS, *op. cit.*, p. 149.

4 GARCIA. "O nacional-popular e a militância...".

Assim, o engajamento dos músicos se expressou em diferentes âmbitos, sendo que a produção discográfica corresponde a *uma* das diversas facetas de sua atuação política e artística. Daí a importância de novos estudos que se dediquem a analisar a questão do engajamento no interior da NCCh a partir de outros enfoques e objetos, ratificando ou relativizando nossas constatações. Algumas abordagens interessantes seriam: músicos sem filiação partidária; canções e discos que alcançaram êxito comercial; políticas culturais dos partidos de esquerda e sua influência no movimento; diálogos com formas alternativas de questionamento da ordem vigente, como a contracultura; relações estabelecidas com as demais expressões artísticas comprometidas com o projeto revolucionário (teatro, cinema, artes plásticas etc.).

Outro tema que poderia ser aprofundado a partir da análise aqui proposta diz respeito à presença de um discurso engajado que em diversos aspectos se aproxima daquele atribuído à figura do intelectual moderno, tradicionalmente associada à prática literária.[5] É como se os músicos populares reivindicassem espaço em um âmbito que lhes era até então alheio, passando a utilizar seu ofício para se posicionarem frente às questões políticas, sociais e econômicas de seu tempo. Daí o interesse em repensar o conceito de engajamento, recusando sua associação direta e exclusiva com o campo intelectual e observando suas particularidades no meio artístico e, mais especificamente, musical.

---

5 Conforme observou Marcos Napolitano, o termo *arte engajada* "causa muita confusão conceitual e suscita juízos de valor *a priori*, contra ou a favor", sendo que "O próprio estatuto de 'artista engajado' (em última instância, de 'intelectual engajado') tem sido objeto de muita discussão, não apenas acadêmica, mas também política". No âmbito acadêmico, observa-se a predominância da tradição francesa – em que a História de Intelectuais se situa – nos debates sobre o conceito de *engajamento*. Fortemente influenciada pelas proposições do filósofo Jean-Paul Sartre – que desenvolveu sua concepção de *engajamento* a partir e para a literatura especificamente, recusando o interesse e a viabilidade de aplicá-la às outras artes –, a escola francesa "tende a plasmar o conceito moderno de 'intelectual' à própria ideia de engajamento, à medida que o intelectual é definido como aquele que coloca sua palavra 'lítero-jornalística' a serviço de causas humanistas, republicanas e progressistas" (NAPOLITANO, "A Relação entre Arte e Política...", p. 27).

O presente trabalho visou indicar algumas entradas possíveis para o desenvolvimento dessa problemática. Esperamos ter assim contribuído para despertar interesse pelo incipiente campo de estudos sobre a NCCh, explicitando a diversidade de possibilidades abertas por este objeto à pesquisa histórica.

REFERÊNCIAS

FONTES

Discos

ALARCÓN, Rolando. *Por Cuba y Vietnam*. Tiempo, 1969.

______. *A la Resistencia Española* / INTI-ILLIMANI. *A la Revolución Mexicana*. Hit Parade, 1969.

INTI-ILLIMANI. *Si somos americanos*. Méndez/Impacto, 1969.

______. *Inti-Illimani*. Jota Jota, 1969.

______. *Inti-Illimani*. EMI Odeon, 1970.

______. *Canto al Programa*. DICAP, 1970.

______. *Autores Chilenos*. DICAP, 1971.

______; PARRA, Isabel; BUNSTER, Carmen. *Canto para una semilla*. DICAP, 1972.

______. *Canto de pueblos andinos, vol. 1*. EMI Odeon, 1973.

JARA, Víctor. *Víctor Jara*. Demon, 1966.

______. *Víctor Jara*. EMI Odeon, 1967.

______; QUILAPAYÚN. *Canciones folklóricas de América*. EMI Odeon, 1968.

______. *Pongo en tus manos abiertas...* Jota Jota, 1969.

______. *Canto libre*. EMI Odeon, 1970.

______. *El derecho de vivir en paz*. DICAP, 1971.

______. *La población*. DICAP, 1972.

______. *Canto por travesura*. DICAP, 1973.

MANNS, Patricio; VOCES ANDINAS. *El Sueño Americano*. Arena, 1967.

QUILAPAYÚN, *Quilapayún*. EMI Odeon, 1967.

______. *X Viet-nam*. Jota Jota, 1968.

______. *Quilapayún 3*. EMI Odeon, 1969.

______. *Basta*. Jota Jota, 1969.

______. *Quilapayún 4*. EMI Odeon, 1970.

______; DUVAUCHELLE, Héctor. *Santa María de Iquique*. Jota Jota, 1970.

______. *Vivir como él*. DICAP, 1971.

______. *Quilapayún 5*. EMI Odeon, 1972.

______. *La Fragua*. DICAP, 1973.

Livros memorialísticos

CARRASCO, Eduardo. *Quilapayún: La revolución y las estrellas*. Santiago: RIL, 2003.

CIFUENTES SEVES, Luis. *Fragmentos de un sueño: Inti-Illimani y la generación de los 60*. 2ª ed. 2000. Disponível em: <www.cancioneros.com/co/3719/2/fragmentos-de-un-sueno>. Acesso em: 15 jul 2015.

KÓSICHEV, Leonard. *La gitarra y el poncho de Víctor Jara*. Moscou: Progreso, 1990.

JARA, Joan. *Canção inacabada: a vida e a obra de Víctor Jara*. Rio de Janeiro: Record, 1998.

LARREA, Antonio. *33 1/3 RPM: la historia gráfica de 99 carátulas 1968-1973*. Santiago: Nunatak, 2008.

RODRÍGUEZ MUSSO, Osvaldo. *Cantores que reflexionan. Notas para una historia personal de la Nueva Canción Chilena*. Madri: LAR, 1984.

______. *La nueva canción chilena: continuidad y reflejo*. Havana: Casa de las Américas, 1988.

SANTANDER, Ignacio. *Quilapayún*. Madri: Júcar, 1984. (Los Juglares).

Artigos de imprensa (por data)

"El folklore recibe nuevos ataques". *El Siglo*. Santiago, 2 out. 1966, p. 18.

"El folklorista está ligado a la realidad". *El Siglo*. Santiago, 23 maio 1967, p. 10.

ALBA, Felipe. "Las opiniones directas de Víctor Jara: Es um pecado dogmatizar sobre el folklore". *El Siglo*. Santiago, 24 set. 1967, p. 7.

GARCÉS, Marcel. "La canción protesta: Una expresión musical de la lucha de clases". *El Siglo*. Santiago, 29 out. 1967, p. 19.

"Verdad y engaño en la canción protesta". *El Siglo*. Santiago, 12 nov. 1967, p. 17.

OSSORIO, Jose M. "Encuentro de la canción protesta". *Casa de las Américas*. Havana, n. 45, nov.-dez. 1967, p. 139-144.

CHAMORRO DIAZ, Jaime. "Cuando el canto se pone rebelde". *El Siglo*. Santiago, 8 jun. 1969, p. 14.

ROBINOVITCH, Rosa. "En busca de la Nueva Canción". *Ecran*. Santiago, 8 jul. 1969, p. 45.

"La canción chilena fue la gran ganadora del festival". *El Siglo.* Santiago, 15 jul. 1969, p. 10.

"La guitarra como un arma". *El popular.* Montevidéu, 16 dez. 1969, s.n.p.

JARA, Víctor. "La canción protesta". *El Siglo.* Santiago, 30 abr. 1970, p. 11.

SEPÚLVEDA, Ramiro. "Víctor Jara pregunta ¿Quién mató a Carmencita?". *Puro Chile.* Santiago, vol. 39, 5 jun. 1970, p. 7. Disponível em: < http://www.memoriachilena.cl/602/w3-article-75037.html>. Acesso em: 15 jul. 2015.

______. "El canto libre de Víctor Jara". *El Siglo.* Santiago, 7 jun. 1970, p. 13.

"'Muy bueno' fue el Festival de la Nueva Canción Chilena". *El Siglo.* Santiago, 16 ago. 1970, p. 8.

CHAMORRO DIAZ, Jaime. "Cultura sin paternalismo". *El Siglo.* Santiago, 15 nov. 1970, p. 5.

"Los artistas se comprometen con las diversas candidaturas". *El Siglo.* Santiago, 29 dez. 1970, p. 10.

CATALDO, Francisco. "Víctor Jara: un militante de su compromiso". *El Siglo.* Santiago, 2 maio 1971, p. 11.

"Tercer año de la nueva canción", [revista não identificada], [1971], p. 49.

"Es la historia de um Oasis o de un monte". *El Siglo.* Santiago, 6 jan. 1972, p. 15.

GARCÍA, Ricardo. "La Nueva Canción Chilena perdió el ritmo". *Ramona.* Santiago, vol. 2, n. 18, 29 fev. 1972, p. 13.

"La vuelta a América en seis guitarras: Inti Illimani". *Ramona.* Santiago, vol. 2, n. 23, 4 abr. 1972, p. 39.

ADVIS, Luis. "El neopopulismo musical (acerca de la Nueva Canción Chilena). Primera parte". *Revista El Siglo.* Santiago, 3 set. 1972, p. 12.

MALDONADO, Carlos. "La mejor escuela para el canto es la vida". *Revista El Siglo*. Santiago, 14 out. 1972, p. 6.

"Una canción vale más que diez discursos". *El Siglo*. Santiago, [1972], p. 11-12.

JARA, Víctor. "Las raíces del canto". *La Quinta Rueda*. Santiago, 9 ago. 1973, p. 15.

Outros documentos

BARRAZA, Fernando. *La Nueva Canción Chilena*. Santiago: Quimantú, 1972.

BOCAZ, Luis. "Música chilena e identidad cultural. Entrevista a Gustavo Becerra". *Araucaria de Chile*. Madri, n. 2, p. 97-109, abr.-jun. 1978.

CASTRO, Fidel. "Discurso pronunciado por el comandante Fidel Castro Ruz, Primer Secretario del Comité Central del Partido Comunista de Cuba y Primer Ministro del Gobierno Revolucionario, en el acto clausura de la Primera Conferencia de solidaridad de los pueblos de Asia, África y América Latina (Tricontinental), en el Teatro Chaplin, la Habana, el 15 de enero de 1966" [versão taquigráfica]. Havana: Departamento de Versiones Taquigráficas del Gobierno Revolucionario. Disponível em: <http://www.cuba.cu/gobierno/discursos/1966/esp/f150166e.html>. Acesso em: mar. 2014.

______. "Segunda Declaración de la Habana", 04 fev 1962 [versão taquigráfica]. Disponível em: <www.pcc.cu/pdf/documentos/otros_doc/segunda_declaracion_habana.pdf>. Acesso em: mar. 2014.

CONTRERAS, Roberto (comp.). *Habla y canta Víctor Jara*. Havana: Casa de las Américas, 1978. (Nuestros Países, Música).

FUNDACIÓN VÍCTOR JARA (ed.). *Víctor Jara: cancionero tradicional*. Santiago: Fundación Víctor Jara; LOM, 1998.

GUEVARA, Ernesto. *El socialismo y el hombre en Cuba*. Cidade do México: Siglo Veintinuno, 1977. (América Nuestra).

Programa basico de gobierno de la Unidad Popular: Candidatura Presidencial de Salvador Allende. Santiago: 1969.

TEJADA GÓMEZ, Armando. *Manifiesto del Nuevo Cancionero*. Disponível em: <http://www.tejadagomez.com.ar/adhesiones/manifiesto.html>. Acesso em: dez. 2012.

TURNER, Joan. "Las manos de Víctor Jara". *Araucaria de Chile*. Madri, n. 2, 1978, p. 176-180.

YUPANQUI, Atahualpa. *Huajra: Canciones y Danzas del Norte Argentino*. Buenos Aires: Musical Buccheri Hnos, 1941. Disponível em: <www.atacris.com/ata/huajra.html>. Acesso em: 15 jul. 2015.

BIBLIOGRAFIA

Livros

ACEVEDO, Claudio; NORAMBUENA, José S.; TORRES, Rodrigo; VALDEBENITO, Mauricio. *Víctor Jara: obra musical completa*. Santiago: Fundación Víctor Jara, 1999.

ADVIS, Luis; CÁCERES, Eduardo; GARCÍA, Fernando; GONZÁLEZ, Juan Pablo (eds.). *Clásicos de la Música Popular Chilena vol. II, 1960-1973: Raíz folclórica*. Santiago: Ed. Universidad Católica de Chile y Sociedad Chilena del Derecho de Autor, 1998.

AGGIO, Alberto. *Democracia e Socialismo: a experiência chilena*. São Paulo: Annablume, 2002.

BARBOSA, Carlos A. S. *A fotografia a serviço de Clio: Uma interpretação visual da Revolução Mexicana (1900-1940)*. São Paulo: Ed. Unesp, 2006.

CARMO, Paulo Sérgio. *Culturas da Rebeldia: a juventude em questão*. São Paulo: Editora SENAC, 2003.

CASTAÑEDA, Jorge. *Utopia desarmada: intrigas, dilemas e promessas da esquerda latino-americana.* São Paulo: Companhia das Letras, 1994.

CHARTIER, Roger. *À beira da falésia: a História entre certeza e inquietude.* Porto Alegre: Ed. UFRGS, 2002.

CIFUENTES, María José. *Historia social de la danza en Chile.* Santiago: LOM, 2007.

CORRADINI, Gabriel Sepúlveda. *Víctor Jara: hombre de teatro.* Santiago: Sudamericana, 2001.

CORREA, Sofía; FIGUEROA, Consuelo; JOCELYN-HOLT, Alfredo; ROLLE, Claudio; VICUÑA, Manuel. *Historia del siglo XX chileno: balance paradojal.* Santiago: Sudamericana, 2001.

DENIS, Benoît. *Literatura e engajamento: de Pascal a Sartre.* Bauru: Edusc, 2002.

GARCÍA CANCLINI, Néstor. *Culturas híbridas: estratégias para entrar e sair da modernidade.* São Paulo: Edusc, 2008.

GILMAN, Claudia. *Entre la pluma y el fusil.* Buenos Aires: Siglo XXI, 2003.

GODOY, Alvaro; GONZÁLEZ, Juan Pablo. *Música popular chilena, 20 años: 1970-1990.* Santiago: Ministerio de Educacción, 1995.

GONZÁLEZ, Juan Pablo; OHLSEN, Oscar; ROLLE, Claudio. *Historia Social de la Música Popular en Chile, 1950-1970.* Santiago: Ed. Universidad Católica de Chile, 2009.

HARTOG, François. *Régimes d'historicité. Présentisme et expériences du temps.* Paris: Le Seuil, 2002.

HOBSBAWM, Eric; RANGER, Terence. *A invenção das tradições.* Rio de Janeiro: Paz e Terra, 1997.

ILLANES OLIVA, María Angélica. *La batalla de la memoria. Ensayos históricos de nuestro siglo. Chile, 1900-2000.* Santiago: Planeta; Ariel, 2002.

JOCELYN-HOLT LETELIER, Alfredo. *El Chile perplejo: del avanzar sin transar al transar sin parar*. Santiago: Planeta, Ariel, 1998.

JURADO, Omar; MORALES, Juan Miguel. *El Chile de Víctor Jara*. Santiago: LOM, 2003.

KOSELLECK, Reinhart. *Futuro passado: Contribuição à semântica dos tempos históricos*. Rio de Janeiro: Contraponto; Ed. PUC-Rio, 2006.

LÖWY, Michael. *Walter Benjamin: aviso de incêndio: Uma leitura das teses "Sobre o conceito de história"*. São Paulo: Boitempo, 2005.

______; SAYRE, Robert. *Revolta e melancolia: o romantismo na contramão da modernidade*. Petrópolis: Vozes, 1995.

NAPOLITANO, Marcos. *História e música: História cultural da música popular*. Belo Horizonte: Autêntica, 2005.

PINTO VALLEJOS, Julio (ed.). *Cuando hicimos historia: La experiencia de la Unidad Popular*. Santiago: LOM, 2005.

REVEL, Jacques. *Proposições: Ensaios de História e Historiografia*. Rio de Janeiro: Ed. UERJ, 2009.

RIDENTI, Marcelo. *Em busca do povo brasileiro, do CPC à era da tv*. Rio de Janeiro; São Paulo: Record, 2000.

SALAZAR, Gabriel; PINTO, Julio. *Historia contemporánea de Chile. Vol. V: Niñez y juventud (construcción cultural de actores emergentes)*. Santiago: LOM, 2002.

SALIBA, Elias Thomé. *As utopias românticas*. São Paulo: Brasiliense, 1991.

TATIT, Luis. *O cancionista*. São Paulo: Edusp, 2002.

VALENTE, Heloísa. *As vozes da canção na mídia*. São Paulo: Via Lettera/Fapesp, 2003.

VILLAÇA, Mariana. *Polifonia tropical: Experimentalismo e engajamento na música popular (Brasil e Cuba, 1967-1972)*. São Paulo: Humanitas FFLCH-USP, 2004.

Artigos acadêmicos e capítulos de livros

AGUAYA CISTERNAS, Gonzalo; ALVEAL QUINTANA, Nery; OSTRIA GONZÁLEZ, Mauricio. "Santa María en la literatura: desde los versos populares hasta Rivera Letelier". *Revista Chilena de Literatura*. Santiago, n. 75, nov. 2009, p. 271-293. Disponível em: <www.revistas.uchile.cl/index.php/RCL/article/viewPDFInterstitial/1183/1045>. Acesso em: 15 jul. 2015.

BARROS, José d'Assunção. "Rupturas entre o presente e o passado: Leituras sobre as concepções de tempo de Koselleck e Hannah Arendt". *Revista Páginas de Filosofia*. São Paulo, vol. 2, n. 2, jul.-dez. 2010, p. 65-88.

BOWEN SILVA, Martín. "Construyendo nuevas patrias. El proyecto sociocultural de la izquierda chilena durante la Unidad Popular". In: BOWEN SILVA *et al. Seminario Simon Collier 2006*. Santiago: Instituto de Historia de la Pontifícia Universidad Catolica de Chile, 2006, p. 9-42.

CÁNEPA-HURTADO, Gina. "La canción de lucha en Violeta Parra y su ubicación en lo complejo cultural chileno entre los años 1960 a 1973". *Revista de Crítica Literaria Latinoamericana*, Medford, n. 17, 1983, p. 147-170.

DONAS, Ernesto. "Problematizando la canción popular: un abordaje comparativo (y sonoro) de la canción latinoamericana 'comprometida' desde los años 1960". *Anais do V Congreso da IASPM-AL*, Rio de Janeiro, 2004, p. 5-15. Disponível em: <www.iaspmal.net/wp-content/uploads/2011/12/ErnestoDonas.pdf>. Acesso em: 15 jul. 2015.

GARCIA, Tânia. "Nova Canção: manifesto e manifestações latino-americanas no cenário político mundial dos anos 60". *Anais do VI Congresso da IASPM-AL*, Buenos Aires, 2005, p. 2-3. Disponível em: < http://www.iaspmal.net/wp-content/uploads/2012/01/costagarcia.pdf>. Acesso em: 15 jul. 2015.

______. "Canción popular, nacionalismo, consumo y política en Chile entre los años 40 y 60". *Revista Musical Chilena*, Santiago, n. 212, jul./dez. 2009, p. 11-28.

______. "Entre a tradição e o engajamento: Atahualpa Yupanqui e a canção folclórica em tempos de Perón". *Projeto História*. São Paulo, n. 36, jun. 2008, p. 197-209.

______. "História e Música: consenso, polêmicas e desafios". FRANÇA, SUSANI S. L. (org.) *Questões que incomodam o historiador*. São Paulo: Alameda, 2014.

______. "O nacional-popular e a militância de esquerda no Brasil e na Argentina nos anos 1960: uma análise comparativa do Manifesto do Centro Popular de Cultura e do Manifiesto del Nuevo Cancionero". In: EGG, André; FREITAS, Artur; KAMINSKI, Rosane (orgs.). *Arte e política no Brasil: modernidades*. São Paulo: Perspectiva, 2014.

GONZÁLEZ, Juan Pablo. "Evocación, modernización y reivindicación del folclore en la música popular chilena: el papel de la performance." *Revista Musical Chilena*. Santiago, n. 185, jan.-jun. 1996, p. 25-37.

______. "Inti-Illimani and the artistic treatment of folklore". *Latin American Music Review*. Austin, vol. 10, n. 2, 1989, p. 267-286. Disponível em: <www.jstor.org/discover/10.2307/779953?uid=2&uid=4&sid=21101689680877>. Acesso em: dez. 2012.

______. "Tradición, identidad y vanguardia em la música chilena en la década de 1960". *Aisthesis*. Santiago, n. 38, 2005, p. 192-212. Disponível em: <http://dialnet.unirioja.es/servlet/articulo?codigo=2358210>. Acesso em: 15 jul. 2015.

GONZÁLEZ VARGAS, Carlos; ROSATI AGUERRE, Hugo. "Métodos y formas de resistencia indígena en la crónica de Gerónimo de Bibar". *Diálogo andino*, Tarapacá, n. 38, dez. 2001.

HARTOG, François. "O tempo desorientado. Tempo e história. 'Como escrever a história da França?'". *Anos 90*. Porto Alegre, n. 7, jul. 1997, p. 7-28.

HÉAU LAMBERT, Catherine; GIMÉNEZ, Gilberto. "La representación social de la violencia en la trova popular mexicana". *Revista Mexicana de Sociologia*. Cidade do México, n. 4, out.-dez. 2004, p. 627-659. Disponível em: <www.ejournal.unam.mx/rms/2004-4/RMS04402.pdf>. Acesso em: 16 jul. 2015.

MORAES, José Geraldo V. "História e música: canção popular e conhecimento histórico". *Revista Brasileira de História*. São Paulo, vol. 20, n. 39, 2000, p. 203-221. Disponível em: <www.scielo.br/pdf/rbh/v20n39/2987.pdf>. Acesso em: 9 jul. 2015.

NAPOLITANO, Marcos. "A Relação entre Arte e Política: uma Introdução Teórico-Metodológica". *Temáticas*. Campinas, n. 37/38, jan.-dez. 2011, p. 25-56.

ORREGO SALAS, Juan. "Espíritu y contenido formal de su música en la Nueva Canción Chilena". *Literatura chilena: creación y crítica*. Madri; Los Angeles, n. 33/34, jul.-dez. 1985, p. 5-30.

OSORIO FERNÁNDEZ, Javier. "Canto para una semilla. Luis Advis, Violeta Parra y la modernización de la música popular chilena". *Revista Musical Chilena*. Santiago, n. 205, jan.-jun. 2006, p. 34-43. Disponível em: <http://www.revistamusicalchilena.uchile.cl/index.php/RMCH/article/viewFile/12053/12410>. Acesso em: 15 jul. 2015.

______. "Música popular y postcolonialidad. Violeta Parra y los usos de lo popular en la nueva canción chilena". *Anais do VI Congresso da IASPM-AL*, Buenos Aires, 2005, p. 1-20. Disponível em: <www.iaspmal.net/wp-content/uploads/2012/01/javierosorio.pdf>. Acesso em: 15 jul. 2015.

PADILLA, Alfonso. "Inti-Illimani o el cosmopolitismo en la Nueva Canción". *Literatura chilena, creación y crítica, chilena*. Madri; Los Angeles, n. 33/34, jul.-dez. 1985, p. 47-49.

RIMBOT, Emmanuelle. "Autorrepresentación y manifiestos en la Nueva Canción y Canto Nuevo". *Cátedra de Artes*, Santiago, n. 3, 2006, p. 25-40. Disponível em: <http://catedradeartes.uc.cl/pdf/02autorepresentacionfromCatedra3-5.pdf>. Acesso em: 15 jul. 2015.

______. "Luchas interpretativas en torno a la definición de lo nacional: La canción urbana de raíz folklórica en Chile". *Voz y Escritura*. Mérida, n. 16, jan.-dez. 2008, p. 59-89.

ROLLE, Claudio. "Del *Cielito Lindo* a *Canta la gente*: música popular, campañas electorales y uso político de la música popular en Chile". *Anais do V Congresso da IASPM-AL*, Cidade do México, 2002, p. 1-19. Disponível em: <http://www.iaspmal.net/wp-content/uploads/2011/12/ClaudioRolle.pdf>. Acesso em: 15 jul. 2015.

______. "La geografía de la música popular tradicional en el Chile a mediados del siglo XX". *Anais do V Congresso da IASPM-AL*, Rio de Janeiro, 2004, p. 1-7. Disponível em: <http://www.iaspmal.net/wp-content/uploads/2011/12/ClaudioRolle.pdf>. Acesso em: dez. 2012.

______. "La 'Nueva Canción Chilena', el proyecto cultural popular y la campaña de gobierno de Salvador Allende". *Anais do III Congresso da IASPM-AL*, Bogotá, 2000, p. 1-13. Disponível em: <http://www.iaspmal.net/wp-content/uploads/2011/10/Rolle.pdf>. Acesso em dez. 2012.

RUIZ ZAMORA, Augustín. "Margot Loyola y Violeta Parra: Convergencias y divergencias en el paradigma interpretativo de la Nueva Canción chilena". *Cátedra de Artes*. Santiago, Pontificia Universidad Católica de Chile, n. 3, 2006, p. 41-58. Disponível em: <http://margotloyola.ucv.cl/wp-content/uploads/2008/07/03_margot_loyola_from_catedra_3-62.pdf>. Acesso em: dez. 2012.

SCHMIEDECKE, Natália. "*Canciones folklóricas de América* e a proposta de renovação da música popular empreendida pela Nova Canção Chilena". *Anais do XXVI Simpósio Nacional de História da ANPUH*, São Paulo, 2011, p. 1-12. Disponível em: <http://www.snh2011.anpuh.org/resources/

anais/14/1308175652_ARQUIVO_Artigo-NataliaAyoSchmiedecke.pdf>. Acesso em: 16 jul. 2015.

______. "Usos do passado na Nova Canção Chilena: Rolando Alarcón, Inti-Illimani e a representação sonora da Revolução Mexicana e da Guerra Civil Espanhola (1969)". *Anais do I Seminário Internacional História do Tempo Presente*, Florianópolis, 2011, p. 204-218. Disponível em: <http://eventos.udesc.br/ocs/index.php/STPII/stpi/paper/view/261/180>. Acesso em: 16 jul. 2015.

SUBERCASEAUX, Bernardo. "El estado como agente cultural: proyecto político e industria editorial". BAÑO (ed.). *La Unidad Popular treinta años después*. Santiago: LOM, 2003, p. 269-287.

TORRES, Rodrigo. "La urbanización de la canción folklorica". *Literatura chilena: creación y crítica*. Madri; Los Angeles, n. 33/34, jul.-dez. 1985, p. 25-29.

VILLAÇA, Mariana. "Representações de Che Guevara na canção latino-americana". *Projeto História*, São Paulo, n. 32, jun. 2006, p. 355-370.

Monografias e dissertações

ARANTES, Mariana. *O engajamento político da Nova Canção Chilena*. TCC (Licenciatura em História) – Faculdade História, Direito e Serviço Social, Unesp, Franca, 2006.

______. *Representação sonora da cultura jovem no Chile (1964-70)*. Dissertação (Mestrado em História) – Faculdade História, Direito e Serviço Social, Unesp, Franca, 2009.

CANTO NOVOA, Nadinne. *Cultura y Hegemonia. Notas sobre la construcción del 'Hombre Nuevo' en la Unidad Popular*. Monografia (Licenciatura em Artes, menção em Teoria e História da Arte) – Facultad de Artes, Universidad de Chile, Santiago, 2010.

DALMÁS, Carine. *Brigadas Muralistas e Cartazes de Propaganda da Experiência Chilena (1970-1973)*. Dissertação (Mestrado em História)

– Faculdade de Filosofia, Letras e Ciências Humanas, Universidade de São Paulo, São Paulo, 2006.

DONOSO FRITZ, Karen. *La batalla del folklore: Los conflictos por la representación de la cultura popular chilena en el siglo XX*. Monografia (Licenciatura em História) – Facultad de Humanidades, Universidad de Santiago de Chile, Santiago, 2006.

GOECKE, Ximena. *Nuestra sierra es la elección. Juventudes Revolucionarias en Chile 1964-1973*. Monografia (Licenciatura em História), Facultad de Historia, Geografía y Ciencia Política, Pontificia Universidad Católica de Chile, Santiago, 1997.

HERNÁNDEZ, Antonio. *La narrativa de las Cristiadas. Novela, cuento, teatro, cine y corrido de las Rebeliones Cristeras*. Tese (Doutorado em História), UAM-1, Cidade do México, 2006, p. 633.

INOSTROZA MADARIAGA, Hilenia. *Yo no canto por cantar... Nueva Canción Chilena y Ficgura del Cantautor (1964-1973)*. Monografia (Licenciatura em História), Facultad de Historia, Geografía y Ciencia Política, Pontificia Universidad Católica de Chile, Santiago, 2006.

KARMY, Eileen. *"Ecos de um tiempo distante": La Cantata Popular Santa María de Iquique (Luis Advis – Quilapayún) y sus resignificaciones sociales a 40 años de su estreno*. Dissertação (Mestrado em Artes, menção em Musicologia) – Facultad de Artes, Universidad de Chile, Santiago, 2011.

PEÑA QUERALT, Pilar. *La revolución ilustrada de la música chilena 1960-1973: una aproximación al problema del arte*. Dissertação (Mestrado em Artes, menção em Musicologia) – Facultad de Artes, Universidad de Chile, Santiago, 2010.

PROM, Aurèlie. *La réinvention du folklore: la Nouvelle Chansón Chilienne dans la construcción de l'identité nationale, politique et culturelle du Chili, 1943-1973*. Dissertação (Mestrado em Estudos Hispânicos) – École Normale Supérieure de Lyon, Lyon, 2012.

SANDOVAL DÍAZ, Rodrigo. *Música chilena de raiz folklórica (1964-1973): Neofolklore y Nueva Canción Chilena.* Monografia (Licenciatura em História), Facultad de Historia, Geografía y Ciencia Política, Pontificia Universidad Católica de Chile, Santiago, 1998.

SBERNI JÚNIOR, Cleber. *O álbum na indústria fonográfica: contracultura e o Clube da Esquina em 1972.* Dissertação (Mestrado em História) – Faculdade História, Direito e Serviço Social, Universidade Estadual Paulista "Júlio de Mesquita Filho", Franca, 2007. Disponível em: <http://www.franca.unesp.br/Home/Pos-graduacao/cleber.pdf>. Acesso em: 15 jul. 2015.

SILVA, Carla M. *Música popular e disputa de Hegemonia: A música chilena inspirada nas formas folclóricas e o Movimento da Nova Canção Chilena entre 1965-1970.* Dissertação (Mestrado em História) – Instituto de Ciências Humanas e Filosofia, Universidade Federal Fluminense, Rio de Janeiro, 2008. Disponível em: <http://www.historia.uff.br/stricto/teses/Dissert-2008_SILVA_Carla_de_Medeiros-S.pdf>. Acesso em: 15 jul. 2015.

SIMÕES, Silvia S. *Canto que ha sido valiente siempre será canción nueva: o cancioneiro de Víctor Jara e o golpe civil-militar no Chile.* Dissertação (Mestrado em História) – Instituto de Filosofia e Ciências Humanas, Universidade Federal do Rio Grande do Sul, Porto Alegre: 2011.

Websites

www.cancioneros.com (acesso em dez./2012).

http://discotecanacionalchile.blogspot.com.br/ (acesso em mar./2014).

http://londres92.blogspot.com.br/ (acesso em dez./2012).

www.musicapopular.cl (acesso em dez./2012).

www.memoriachilena.cl (acesso em dez./2012).

http://nuevacancion.net (acesso em jul./2012).

CADERNO DE IMAGENS

Imagem 1:
Capa do LP
Canto libre
(Víctor Jara,
EMI Odeon, 1970).

Fonte: www.cancioneros.com.

Imagem 2:
Contracapa interna do LP *Canto libre* (Víctor Jara, EMI Odeon, 1970).

Acervo da Fundación Víctor Jara, Santiago, Chile. Fotografia tirada pela própria autora.

Imagem 3: Interior da contracapa do LP *Basta* (Quilapayún, Jota Jota, 1969).

Fonte: http://www.coveralia.com/caratulas/Quilapayun-Basta-Interior-Frontal.php?refr=si2.

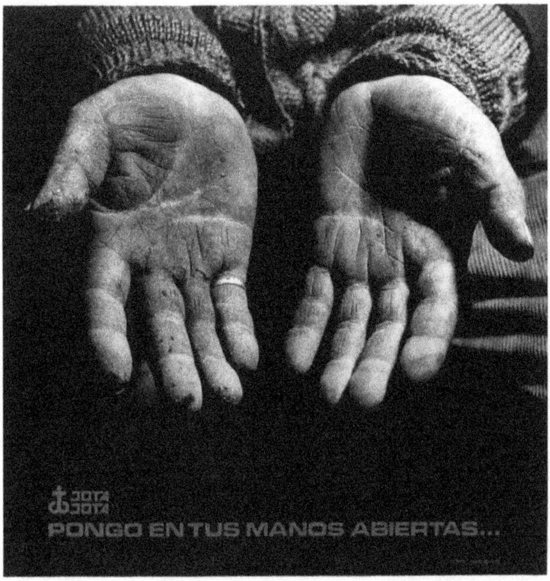

Imagem 4: Capa do LP *Pongo en tus manos abiertas...* (Víctor Jara, Jota Jota, 1969).

Fonte: LARREA, Antonio. *33 1/3 RPM: la historia gráfica de 99 carátulas 1968-1973*. Santiago: Nunatak, 2008, p. 23.

Imagem 5: Capa do LP *X Viet-Nam* (Quilapayún, Jota Jota, 1968). Fonte: LARREA, Antonio. 33 1/3 RPM: la historia gráfica de 99 carátulas 1968-1973. Santiago: Nunatak, 2008, p. 19.

Imagem 6:
Capa do LP *Basta* (Quilapayún, Jota Jota, 1969).
Fonte: LARREA, Antonio. *33 1/3 RPM: la historia gráfica de 99 carátulas 1968-1973*. Santiago: Nunatak, 2008, p. 49.

Imagem 7:
Contracapa do LP *Basta* (Quilapayún, Jota Jota, 1969).
Fonte: LARREA, Antonio. *33 1/3 RPM: la historia gráfica de 99 carátulas 1968-1973*. Santiago: Nunatak, 2008, p. 48.

Imagem 8: Capa do LP *Inti-Illimani* (Inti-Illimani, Jota Jota, 1969).

Fonte: LARREA, Antonio. *33 1/3 RPM: la historia gráfica de 99 carátulas 1968-1973*. Santiago: Nunatak, 2008, p. 33.

Imagem 9: Capa do LP *Canto al programa* (Inti-Illimani, DICAP, 1970).

Fonte: LARREA, Antonio. *33 1/3 RPM: la historia gráfica de 99 carátulas 1968-1973*. Santiago: Nunatak, 2008, p. 53.

Imagem 10: Contracapa do LP *Canto al programa* (Inti-Illimani, DICAP, 1970).

Fonte: LARREA, Antonio. *33 1/3 RPM: la historia gráfica de 99 carátulas 1968-1973*. Santiago: Nunatak, 2008, p. 52.

Imagem 11: Contracapa do LP *Pongo en tus manos abiertas...* (Víctor Jara, Jota Jota, 1969).

Fonte: LARREA, Antonio. 33 1/3 RPM: la historia gráfica de 99 carátulas 1968-1973. Santiago: Nunatak, 2008, p. 25.

Imagem 12: Capa do LP *Autores chilenos* (Inti-Illimani, DICAP, 1971). Fonte: discotecanacional-chile.blogspot.com.br.

Imagem 13: Contracapa do LP *Autores chilenos* (Inti-Illimani, DICAP, 1971). Fonte: discotecanacionalchile.blogspot.com.br.

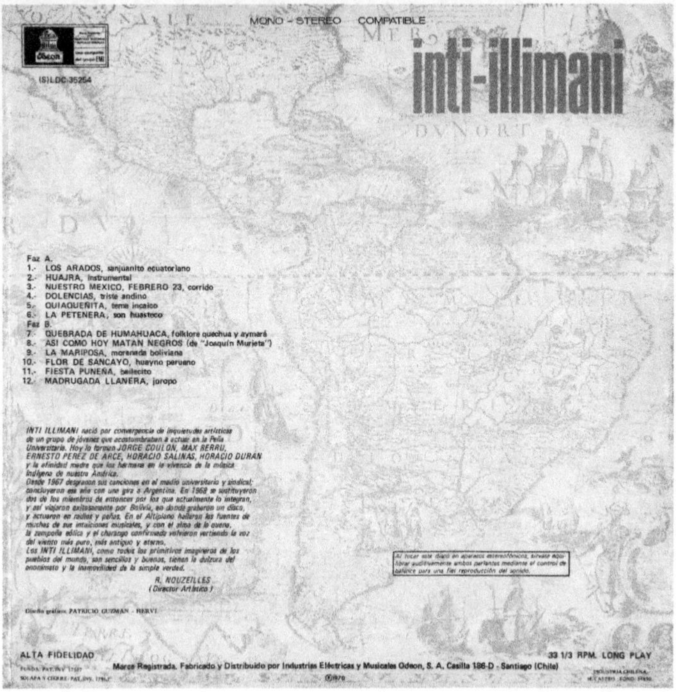

Imagem 14: Capa do LP *Inti-Illimani* (Inti-Illimani, EMI Odeon, 1970).

Fonte: discotecanacionalchile.blogspot.com.br

Imagem 15: Nova Totius Americæ Sive Novi Orbis Tabula – G. Blaeu – 1669

Fonte: http://www.bentleys.co.za/images/fullsize/blaeu/america/america.jpg

Imagem 16:
Víctor Jara descarregando açúcar durante a paralisação de outubro de 1972.

Fonte: "El arte de la descarga", *La Quinta Rueda*, vol. 2, nov. 1972, p. 24.

Imagem 17:
Apresentação do Inti-Illimani nos trabalhos voluntários dedicados à construção de canais de irrigação nos campos de Buin, em 1972.

Fonte: http://intiillimanihistorico.blogspot.com.br

Imagem 18:
Víctor Jara ao lado de outros artistas na última passeata organizada pela Unidade Popular, em 4 de setembro de 1973.

Fonte: www.tiempodebalas.cl

ANEXOS

Víctor Jara – *Víctor Jara* (1966, Demon) – LADO A

Faixa		1	2	3	4	5	6
Título		La Cocinerita	Paloma quiero contarte	Que saco rogar al cielo	No puedes volver atrás	El carretero	Ja Jai
Duração		2min 28s	3min 03s	3min 07s	2min 56s	3min 54s	2min 26s
Composição	Própria		X	X	X	X	
	Folc. AL	X					X
	Outros						
Temática	Política nacional						
	Política internac.						
	Acontecimento contemporâneo						
	Episódio histórico						
	Heróis/ Mártires						
	Mundo do Trabalho			X		X	
	Desigualdade social			X	X		
	Tradições culturais	X				X	X
	Ofício do músico						
	Outra	amorosa	amorosa	Igreja	subjetiva		amorosa
Abrangência	Mundial						
	Continental	X					X
	Nacional		X	X		X	
Instrum.	voz	X	X	X	X	X	X
	violão	X	X	X	X	X	X
	outras cordas	charango					charango
	sopro						
	teclas						
	percussão	bombo					bombo
Estilo		cueca	canto a lo humano	canto a lo humano			kaluyo

Víctor Jara – *Víctor Jara* (1966, Demon) – LADO B

Faixa		1	2	3	4	5	6
Título		El arado	El cigarrito	La flor que anda de mano en mano	Deja la vida volar	La luna siempre es muy linda	Ojitos verdes
Duração		3min 34s	2min 41s	2min 01s	3min 26s	3min 28s	3min 52s
Composição	Própria	X	X		X	X	
	Folc. AL			X			X
	Outros						
Temática	Política nacional						
	Política internac.						
	Acontecimento contemporâneo						
	Episódio histórico						
	Heróis/ Mártires						
	Mundo do Trabalho	X					
	Desigualdade social	X				X	
	Tradições culturais		X				
	Ofício do músico						
	Outra			amorosa	amorosa	Igreja	amorosa
Abrangência	Mundial						
	Continental						X
	Nacional		X	X		X	
Instrum.	voz	X	X	X	X	X	X
	violão	X	X	X	X	X	X
	outras cordas						charango
	sopro				quena		quena
	teclas						
	percussão				bombo		bombo
Estilo			tonada / canto a lo humano	tonada	cachimbo		cueca

Víctor Jara – *Víctor Jara* (1967, EMI Odeon) – LADO A

Faixa		1	2	3	4	5	6
Título		El aparecido	El lazo	Que alegres son las obreras	Despedimiento del angelito	Solo	Em algún lugar del puerto
Duração		2min 18s	3min 54s	3min 14s	3min 36s	3min 17s	4min 22s
Composição	Própria	X	X				X
	Folc. AL			Bolívia	Chile		
	Outros					E. Carrasco	
Temática	Política nacional						
	Política internac.	X					
	Acontecimento contemporâneo	Morte de Che Guevara					
	Episódio histórico						
	Heróis/ Mártires	Che Guevara					
	Mundo do Trabalho		X	X			X
	Desigualdade social		X				
	Tradições culturais		X		X		
	Ofício do músico						
	Outra					amorosa	subjetiva
Abrangência	Mundial						
	Continental	X		X			
	Nacional		X		X		X
Instrum.	voz	X	X	X	X	X	X
	violão	X	X	X	X	X	X
	outras cordas	baixo		charango		violoncelo, violino, guitarrón	baixo
	sopro	flauta, oboé		quena		oboé	flauta
	teclas	órgão					
	percussão	tímpano		bombo			
Estilo		galope Jara		huayno	verso a lo divino		galope Jara

Víctor Jara – *Víctor Jara* (1967, EMI Odeon) – LADO B

Faixa		1	2	3	4	5	6
Título		Así como hoy matan negros	El amor es un camino que de repente aparece	Casi Casi	Canción de cuna para un niño vago	Romance del enamorado y la muerte	Ay mi palomita
Duração		2min 16s	2min 27s	2min 03s	3min 41s	2min 52s	1min 43s
Composição	Própria		X		X		
	Folc. AL			X		Espanha	Chile
	Outros	Pablo Neruda/ Sergio Ortega					
Temática	Política nacional						
	Política internac.	X					
	Acontecimento contemporâneo						
	Episódio histórico						
	Heróis/ Mártires	Joaquín Murieta					
	Mundo do Trabalho						
	Desigualdade social	X			X		
	Tradições culturais					X	
	Ofício do músico						
	Outra		amorosa	amorosa	infância	amorosa	amorosa
Abrangência	Mundial						
	Continental	X		X			
	Nacional				X		X
Instrum.	voz	X	X	X	X	X	X
	violão		X		X		
	outras cordas	quarteto de cordas		charango			charango
	sopro	2 flautas					
	teclas	cravo				cravo	
	percussão			bombo	bongô		bombo, palmas
Estilo			canto a lo humano	bailecito	cançao de ninar		cueca

Víctor Jara & Quilapayún – *Canciones Folklóricas de América* (1968, EMI Odeon) – LADO

Faixa		1	2	3	4	5	6
Título		Hush-A-Bye	Bailecito	Palomas del palomar	Drume negrito	El llanto de mi madre	El carrero
Duração		3min 49s	2min 22s	1min 08s	3min 35s	2min 40s	2min 00s
Composição	Própria						
	Folc. AL		Bolívia	(Espanha)		Bolívia	
	Outros	Peter Yarrow / Paul Stockey			E. Grenet		Juan Capagorry / Daniel Viglietti
Temática	Política nacional						
	Política internacional						
	Acontecimento Contemporâneo						
	Episódio Histórico						
	Heróis/ Mártires						
	Mundo do Trabalho						X
	Desigualdade social						
	Tradições culturais		X	X	X	X	X
	Ofício do músico						
	Outra	infância	instrumental	infância	infância	instrumental	
Abrangência	Mundial						
	Continental	X	X	X	X	X	X
	Nacional						
Instrumentação	voz	X	X	X	X		X
	violão	X	X	X	X		X
	outras cordas		charango			charango	
	sopro		quena			quena	
	teclas						
	percussão		bombo				
Estilo		canção de ninar	bailecito		canção de ninar / guajira	yaraví	

Víctor Jara & Quilapayún – *Canciones Folklóricas de América* (1968, EMI Odeon) – LADO B

Faixa		1	2	3	4	5	6	7
Título		Mare Mare	Noche de rosas	Tres bailecitos	Gira, gira, girasol	Peon-cito del mandiocal	El tururururu	Conejí
Duração		2min 26s	2min 33s	2min 26s	2min 52s	2min 16s	2min 17s	1min 31s
Composição	Própria				X			com Carlos Préndez Saldías
	Folc. AL	Venezuela				Aníbal Sampayo	(Espanha)	
	Outros		Moshe Dor / Yosef Hadar	Ernesto Cavour				
Temática	Política nacional							
	Política internacional							
	Acontecimento Contemporâneo							
	Episódio Histórico							
	Heróis/ Mártires							
	Mundo do Trabalho					X		
	Desigualdade social					X		
	Tradições culturais	X	X	X	X		X	X
	Ofício do músico							
	Outra	índio	amorosa	instru-mental	infância	infância	infância	infância
Abrangência	Mundial							
	Continental	X	X	X		X	X	
	Nacional							
Instrumentação	voz	X	X		X	X	X	X
	violão		X		X	X	X	
	outras cordas	baixo		charango				baixo
	sopro							
	teclas							
	percussão	maraca		bombo				
Estilo		joropo		bailecito				

Víctor Jara – *Pongo en tus manos abiertas...* (1969, Jota Jota) – LADO A

Faixa		1	2	3	4	5	6
Título		A Luis Emilio Recabarren	A Desalambrar	Duerme, duerme negrito	Juan sin tierra	Preguntas por Pto. Montt	"Móvil" Oil Special
Duração		2min 51s	1min 37s	2min 50s	3min 09s	2min 41s	2min 47s
Composição	Própria	X				X	X
	Folc. AL			Caribe			
	Outros		Daniel Viglietti		Jorge Saldaña		
Temática	Política nacional					X	X
	Política internacional						
	Acontecimento Contemporâneo					Repressão a ocupação de terras	Reforma Universitária
	Episódio Histórico						
	Heróis/ Mártires	Luis Emilio Recabarren			Emiliano Zapata		
	Mundo do Trabalho	X	X	X		X	
	Desigualdade social		X	X	X	X	
	Tradições culturais						
	Ofício do músico	X					
	Outra			infância			juventude
Abrangência	Mundial						
	Continental		X	X	X		X
	Nacional	X	X		X	X	X
Instrumentação	voz	X	X	X	X	X	X
	violão	X	X	X	X	X	X
	outras cordas				guitarrón		
	sopro	quena					
	teclas						
	percussão		palmas, bombo				bongo, güiro
Estilo			milonga / cueca	canção de ninar	corrido		son

Víctor Jara – *Pongo en tus manos abiertas...* (1969, Jota Jota) – LADO B

aixa		1	2	3	4	5	6
ítulo		Camilo Torres	El Martillo	Te recuer-do Amanda	Zamba del Ché	Ya parte el galgo terrible	A Cochabam-ba me voy
uração		3min 04s	2min 49s	2min 35s	3min 40s	1min 51s	2min 28s
omposição	Própria			X			X
	Folc. AL						
	Outros	Daniel Viglietti	Lee Hays / Pete Seeger		Rubén Ortiz	Pablo Neru-da / Sergio Ortega	
emática	Política nacional						
	Política internacional	X				X	X
	Acontecimento Contemporâneo						movimento guerrilheiro na Bolívia
	Episódio Histórico				Revo-lução Cubana	Corrida do Ouro	
	Heróis/ Mártires	Camilo Torres			Che Guevara / Simón Bolívar		
	Mundo do Trabalho			X	X		
	Desigualdade social			X		X	
	Tradições culturais						
	Ofício do músico		X				
	Outra		paz	amorosa			
brangência	Mundial		X				
	Continental	X		X	X	X	X
	Nacional						
strumentação	voz	X	X	X	X	X	X
	violão	X	X	X	X	X	X
	outras cordas						baixo
	sopro						
	teclas						
	percussão				bombo	bombo	conga, güiro
stilo					zamba		son-guaracha

Víctor Jara – *Canto Libre* (1970, EMI Odeon) – LADO A

Faixa		1	2	3	4	5	6
Título		Inga	Cancion al árbol del olvido	La pala	Lamento borinca-no	Ventolera	El Tinku
Duração		2min 29s	2min 55s	3min 28s	4min 10s	3min 06s	3min 27s
Composição	Própria			X		X	
	Folc. AL	Peru					Bolívia
	Outros		Fernán Silva / Alberto Ginastera		Rafael Hernán-dez		
Temática	Política nacional						
	Política internacional						
	Acontecimento Contemporâneo						
	Episódio Histórico						
	Heróis/ Mártires						
	Mundo do Trabalho			X	X		
	Desigualdade social	X		X	X		
	Tradições culturais	X					X
	Ofício do músico						
	Outra		amorosa	infância		instru-mental	índio; amorosa
Abrangência	Mundial						
	Continental	X	X		X		X
	Nacional						
Instrumen-tação	voz	X	X	X	X		X
	violão	X	X	X	X	X	
	outras cordas	baixo			guitarrón		cha-rangos, baixo
	sopro				quena		
	teclas						
	percussão	maraca, güiro, bongô			maraca, bongô		cascabe-les
Estilo		festejo afro-peruano	vidalita	galope Jara	rumba--son		tonada potosina

Víctor Jara – *Canto Libre* (1970, EMI Odeon) – LADO B

Faixa		1	2	3	4	5
Título		Angelita Huenumán	Corrido de Pancho Villa	Caminando, caminando	¿Quién mató a Carmencita?	Canto libre
Duração		4min 03s	3min 43s	2min 43s	4min 49s	4min 47s
Composição	Própria	X		X	X	X
	Folc. AL		México			
	Outros					
Temática	Política nacional					
	Política internacional					
	Acontecimento Contemporâneo				Suicídio de uma jovem	
	Episódio Histórico		Revolução Mexicana			
	Heróis/ Mártires		Pancho Villa			
	Mundo do Trabalho	X				
	Desigualdade social				X	
	Tradições culturais	X				
	Ofício do músico					X
	Outra	índio		filosófica	juventude; meios de comunicação	
Abrangência	Mundial					
	Continental		X			
	Nacional	X				
Instrumenta-ção	voz	X	X	X	X	X
	violão	X			X	
	outras cordas		guitarrón, violão de 12 cordas	baixo, violão de 12 cordas	violão de 12 cordas	violão de 12 cordas
	sopro					quena
	teclas					
	percussão	kultrún; cascahuilla		bongô		caja, bombo, pandereta
Estilo		mapuche	corrido			marcha/ hino

Víctor Jara – *El derecho de vivir en paz* (1971, DICAP) – LADO A

Faixa		1	2	3	4	5	6
Título		El derecho de vivir en paz	Abre la ventana	La partida	El niño yuntero	Vamos por ancho camino	A la molina no voy más
Duração		4min 31s	3min 56s	3min 26s	3min 44s	3min 17s	3min 13s
Composição	Própria	X	X	X	e Miguel Hernández	com Celso Garrido-Lecca	
	Folc. AL						Peru
	Outros						
Temática	Política nacional		X			X	
	Política internacional	X					
	Acontecimento Contemporâneo	Guerra do Vietnã					
	Episódio Histórico						Abolição da escravidão no Peru
	Heróis/ Mártires	Ho Chi Minh					Ramón Castilla
	Mundo do Trabalho				X		X
	Desigualdade social				X		X
	Tradições culturais						X
	Ofício do músico	X					
	Outra			instrumental	infância	paz	
Abrangência	Mundial	X					
	Continental			X			X
	Nacional		X			X	
Instrumentação	voz	X	X		X	X	X
	violão	X	X	X	X	X	X
	outras cordas	guitarra, baixo elétrico, tiple	guitarra de 12 cordas	charango, tiple		charango, tiple	tiple, baixo
	sopro			quena		quena, trompete	
	teclas	teclado					
	percussão	pandereta, bateria	pandereta, bongô	bongô, pandereta			bombo, bongô, guiro
Estilo		pop					panalivio

Víctor Jara – *El derecho de vivir en paz* (1971, DICAP) – LADO B

Faixa		1	2	3	4	5	6
Título		A Cuba	Las casitas del barrio alto	El alma llena de banderas	Ni chicha ni limoná	Plegaria a un labrador	B.R.P.
Duração		3min 54s	2min 25s	3min 57s	3min 20s	3min 13s	3min 09s
Composição	Própria	X		X	X	com Patricio Castillo	com Celso Garrido--Lecca
	Folc. AL						
	Outros		Malvina Reynolds				
Temática	Política nacional	X	X	X	X		X
	Política internacional	X					
	Acontecimento Contemporâneo	Revolução Cubana		X			
	Episódio Histórico						
	Heróis/ Mártires	Che Guevara / Fidel Castro / José Martí		Miguel Ángel Aguillera			
	Mundo do Trabalho					X	
	Desigualdade social		X	X		X	
	Tradições culturais					X	
	Ofício do músico						
	Outra			juventude			juventude
Abrangência	Mundial						
	Continental	X				X	
	Nacional	X	X	X	X	X	X
Instrumentação	voz	X	X	X	X	X	X
	violão	X		X	X	X	
	outras cordas	baixo/ guitarrón	tiple, baixo	tiple, baixo	baixo	tiple, baixo	
	sopro			quenas			trompetes
	teclas						
	percussão	bongô, güiro, maracas					caja
Estilo		guajira-son	valsa		parabienes		marcha

Víctor Jara – *La población* (1972, DICAP) – LADO A

Faixa		1	2	3	4
Título		Lo único que tengo	En el río Mapocho	Luchín	La toma - 16 marzo 1967
Duração		3min 16s	3min 44s	3min 16s	7min 19s
Composição	Própria	com Alejandro Sieveking	com Alejandro Sieveking	com Alejandro Sieveking	com Alejandro Sieveking
	Folc. AL				
	Outros				
Temática	Política nacional				X
	Política internacional				
	Acontecimento Contemporâneo				
	Episódio Histórico				Ocupação de terreno - 1967
	Heróis/ Mártires				
	Mundo do Trabalho	X			
	Desigualdade social	X	X	X	X
	Tradições culturais				
	Ofício do músico				
	Outra		infância	infância	
Abrangência	Mundial				
	Continental	X	X	X	X
	Nacional	X	X	X	X
Instrumentação	voz	X	X	X	X
	violão	X	X	X	X
	outras cordas		tiple, baixo		tiple
	sopro				quena
	teclas				
	percussão				bombo, cascabeles
Estilo		tonada	galope Jara	canto a lo humano	galope

Víctor Jara – *La población* (1972, DICAP) – LADO B

Faixa		1	2	3	4	5
Título		La carpa de las coligüillas	El hombre es un creador	Hermin-da de la Victoria	Sacando pecho y brazo	Marcha de los pobladores
Duração		2min 42s	2min 12s	3min 59s	2min 34s	3min 13s
Composição	Própria	com Ale-jandro Sieveking	com Ale-jandro Sieveking	com Ale-jandro Sieveking	com Alejandro Sieveking	com Ale-jandro Sieveking
	Folc. AL					
	Outros					
Temática	Política nacional			X		X
	Política internacional					
	Acontecimento Contemporâneo					Governo da UP
	Episódio Histórico			Ocupação de terreno - 1967		
	Heróis/ Mártires					
	Mundo do Trabalho	X	X		X	
	Desigualdade social		X	X	X	
	Tradições culturais	X				
	Ofício do músico					
	Outra		infância	infância		infância
Abrangência	Mundial					
	Continental				X	X
	Nacional	X	X	X	X	X
Instrumentação	voz	X	X	X	X	X
	violão	X	X	X	X	
	outras cordas				baixo	baixo
	sopro		peineta			
	teclas					
	percussão	bombo, pandereta	bombo, pandereta		bombo, tormenta, pandereta	caja
Estilo		tonada	polca	canto a lo divino	cueca	marcha

Víctor Jara – *Canto por travesura* (1973, DICAP) – LADO A

Faixa		1	2	3	4	5	6
Título		Brindis	La palmatoria	Vengan a mi casamiento	La fonda	La edad de la mujer	La cafeter
Duração		0min 53s	3min 16s	3min 21s	2min 19s	2min 24s	2min 0
Composição	Própria						
	Folc. AL	Chile	Chile	Chile	Chile	Chile	Chile
	Outros						
Temática	Política nacional						
	Política internacional						
	Acontecimento Contemporâneo						
	Episódio Histórico						
	Heróis/ Mártires						
	Mundo do Trabalho						
	Desigualdade social						
	Tradições culturais	X	X	X	X	X	X
	Ofício do músico						
	Outra		sedução; conotação sexual		sedução	conotação sexual	cono tação sexua
Abrangência	Mundial						
	Continental						
	Nacional	X	X	X	X	X	X
Instrumentação	voz	X	X	X	X	X	X
	violão			X	X	X	X
	outras cordas	guitarrón chileno	violão de 12 cordas		violão de 12 cordas		harpa jaroch
	sopro						
	teclas						
	percussão		palmas, bombo				
Estilo		brindis	tonada	canto a lo humano (verso por pondera-ción)	tonada	tonada	cueca

Víctor Jara – *Canto por travesura* (1973, DICAP) – LADO B

ixa		1	2	3	4	5	6
tulo		La diuca	Iba yo para una fiesta	Por un pito ruin	La beata	Adivinan-zas	El chincolito
uração		2min 45s	3min 04s	4min 39s	2min 37s	1min 00s	1min 58s
omposição	Própria	X					
	Folc. AL		Chile	Chile	Chile	Chile	Chile
	Outros						
emática	Política nacional						
	Política internacional						
	Acontecimento Contemporâneo						
	Episódio Histórico						
	Heróis/ Mártires						
	Mundo do Trabalho						
	Desigualdade social						
	Tradições culturais	X	X	X	X	X	X
	Ofício do músico						
	Outra	conotação sexual			cono-tação sexual		amorosa; cono-tação sexual
orangência	Mundial						
	Continental						
	Nacional	X	X	X	X	X	X
strumentação	voz	X	X	X	X	X	X
	violão	X	X		X	X	X
	outras cordas		violão de 12 cordas	guitarrón chileno			harpa jarocha
	sopro						
	teclas				acordeão		
	percussão				pandereta		
tilo		tonada	canto a lo humano (verso por travesura)	canto a lo humano	polca	adivinan-zas	cueca

Quilapayún – *Quilapayún* (1967, EMI Odeon) – LADO A

Faixa		1	2	3	4	5	6
Título		La paloma	El forastero	El canto del cuculí	El pueblo	La boliviana	La cueca triste
Duração		2min 42s	3min 26s	3min 40s	2min 44s	2min 27s	2min 26s
Composição	Própria	E. Carrasco	E. Carrasco com Carlos Préndez Saldías	E. Carrasco			E. Carras-co com Víctor Jara
	Folc. AL					Bolívia	
	Outros				Ángel Parra		
Temática	Política nacional						
	Política internacional						
	Acontecimento Contemporâneo						
	Episódio Histórico						
	Heróis/ Mártires						
	Mundo do Trabalho	X					
	Desigualdade social				X		
	Tradições culturais	X	X				
	Ofício do músico						
	Outra	juventude	viagem	instrumen-tal		amorosa	amorosa
Abrangência	Mundial						
	Continental	X		X	X	X	
	Nacional						X
Instrumentação	voz	X	X		X	X	X
	violão	X	X	X	X	X	X
	outras cordas	charango		charango	charango	charango	
	sopro	quena		quena	quena	quena	
	teclas						
	percussão	bombo		bombo	bombo	bombo	
Estilo		andino		guarania / huapango / taquirari / cueca boliviana	hino / taquirari	cueca boliviana	cueca

Quilapayún – *Quilapaýun* (1967, EMI Odeon) – LADO B

Faixa		1	2	3	4	5	6
Título		La canción del minero	Dos palomitas	Por una pequeña chispa	La pérdida	El borrachito	Somos pájaros libres
Duração		2min 56s	2min 45s	2min 52s	2min 32s	3min 16s	2min 56s
Composição	Própria				e Juan Ramón Jiménez		
	Folc. AL		Argentina	X		X	
	Outros	Víctor Jara					Víctor Jara
Temática	Política nacional						
	Política internacional						
	Acontecimento Contemporâneo						
	Episódio Histórico						
	Heróis/ Mártires						
	Mundo do Trabalho	X					
	Desigualdade social	X					X
	Tradições culturais		X	X		X	
	Ofício do músico						
	Outra		instrumen-tal		morte		soldado
Abrangência	Mundial						
	Continental		X	X		X	X
	Nacional	X					
Instrumentação	voz	X		X	X	X	X
	violão	X	X	X	X	X	X
	outras cordas		charango	charango		charango	
	sopro		quena	quena		quena	
	teclas						
	percussão	bombo	bombo	bombo	bombo	bombo	bombo
Estilo			huayno	yaraví		bailecito / cueca	chacarera

Quilapayún – *X Viet-nam* (1968, Jota Jota) – LADO A

Faixa		1	2	3	4	5	6
Título		Por Vietnam	Que la tortilla se vuelva	Canción fúnebre para el Ché Guevara	Mamma mía dame cento lire	La Samba del riego	Cuecas de Joaquín Murieta
Duração		2min 16s	2min 13s	2min 58s	2min 17s	2min 52s	1min 29s
Composição	Própria	E. Carrasco com Jaime G. Rogers					
	Folc. AL				(Itália)		
	Outros		Chicho S. Ferlosio	Juan Capra		Tejada Gómez / Óscar Matus	Pablo Neruda / Sergio Ortega
Temática	Política nacional						
	Política internacional	X	X	X			
	Acontecimento Contemporâneo	Guerra do Vietnã		Morte de Che Guevara			
	Episódio Histórico		Guerra Civil Espanhola		X		Corrida do Ouro
	Heróis/ Mártires			Che Guevara			Joaquín Murieta
	Mundo do Trabalho					X	
	Desigualdade social		X			X	
	Tradições culturais				X		
	Ofício do músico					X	
	Outra				imigração		
Abrangência	Mundial	X	X		X		
	Continental			X		X	X
	Nacional						
Instrumentação	voz	X	X	X	X	X	X
	violão	X	X	X	X	X	X
	outras cordas			charango			
	sopro			quena			
	teclas						
	percussão	bombo		bombo		bombo	bombo
Estilo						zamba	cueca

Quilapayún – *X Viet-nam* (1968, Jota Jota) – LADO B

Faixa		1	2	3	4	5	6
Título		Himno de las J. mundiales	El Turururururú	Que dirá el Sto. Padre	Canto a la pampa	La bola	Los pueblos americanos
Duração		2min 13s	2min 20s	2min 39s	5min 38s	3min 05s	1min 36s
Composição	Própria						
	Folc. AL		(Espanha)			Cuba	
	Outros	Anônimo		Violeta Parra	Fernando Pezoa / Tomás Gabino Ortiz	Carlos Puebla	Violeta Parra
Temática	Política nacional						
	Política internacional	X	X			X	
	Acontecimento Contemporâneo					Revolução Cubana	
	Episódio Histórico		Guerra Civil Espanhola		Repres-são à greve em Iquique-1907		
	Heróis/ Mártires			Julián Grimau	traba-lhadores pampia-nos	Fidel Castro	
	Mundo do Trabalho				X		
	Desigualdade social			X			
	Tradições culturais						
	Ofício do músico						
	Outra	juventude		Igreja			unidade AL
Abrangência	Mundial		X	X			
	Continental					X	X
	Nacional				X		
Instrumentação	voz	X	X	X	X	X	X
	violão		X	X	X	X	X
	outras cordas						
	sopro				quena		
	teclas						
	percussão			bombo	bombo	güiro, conga, clave de rumba, maraca	pandereta, bombo
Estilo		hino		sirilla		caribenho	cueca

Quilapayún – *Quilapayún 3* (1969, EMI Odeon) – LADO A

Faixa		1	2	3	4	5	6
Título		Dicen que mi patria es	A mi palomita	El árbol	Duerme negrito	Ñan-cahuazú	Contra-punto entre el águila americana y el cóndor chileno
Duração		2min 40s	2min 47s	1min 43s	2min 45s	2min 28s	2min 14s
Composição	Própria			E. Carrasco		P. Castillo	
	Folc. AL		Bolívia		Caribe		Chile
	Outros	Chicho S. Ferlosio					
Temática	Política nacional						
	Política internacional						X
	Acontecimento Contemporâneo						
	Episódio Histórico	Guerra Civil Espanhola				Guerrilha de Ñan-cahuazú	
	Heróis/ Mártires					Che Guevara	
	Mundo do Trabalho	X			X		
	Desigualdade social	X			X		
	Tradições culturais		X				
	Ofício do músico						
	Outra	soldado	índio; amorosa	instrumen-tal	infância	instru-mental	
Abrangência	Mundial	X					
	Continental		X	X	X	X	X
	Nacional	X					
Instrumen-tação	voz	X	X		X		X
	violão	X	X	X	X	X	X
	outras cordas		charango	charango		charango	
	sopro		quenas	quena			
	teclas						
	percussão	palmas	bombo	bombo		bombo	
Estilo			huayno	andino	canção de ninar	huayno	contra-punto

Quilapayún – *Quilapayún 3* (1969, EMI Odeon) – LADO B

Faixa		1	2	3	4	5	6
Título		Elegía	En que nos parecemos	Yaraví y huayno de la Quebrada de Humahuaca	El soldado	La fortuna	Manuel Ascencio Padilla
Duração		2min 42s	2min 33s	2min 07s	2min 35s	2min 27s	2min 11s
Composição	Própria	E. Carrasco					
	Folc. AL		(Espanha)	Argentina		Argentina	
	Outros				Víctor Jara		Sergio Ortega
Temática	Política nacional						
	Política internacional						
	Acontecimento Contemporâneo						
	Episódio Histórico						Independência da Bolívia
	Heróis/ Mártires	Che Guevara					Manuel Ascencio Padilla; Juana Azurduy
	Mundo do Trabalho						
	Desigualdade social						
	Tradições culturais		X	X			
	Ofício do músico						
	Outra	instrumental	amorosa	instrumental	soldado	amorosa	
Abrangência	Mundial						
	Continental	X		X		X	X
	Nacional						
Instrumentação	voz	X	X	X	X	X	X
	violão	X	X	X	X	X	X
	outras cordas			charango		charango	
	sopro			quena		quena	
	teclas						
	percussão			bombo	bombo	X	
Estilo				yaraví; huayno		vidala	milonga

Quilapayún – *Basta* (1969, Jota Jota) – LADO A

Faixa		1	2	3	4		5	6
Título		A la mina no voy	La muralla	La gaviota	Son cieco /	Bella ciao	Coplas de Baguala	Cueca de Balmaceda
Duração		3min 13s	4min 07s	3min 34s	2min 45s		4min 06s	2min 13s
Composição	Própria		e Nicolás Guillén	Julio Huasi / E. Carrasco				
	Folc. AL				(Itália)	(Itália)	Argentina	Chile
	Outros	Esteban Cabezas						
Temática	Política nacional							X
	Política internacional			X		X		
	Acontecimento Contemporâneo							
	Episódio Histórico				Revolução Russa	Resistência italiana anti-nazista		Governo de Balmaceda
	Heróis/ Mártires							José Manuel Balmaceda
	Mundo do Trabalho	X					X	
	Desigualdade social	X			X		X	X
	Tradições culturais							
	Ofício do músico							
	Outra		união	unidade AL				
Abrangência	Mundial				X	X		
	Continental	X	X	X			X	
	Nacional							X
Instrumentação	voz	X	X	X	X	X	X	X
	violão	X		X	X	X	X	X
	outras cordas	baixo	guitarrón, vihuela		baixo			
	sopro							
	teclas							
	percussão	conga	maraca			palmas	bombo	pandereta
Estilo			joropo		hino		baguala	cueca

Quilapayún – *Basta* (1969, Jota Jota) – LADO B

Faixa		1	2	3	4	5	6
Título		Por montañas y praderas	La carta	Carabina 30-30	Por qué los pobres no tienen	Patrón	Basta ya
Duração		3min 16s	2min 47s	3min 16s	3min 54s	2min 36s	3min 11s
Composição	Própria						
	Folc. AL	(Rússia)		México			
	Outros		Violeta Parra		Violeta Parra	Aníbal Sampayo	Atahualpa Yupanqui / Pablo del Cerro
Temática	Política nacional		X				
	Política internacional	X					X
	Acontecimento Contemporâneo						
	Episódio Histórico	Guerra Civil Russa	Repressão policial - 1962	Revolução Mexicana			
	Heróis/ Mártires			Pancho Villa			
	Mundo do Trabalho					X	X
	Desigualdade social		X	X	X	X	X
	Tradições culturais						
	Ofício do músico		X				
	Outra				Igreja		
Abrangência	Mundial	X					
	Continental			X	X	X	X
	Nacional		X				
Instrumentação	voz	X	X	X	X	X	X
	violão		X	X	X	X	X
	outras cordas			guitarrón			guitarrón
	sopro						
	teclas	acordeón		acordeón			
	percussão	caja, bombo	tímpano		bombo		conga, güiro
Estilo		hino		corrido	tonada	milonga	son / guajira

Quilapayún – *Quilapayún 4* (1970, EMI Odeon) – LADO A

Faixa		1	2	3	4	5	6
Título		Plegaria a un labrador	El buen borincano	Huayno 1-2-3-4	El polo salió de España	Canción del agua	Tierra de Artigas
Duração		3min 15s	3min 33s	2min 31s	3min 23s	2min 39s	2min 54s
Composição	Própria	Víctor Jara / P. Castillo				E. Carrasco / P. Castillo	
	Folc. AL			Peru	Venezuela		
	Outros		Rafael Hernández				Víctor Lima
Temática	Política nacional						
	Política internacional						X
	Acontecimento Contemporâneo						
	Episódio Histórico						
	Heróis/ Mártires		Simón Bolívar, Antonio Maceo, José Martí, San Martín				José Artigas
	Mundo do Trabalho	X			X		
	Desigualdade social	X					
	Tradições culturais	X			X		
	Ofício do músico						
	Outra			instrumental		instrumental	
Abrangência	Mundial						
	Continental		X	X	X		X
	Nacional						
Instrumentação	voz	X	X	X	X		X
	violão	X	X	X	X	X	X
	outras cordas	baixo		charango		baixo	
	sopro		assovios	quena		quenas	
	teclas						
	percussão		güiro, maraca, bongô	güiro, bombo	maraca		
Estilo			son	huayno	polo		valsa

Quilapayún – *Quilapayún 4* (1970, EMI Odeon) – LADO B

Faixa		1	2	3	4	5	6
Título		Zamba de las tolderías	Milonga de andar lejos	Canción de Frondoso	Gringa	Guitarra y noche	Tio Caimán
Duração		2min 57s	2min 42s	3min 18s	3min 05s	2min 12s	3min 15s
Composição	Própria				P. Castillo		
	Folc. AL						
	Outros	Buena-ventura Luna / Ós-car Valles / Fernando Portal	Daniel Viglietti	Lope de Vega / Federico García Vigil		Ángel Parra	Carlos Francisco Chang Marín
Temática	Política nacional						
	Política internacional		X				
	Acontecimento Contemporâneo					Guerra do Vietnã	Guerra do Vietnã
	Episódio Histórico						Ocupação dos EUA no Panamá; Revolução Cubana
	Heróis/ Mártires						
	Mundo do Trabalho						
	Desigualdade social	X	X	X		X	X
	Tradições culturais	X					
	Ofício do músico					X	
	Outra	índio	unidade AL		instru-mental		
Abrangência	Mundial						X
	Continental	X	X	X	X	X	X
	Nacional						
Instrumen-tação	voz	X	X	X		X	X
	violão	X	X	X	X	X	X
	outras cordas				charango		guitarrón
	sopro				quena		
	teclas						
	percussão	bombo				X	güiro, tambores, clave, maraca
Estilo		zamba	milonga		andino		tamborito

Quilapayún – *Santa María de Iquique* (1970, Jota Jota) – LADO A

Faixa		1	2	3	4	5	6	7	8
Título		Pregón (I)	Preludio Instrumental	Relato (I)	Canción (I)	Interludio Instrumental (I)	Relato (II)	Canción (II)	Interlu Instrumenta (II)
Duração		2min 13s	5min 46s	2min 12s	2min 22s	1min 34s	1min 22s	2min 09s	1min 4
Composição	Própria								
	Folc. AL								
	Outros	Luis Advis	Luis Advis	Luis Advis	Luis Advis	Luis Advis	Luis Advis	Luis Advis	Luis Ac
Temática	Política nacional								
	Política internacional								
	Acontecimento Contemporâneo								
	Episódio Histórico	Repressão à greve em Iquique - 1907		Auge da indústria do salitre no Chile	Auge da indústria do salitre no Chile		Greve em Iquique - 1907	Greve em Iquique - 1907	
	Heróis/ Mártires	"pampino pobre"							
	Mundo do Trabalho	X		X	X		X		
	Desigualdade social	X		X	X		X		
	Tradições culturais								
	Ofício do músico	X							
	Outra		instrumental			instrumental			instrumenta
Abrangência	Mundial								
	Continental		X			X			X
	Nacional	X		X	X		X	X	
Instrumentação	voz	X		X	X		X	X	
	violão	X	X		X	X	X	X	X
	outras cordas	baixo	baixo			baixo		baixo, charango	baixo, charan
	sopro		quenas		quenas	quenas			quena
	teclas								
	percussão		bombo		bombo			bombo	bomb
Estilo			andino / cantata	relato	andino / cantata	andino / cantata	relato	andino / cantata	andin cantat

Quilapayún – *Santa María de Iquique* (1970, Jota Jota) – LADO B

Faixa		1	2	3	4	5	6	7	8	9	10
Título		Relato (III)	Interludio Cantado	Relato (IV)	Canción (III)	Interludio Instrumen-tal (III)	Relato (V)	Canción Letanía	Canción (IV)	Pregón (II)	Canción Final
Duração		1min 37s	2min 07s	1min 02s	1min 45s	1min 57s	2min 15s	1min 35s	2min 56s	0min 30s	2min 53s
Composição	Própria										
	Folc. AL										
	Outros	Luis Advis	Luis Advis	Luis Advis	Luis Advis	Luis Advis	Luis Advis	Luis Advis	Luis Advis	Luis Advis	Luis Advis
Temática	Política nacional						X				X
	Política internacional										
	Acontecimento Contemporâneo										
	Episódio Histórico	Greve em Iquique - 1907	Greve em Iqui-que - 1907	Greve em Iquique - 1907	Greve em Iqui-que - 1907		Greve em Iqui-que - 1907	Repressão à greve em Iqui-que - 1907	Repressão à greve em Iqui-que - 1907	Repressão à greve em Iqui-que - 1907	Repressão à greve em Iqui-que - 1907
	Heróis/ Mártires										
	Mundo do Trabalho	X	X	X	X		X	X	X		
	Desigualdade social	X	X	X	X		X	X	X		X
	Tradições culturais										
	Ofício do músico										X
	Outra				subjetiva	instrumen-tal	exército		infância		
Abrangência	Mundial										
	Continental					X					
	Nacional	X	X	X	X		X	X	X	X	X
Instrumentação	voz	X	X	X	X		X	X	X	X	X
	violão	X	X		X	X		X	X		X
	outras cordas				baixo	baixo, charango	charango		baixo, charango		baixo, charango
	sopro					quenas		quena	quena		
	teclas										
	percussão		bombo	bombo	bombo	bombo	bombo		bombo		bombo
Estilo		relato	andino / cantata	relato	andino / cantata	andino / cantata	relato	andino / cantata	andino / cantata / cachimbo	cantata	huayno / tro-te / cachimbo

Quilapayún – *Vivir como él* (1971, DICAP) – LADOS A e B

		LADO A	LADO B					
Faixa		1	2	3	4	5	6	7
Título		Vivir como él (Nguyen Van Troi)	Venceremos	Segunda declaración de La Habana	Soy del pueblo	Comienza la vida nueva	Marcha de la producción	La batea
Duração		18min 51s	2min 25s	3min 42s	3min 07s	3min 38s	3min 05s	3min 08s
Composição	Própria							e Tony Taño
	Folc. AL							
	Outros	Frank Fernández / Luis Advis	Claudio Iturra / Sergio Ortega	Isidora Aguirre / Luis Advis	Carlos Puebla	Luis Advis	Sergio Ortega	
Temática	Política nacional		X			X	X	X
	Política internacional	X		X				
	Acontecimento Contemporâneo	Guerra do Vietnã	Governo da UP			Governo da UP	Governo da UP	Governo da UP
	Episódio Histórico			Revolução Cubana; Segunda Declaração de La Habana				
	Heróis/ Mártires	Nguyen Van Troi		Fidel Castro				
	Mundo do Trabalho		X				X	
	Desigualdade social			X		X		X
	Tradições culturais							
	Ofício do músico	X			X			
	Outra		soldado	unidade AL				
Abrangência	Mundial	X						
	Continental			X	X			
	Nacional		X			X	X	X
Instrumentação	voz	X	X	X	X	X	X	X
	violão	X		X	X	X		X
	outras cordas	charango	orquestra		tiple, baixo	charango	charango, baixo	baixo
	sopro	quenas	orquestra	quenas			quena	
	teclas							
	percussão	bombo	orquestra		conga, maraca	bombo	caja, pandereta	conga, bombo, clave
Estilo		cantata popular	hino		son	hino	marcha	cumbia

Quilapayún – *Quilapayún 5* (1972, EMI Odeon) – LADO A

Faixa		1	2	3	4	5	6
Título		Ausencia	Las obreras	Tú	Guarén	Como la flor	Voy y vuelvo
Duração		2min 54s	3min 15s	3min 05s	2min 47s	3min 26s	2min 41s
Composição	Própria	R. Parada E. Carrasco		E. Carrasco	E. Carrasco		E. Carrasco
	Folc. AL		Bolívia				
	Outros					Sergio Ortega	
Temática	Política nacional						
	Política internacional						
	Acontecimento Contemporâneo						
	Episódio Histórico						
	Heróis/ Mártires						
	Mundo do Trabalho		X				
	Desigualdade social						
	Tradições culturais						
	Ofício do músico						
	Outra	instru-mental		instru-mental	instru-mental	amorosa	instru-mental
Abrangência	Mundial						
	Continental		X		X		X
	Nacional		X				
Instrumen-tação	voz		X		X		
	violão	X	X	X	X	X	X
	outras cordas	charango	charango	violão de 12 cordas, charango	charango		cuatro, baixo
	sopro		quena, assovio	quenas	quena		assovios, quenas, kazoo
	teclas						
	percussão		bombo		bombo		maracas
Estilo			huayno	andino	andino		

Quilapayún – *Quilapayún 5* (1972, EMI Odeon) – LADO B

Faixa		1	2	3	4	5	6	7
Título		Tan alta que está la luna	Sol del Perú	Amanda - Ortiga	Preludio	Vals	Cueca de la libertad	La última curda
Duração		3min 10s	2min 52s	2min 51s	2min 15s	3min 08s	3min 11s	3min 29s
Composição	Própria					E. Carrasco	com Cirilo Vila	
	Folc. AL	Argentina	X					
	Outros			Sergio Ortega	Johan Sebastian Bach			Cátulo Castillo / Aníbal Troilo
Temática	Política nacional						X	
	Política internacional							
	Acontecimento Contemporâneo						Governo da UP	
	Episódio Histórico							
	Heróis/ Mártires							
	Mundo do Trabalho							
	Desigualdade social							
	Tradições culturais							
	Ofício do músico							
	Outra	amorosa	instru-mental	instru-mental	instru-mental	instru-mental		amorosa subjetiva
Abrangência	Mundial							
	Continental	X	X					X
	Nacional						X	
Instrumen-tação	voz	X					X	X
	violão		X	X	X	X	X	X
	outras cordas		charango	charango	charango	charan-go, violão de 12 cordas	violão de aço, baixo	baixo
	sopro		quenas	quenas				
	teclas							
	percussão	bombo	bombo	bombo, cascabeles			pandereta, bombo	
Estilo		vidala riojana	andino			valsa	cueca	tango

Quilapayún – *La Fragua*: Disco 1 (1973, DICAP) – LADO A

Faixa		1	2	3	4	5	6
Título		Recitado 1	Canción 1: Sol luminoso	Canción 2: Hondo desierto	Recitado 2	Canción 3: Norte grande, pobre norte	Recitado 3: Romance de Marga-Marga
Duração		3min 25s	1min 39s	5min 06s	2min 39s	3min 09s	3min 41s
Composição	Própria						
	Folc. AL						
	Outros	Sergio Ortega	Sergio Ortega	Sergio Ortega	Sergio Ortega	Sergio Ortega	Sergio Ortega
Temática	Política nacional						
	Política internacional						
	Acontecimento Contemporâneo						
	Episódio Histórico						Levante de Marga-Marga (séc. XVI)
	Heróis/ Mártires	Rodríguez, Galvarino, Lautaro, Recabarren				Luis Emilio Recabarren	Sebastián Vásquez
	Mundo do Trabalho	X		X	X	X	X
	Desigualdade social			X	X	X	X
	Tradições culturais						
	Ofício do músico						
	Outra		paisagem	paisagem	paisagem		indígena
Abrangência	Mundial						
	Continental						
	Nacional	X	X	X	X	X	X
Instrumentação	voz	X	X	X	X	X	X
	violão		X	X		X	
	outras cordas	orquestra	orquestra	charango		orquestra	
	sopro	orquestra	orquestra			orquestra	clarinete
	teclas						
	percussão	orquestra	orquestra		orquestra	orquestra	xilofone, orquestra
Estilo		relato			relato		relato

Quilapayún – *La Fragua*: Disco 1 (1973, DICAP) – LADO B

Faixa		1	2	3	4	5	6	7	8	9	10
Título		Recitado 4	Canción 4: Marcha de los mineros del carbón	Recitado 5	Canción 5: La represión	Recitado 6	Canción 6: Los talleres	Canción 7: Niño araucano	Recitado 7	Canción 8: Lautaro y Valdivia	Recitado 8
Duração		0min 44s	2min 59s	0min 50s	3min 51s	1min 02	1min 18s	6min 07s	1min 24s	2min 09s	0min 23s
Composição	Própria										
	Folc. AL										
	Outros	Sergio Ortega	Sergio Ortega	Sergio Ortega	Sergio Ortega	Sergio Ortega	Sergio Ortega	Sergio Ortega	Sergio Ortega	Sergio Ortega	Sergio Ortega
Temática	Política nacional			X	X						
	Política internacional										
	Acontecimento Contemporâneo										
	Episódio Histórico	Greve em Lota - 1920	Greve em Lota - 1920	"Lei maldita"	Repressões a greves nos anos 1940 / Massacre da Plaza Bulnes (1946)			Guerra de Arauco	Guerra de Arauco	Guerra de Arauco	Guerra de Arauco
	Heróis/ Mártires				Ramona Parra	Luis Emilio Recabarren	Luis Emilio Recabarren	Lautaro		Lautaro	
	Mundo do Trabalho	X	X		X	X	X				
	Desigualdade social		X					X			
	Tradições culturais										
	Ofício do músico										
	Outra							indígena		indígena	indígena
Abrangência	Mundial										
	Continental										
	Nacional	X	X	X	X	X	X	X	X	X	X
Instrumentação	voz	X	X	X	X	X	X	X	X	X	X
	violão						X	X			
	outras cordas		orquestra		orquestra		orquestra			orquestra	
	sopro		orquestra							orquestra	
	teclas						flautim				
	percussão	xilofone, orquestra	orquestra	orquestra			xilofone	bombo, orquestra	xilofone, orquestra	orquestra	

Quilapayún – *La Fragua*: Disco 2 (1973, DICAP) – LADO A

ɜa		1	2	3	4	5	6	7	8
lo		Pregón: La tierra sin motivo	Canción 9: El campo	Recitado 9	Canción 10: En la entraña del volcán	Recitado 10	Canción 11: Los trabajos de mi patria	Recitado 11	Canción 12: El puño del pueblo
ação		2min 49s	2min 07s	0min 35s	3min 30s	0min 19s	2min 48s	0min 23s	2min 39s
ıposição	Própria								
	Folc. AL								
	Outros	Sergio Ortega	Sergio Ortega	Sergio Ortega	Sergio Ortega	Sergio Ortega	Sergio Ortega	Sergio Ortega	Sergio Ortega
ıática	Política nacional	X					X	X	
	Política internacional								
	Acontecimento Contemporâneo								
	Episódio Histórico								
	Heróis/ Mártires	Luis Emilio Recabarren				Luis Emilio Recabarren	Luis Emilio Recabarren		
	Mundo do Trabalho	X	X	X	X	X	X		X
	Desigualdade social	X							X
	Tradições culturais								
	Ofício do músico								
	Outra	indígena							
angência	Mundial								
	Continental								
	Nacional	X	X	X	X	X	X	X	X
rumen-io	voz	X	X	X	X	X	X	X	X
	violão	X	X						X
	outras cordas	orquestra	orquestra		orquestra		orquestra		orquestra
	sopro	orquestra	orquestra		flautim		orquestra		orquestra
	teclas				piano				
	percussão	bombo, orquestra	bombo, orquestra	orquestra	clave, guiro, conga, pandero		orquestra	tímpano	orquestra
lo		relato		relato	caribenho	relato		relato	

Quilapayún – *La Fragua*: Disco 2 (1973, DICAP) – LADO B

Faixa		1	2	3	4	5	6
Título		Las ollitas	El enano maldito	La tribuna	Vox Populi	La merluza	No se para la cuestión
Duração		3min 02s	2min 31s	3min 53s	2min 33s	3min 46s	3min 14s
Composição	Própria			com Carlos Puebla		com Carlos Puebla	
	Folc. AL						
	Outros	Sergio Ortega	Sergio Ortega		Sergio Ortega		Sergio Ortega
Temática	Política nacional	X	X	X	X	X	X
	Política internacional					X	
	Acontecimento Contemporâneo	Marcha das Panelas Vazias	X	X	X	X	X
	Episódio Histórico						
	Heróis/ Mártires						
	Mundo do Trabalho						
	Desigualdade social	X	X	X	X		
	Tradições culturais						
	Ofício do músico						
	Outra			imprensa			
Abrangência	Mundial						
	Continental						
	Nacional	X	X	X	X	X	X
Instrumentação	voz	X	X	X	X	X	X
	violão		X	X	X	X	
	outras cordas	baixo	baixo	violão de 12 cordas	violão de 12 cordas, baixo	baixo	baixo
	sopro				quena		
	teclas	piano				piano	piano
	percussão	bateria, güiro, conga, palmas	güiro, conga	conga, maraca, tambor	clave, conga, maraca	conga, bateria	güiro, conga, bateria
Estilo			son-guaracha	caribenho	caribenho	caribenho	caribenho

Inti-Illimani – *Si somos americanos* (1969, Méndez/Impacto) – LADO A

Faixa		1	2	3	4	5	6
Título		Si somos america-nos	Huajra	El canelazo	Estoy de vuelta	Juanito Laguna re-monta un barrilete	Una lágrima
Duração		1min 43s	3min 06s	2min 41s	2min 25s	4min 05s	3min 11s
Composição	Própria						
	Folc. AL			Equador			Bolívia
	Outros	Rolando Alarcón	Atahualpa Yupanqui		Cesar Perdiguero / Fernando Portal	Hamlet Lima Quintana / René Cosentino	
Temática	Política nacional						
	Política internacional	X					
	Acontecimento Contemporâneo						
	Episódio Histórico						
	Heróis/ Mártires						
	Mundo do Trabalho						
	Desigualdade social	X				X	
	Tradições culturais	X	X			X	
	Ofício do músico				X		
	Outra	unidade AL		amorosa	viagem	infância	amorosa
Abrangência	Mundial						
	Continental	X	X	X	X	X	X
	Nacional						
Instrumentação	voz	X		X	X	X	X
	violão	X	X	X	X	X	X
	outras cordas	charango	charango	charango; baixo	charango	baixo	charango
	sopro		quena			quena	quena
	teclas						
	percussão	bombo	bombo		bombo		
Estilo		cachimbo	carnavali-to jujeño	cachullapi	zamba		bailecito

Inti-Illimani – *Si somos americanos* (1969, Méndez/Impacto) – LADO B

Faixa		1	2	3	4	5	6
Título		Sed de amor	Zamba de los humildes	Lunita Camba	La naranja	Voy a remon-tar los montes	Lárgueme la manga
Duração		3min 08s	3min 18s	1min 44s	1min 59s	3min 35s	2min 52s
Composição	Própria						
	Folc. AL				Equador	Chile	
	Outros	Miguel Ángel Valda / Rafael García	Tejada Gómez / Oscar Matus	Percy Ávila			Efraín Navarro
Temática	Política nacional						
	Política internacional						
	Acontecimento Contemporâneo						
	Episódio Histórico						
	Heróis/ Mártires						
	Mundo do Trabalho						
	Desigualdade social		X				
	Tradições culturais						X
	Ofício do músico		X				
	Outra	amorosa		amorosa	amorosa	amorosa	
Abrangência	Mundial						
	Continental	X	X	X	X		
	Nacional					X	X
Instrumentação	voz	X	X	X	X	X	X
	violão	X	X	X	X	X	
	outras cordas	charango, baixo			charango, baixo		baixo
	sopro	tarka					
	teclas						piano
	percussão		bombo	chocalho			caja; pra-to; pan-dereta; bombo
Estilo		cueca	zamba	taquirari	tonada equato-riana	tonada	cueca

Rolando Alarcón – *A la Resistencia Española*; Inti-Illimani – *A la Revolución Mexicana* (1969, Hit Parade) – LADO A

Faixa		1	2	3	4	5	6
Título		La paloma	Canci-ón de Grimau	A la huelga	Coplas del tiempo	El gallo rojo	Canci-ón de soldados
Duração		2min22s	2min 57s	2min 20s	2min 54s	2min 51s	2min 33s
Composição	Própria						
	Folc. AL						
	Outros	Chicho S. Ferlosio	Chicho S. Ferlosio	Chicho S. Ferlosio	Chicho S. Ferlosio	Chicho S. Ferlosio	Chicho S. Ferlosio
Temática	Política nacional						
	Política internacional		X	X	X	X	X
	Acontecimen-to Contempo-râneo						
	Episódio Histórico	Guerra Civil Es-panhola	Guerra Civil Es-panhola	Guerra Civil Es-panhola	Guerra Civil Espanhola	Guerra Civil Es-panhola	Guerra Civil Es-panhola
	Heróis/ Mártires		Julián Grimau				
	Mundo do Trabalho	X		X	X		X
	Desigualdade social	X	X	X	X		X
	Tradições culturais				X		
	Ofício do músico		X			X	
	Outra						soldado
Abrangência	Mundial	X	X	X	X	X	X
	Continental						
	Nacional						
Instrumen-tação	voz	X	X	X	X	X	X
	violão	X	X	X	X	X	X
	outras cordas				charango		
	sopro						
	teclas						
	percussão			palmas			bombo e pande-reta
Estilo							

Rolando Alarcón – *A la Resistencia Española*; Inti-Illimani – *A la Revolución Mexicana* (1969, Hit Parade) – LADO B

Faixa		1	2	3	4	5	6
Título		Nuestro México, febrero 23	La Valentina	El Siete Leguas	Soldado revolucionario	La cucaracha	La Adelita
Duração		3min 32s	1min 50s	3min 55s	3min	2min 39s	2min 52s
Composição	Própria						
	Folc. AL	México	México	México	México	México	México
	Outros						
Temática	Política nacional						
	Política internacional	X		X		X	
	Acontecimento Contemporâneo						
	Episódio Histórico	Revolução Mexicana	Revolução Mexicana	Revolução Mexicana	Revolução Mexicana	Revolução Mexicana	Revolução Mexicana
	Heróis/ Mártires	Pancho Villa		Pancho Villa		Antonio Zeta	
	Mundo do Trabalho						
	Desigualdade social						
	Tradições culturais					X	
	Ofício do músico						
	Outra		amorosa		soldado		amorosa; soldado
Abrangência	Mundial						
	Continental	X	X	X	X	X	X
	Nacional						
Instrumentação	voz	X	X	X	X	X	X
	violão	X	X	X	X	X	X
	outras cordas						
	sopro	harmônica					
	teclas						
	percussão						
Estilo		corrido	corrido	corrido	corrido	corrido	corrido

Inti-Illimani – *Inti-Illimani* (1969, Jota Jota) – LADO A

Faixa		1	2	3	4	5	6	
Título		Juanito Laguna remonta un barrilete	El canelazo	Vasija de barro	Sicuriadas	Zamba de los humildes	Lárgue-me la manga /	El músico errante
Duração		4min 40s	2min 52s	3min 26s	2min 05s	3min 31s	3min 00s	
Composição	Própria							
	Folc. AL		Equador		Bolívia			Chile
	Outros	Hamlet L. Quintana / René Cosentino		Gonzalo Benítez / Luis A. Valencia		Tejada Gómez / Oscar Matus	Efraín Navarro	
Temática	Política nacional							
	Política internacional							
	Acontecimento Contemporâneo							
	Episódio Histórico							
	Heróis/ Mártires							
	Mundo do Trabalho							
	Desigualdade social	X				X		
	Tradições culturais	X			X		X	X
	Ofício do músico							X
	Outra	infância	amorosa	morte	instrumental			
Abrangência	Mundial							
	Continental	X	X	X	X	X		
	Nacional						X	X
Instrumentação	voz	X	X	X		X	X	X
	violão	X	X			X		
	outras cordas		charango; baixo	charango			baixo	baixo
	sopro	quena		quenas	zampoña			
	teclas						piano	piano
	percussão	bombo		bombo	caja; bombo		caja; bombo; pandereta; prato	caja; bombo; pandereta; prato
Estilo			cachullapi	yaraví	sikuriada	zamba	cueca	cueca

Inti-Illimani – *Inti-Illimani* (1969, Jota Jota) – LADO B

Faixa		1	2	3	4	5	6	7
Título		La fiesta de San Benito	Simón Bolívar	Jenecherú	La naranja	Inti--Illimani	Carta al Che	La lágrima
Duração		2min 41s	2min 17s	2min 39s	2min 07s	1min 48s	3min 50s	3min 07s
Composição	Própria							
	Folc. AL	Bolívia			Equador			Bolívia
	Outros		Ruben Lena / Isidro Contreras	Gilberto Rojas		Horacio Salinas	Carlos Puebla	
Temática	Política nacional							
	Política internacional						X	
	Acontecimento Contemporâneo							
	Episódio Histórico							
	Heróis/ Mártires		Simón Bolívar				Che Guevara	
	Mundo do Trabalho							
	Desigualdade social							
	Tradições culturais	X						
	Ofício do músico							
	Outra		unidade AL	amorosa	amorosa	instru-mental		amorosa
Abrangência	Mundial							
	Continental	X	X	X	X	X	X	X
	Nacional							
Instrumentação	voz	X	X	X	X		X	X
	violão	X	X	X	X	X	X	X
	outras cordas	charango	guitar-rón/ baixo, charango	charango, baixo	vihuela	charango	guitar-rón/ baixo	charango
	sopro	quena		quena		quena		quena
	teclas							
	percussão	maracas, bombo	maracas	conga, maraca		bombo	conga, guiro, maraca	bombo
Estilo		saya	tonada	carna-valito / taquirari	tonada equato-riana	andino	son--guajira	bailecito

Inti-Illimani – *Inti-Illimani* (1970, EMI Odeon) – LADO A

Faixa		1	2	3	4	5	6
Título		Los arados	Huajra	Nuestro México, febrero veintitrés	Dolencias	Quiaqueñita	La petenera
Duração		2min 17s	3min 57s	3min 26s	3min 01s	2min 16s	3min 14s
Composição	Própria						
	Folc. AL			México		Argentina	México
	Outros	Marco Vinicio Bedoya	Atahualpa Yupanqui		Victor M. Valencia		
Temática	Política nacional						
	Política internacional			X			
	Acontecimento Contemporâneo						
	Episódio Histórico			Revolução Mexicana			
	Heróis/ Mártires			Pancho Villa			
	Mundo do Trabalho	X					
	Desigualdade social	X					
	Tradições culturais		X			X	
	Ofício do músico						
	Outra	índio	instrumental		amorosa	instrumental; amorosa	amorosa
Abrangência	Mundial						
	Continental	X	X	X	X	X	X
	Nacional						
Instrumentação	voz	X		X	X		X
	violão	X	X	X	X	X	X
	outras cordas	charango, baixo	charango	guitarrón	guitarrón chileno, baixo		guitarrón, vihuela, violino
	sopro	quena	quena	harmônica	quena	zampoñas	
	teclas						
	percussão		pandereta, bombo				
Estilo		sanjuanito	carnavalito jujeño	corrido	albazo	carnavalito jujeño	son huasteco / petenera

Inti-Illimani – *Inti-Illimani* (1970, EMI Odeon) – LADO B

Faixa		1	2	3	4	5	6
Título		Quebrada de Humahuaca	Así como hoy matan negros	La mariposa	Flor de Sancayo	Fiesta puneña	Madrugada llanera
Duração		2min 05s	2min 16s	2min 04s	2min 43s	2min 26s	3min 07s
Composição	Própria						
	Folc. AL	Argentina			Peru		
	Outros		Pablo Neruda / Sergio Ortega	Gumercindo Licidio		Eduardo Falú	Venezuelano G. F. Beroes / Juan Vicente Torrealba
Temática	Política nacional						
	Política internacional		X				
	Acontecimento Contemporâneo						
	Episódio Histórico		Corrida do Ouro				
	Heróis/ Mártires		Joaquín Murieta				
	Mundo do Trabalho						X
	Desigualdade social		X				
	Tradições culturais	X		X	X	X	
	Ofício do músico						
	Outra	instrumental				instrumental	paisagem
Abrangência	Mundial						
	Continental	X	X	X	X	X	X
	Nacional						
Instrumentação	voz		X	X	X		X
	violão	X	X	X	X	X	X
	outras cordas	charango	baixo	charango	charango	charango	vihuela, guitarrón
	sopro	quenas, zampoña	quenas	quena	quena	quena	
	teclas						
	percussão	bombo, caja		pandereta, bombo	pandereta, bombo	bombo	maraca
Estilo		carnavalito jujeño		morenada	huayno	bailecito	joropo

Inti-Illimani – *Canto al Programa* (1970, DICAP) – LADO A

Título		Intro-ducción Musical	Relato	Canción del poder popular	Relato	El vals de la profundi-zación de la democracia	Relato	Cueca de las fuerzas armadas y carabineros	Relato	El rin de la nueva constitu-ción	Relato	Canción de la propie-dad social y privada	Relato	Canción de la reforma agraria
Duração		1min 18s	1min 04s	2min 49s	31s	2min 32s	18s	3min 31s	17s	2min 07s	22s	2min 39s	8s	2min 12s
Composição	Própria													
	Folc. AL													
	Outros	Luis Advis	Julio Rojas	Julio Ro-jas / Luis Advis	Julio Rojas	Julio Rojas / Sergio Ortega	Julio Rojas	Julio Rojas / Sergio Ortega	Julio Rojas	Julio Rojas / Luis Advis	Julio Rojas	Julio Rojas / Luis Advis	Julio Rojas	Julio Rojas / Sergio Ortega
Temática	Política nacional		X	X	X	X		X	X	X	X	X	X	X
	Política internacional			X										
	Acontecimento Contemporâneo		Vitória da UP	Vitória da UP	Vitória da UP	Vitória da UP		Vitória da UP	Vitória da UP	Vitória da UP	Vitória da UP	Vitória da UP	Vitória da UP	Vitória da UP
	Episódio Histórico													
	Heróis/ Mártires													
	Mundo do Trabalho	X								X		X		X
	Desigualdade social													
	Tradições culturais						X							
	Oficio do músico													
	Outra	instru-mental											X	
Abrangência	Mundial													
	Continental													
	Nacional	X	X	X	X	X	X	X	X	X	X	X	X	X
Instrumentação	voz		X	X	X	X	X	X	X	X	X	X	X	X
	violão	X		X		X		X		X		X		X
	outras cordas	charango		charango						charango		charango		
	sopro	quenas		quena		quena						quena		
	teclas													
	percussão	bombo		bombo				bombo, pandereta		bombo		bombo		
Estilo		andino				valsa		cueca		rin				

Inti-Illimani – *Canto al Programa* (1970, DICAP) – LADO B

Faixa		1	2	3	4	5	6	7	8	9	10
Título		Relato	Tonada y sajuriana de las tareas sociales	Relato	Canción de la nueva cultura	Relato	Vals de la educación para todos	Relato	Canción de las relaciones internacionales	Relato	Venceremos
Duração		22s	5min 03s	7s	3min 49s	16s	3min 23s	24s	2min 13s	26s	2min 22s
Composição	Própria										
	Folc. AL										
	Outros	Julio Rojas	Julio Rojas / Luis Advis	Julio Rojas	Julio Rojas / Sergio Ortega	Julio Rojas	Julio Rojas / Luis Advis	Julio Rojas	Julio Rojas / Sergio Ortega	Julio Rojas	Claudio Iturra / Sergio Ortega
Temática	Política nacional	X	X	X	X	X	X	X	X	X	X
	Política internacional								X		
	Acontecimento Contemporâneo	Vitória da UP	Vitória da UP	Vitória da UP	Vitória da UP	Vitória da UP	Vitória da UP	Vitória da UP	Vitória da UP	Vitória da UP	Vitória da UP
	Episódio Histórico										
	Heróis/ Mártires										
	Mundo do Trabalho		X				X				X
	Desigualdade social										
	Tradições culturais				X						
	Ofício do músico										
	Outra										soldado
Abrangência	Mundial								X		
	Continental								X		
	Nacional	X	X	X	X	X	X	X	X	X	X
Instrumentação	voz	X	X	X	X	X	X	X	X	X	X
	violão		X		X		X		X		X
	outras cordas		charango				charango		charango		charango
	sopro		quena		quena		quena		quena		quena
	teclas										
	percussão		bombo		bombo				bombo		bombo
			tonada /								

Inti-Illimani – *Autores chilenos* (1971, DICAP) – LADO A

Faixa		1	2	3	4	5
Título		Run Run se fue p'al Norte	La exiliada del Sur	Tatati	Rin del Angelito	Ya parte el galgo terrible
Duração		4min 27s	3min 26s	3min 19s	3min 23s	3min 03s
Composição	Própria			Horacio Salinas		
	Folc. AL					
	Outros	Violeta Parra	Violeta Parra / Patricio Manns		Violeta Parra	Pablo Neruda / Sergio Ortega
Temática	Política nacional					
	Política internacional					X
	Acontecimento Contemporâneo					
	Episódio Histórico					Corrida do Ouro
	Heróis/ Mártires					
	Mundo do Trabalho					
	Desigualdade social					
	Tradições culturais				X	
	Ofício do músico		X			
	Outra	viagem / amorosa	viagem	instrumental		
Abrangência	Mundial					
	Continental					X
	Nacional	X	X	X	X	X
Instrumentação	voz	X	X		X	X
	violão	X	X	X	X	X
	outras cordas	tiple	charango, tiple	charango, tiple	charango, tiple	charango
	sopro	quena	quena	quena	quenas	
	teclas					
	percussão		bombo	bombo, pandereta	bombo	bombo
Estilo		rin		andino	rin	

Inti-Illimani – *Autores chilenos* (1971, DICAP) – LADO B

Faixa		1	2	3	4	5
Título		Lo que más quiero	Volver a los 17	Charagua	Corazón maldito	El aparecido
Duração		3min 22s	4min 00s	3min 00s	2min 58s	3min 32s
Composição	Própria					
	Folc. AL					
	Outros	Violeta Parra / Isabel Parra	Violeta Parra	Víctor Jara	Violeta Parra	Víctor Jara
Temática	Política nacional					
	Política internacional					X
	Acontecimento Contemporâneo					
	Episódio Histórico					
	Heróis/ Mártires					Che Guevara
	Mundo do Trabalho					
	Desigualdade social					
	Tradições culturais					
	Ofício do músico					
	Outra	amorosa	amorosa	instru-mental	amorosa	
Abrangência	Mundial					
	Continental					X
	Nacional	X	X	X	X	X
Instrumentação	voz	X	X		X	X
	violão	X	X	X	X	X
	outras cordas	cuatro vene-zuelano, baixo	tiple	tiple	tiple	tiple
	sopro		quena	quena	quena	quena
	teclas					
	percussão	maracas	bombo	bombo, pandero	bombo	bombo
Estilo		joropo	canción--sirilla	andino	canción--sirilla	

Inti-Illimani – *Canto para una semilla* (1972, DICAP) – LADO A

aixa		1	2	3	4	5	6	7	8
ítulo		Los parientes (Relato)	Los parientes (Canção)	La infancia (Relato - coro - relato)	La infancia (Canção)	El amor (Relato)	El amor (Canção)	El compromiso (Relato)	El compromiso (Canção)
uração		1min 02s	4min 56s	1min 32s	3min 38s	1min 32s	5min 53s	1min 09s	3min 21s
omposição	Própria								
	Folc. AL								
	Outros	Violeta Parra / Luis Advis	Violeta Parra / Luis Advis	Violeta Parra / Luis Advis	Violeta Parra / Luis Advis	Violeta Parra / Luis Advis	Violeta Parra / Luis Advis	Violeta Parra / Luis Advis	Violeta Parra / Luis Advis
emática	Política nacional								
	Política internacional								
	Acontecimento Contemporâneo								
	Episódio Histórico								
	Heróis/ Mártires								
	Mundo do Trabalho								
	Desigualdade social							X	X
	Tradições culturais	X	X	X	X				
	Ofício do músico	X		X	X		X	X	X
	Outra					amorosa	amorosa		
brangência	Mundial								
	Continental								
	Nacional	X	X	X	X	X	X	X	X
strumentação	voz	X	X	X	X	X	X	X	X
	violão		X	X	X		X		X
	outras cordas		tiple, baixo com arco, charango		tiple, baixo com arco, charango		tiple, baixo com arco		tiple, baixo com arco, charango
	sopro		quena		quenas		quenas		quenas
	teclas								
	percussão		huiro/ clave		bombo		bombo		bombo
stilo		relato		relato	canção de ninar / rin	relato		relato	marcha

Inti-Illimani – *Canto para una semilla* (1972, DICAP) – LADO B

Faixa		1	2	3	4	5	6	7	8	9
Título		La denuncia (Relato)	La denuncia (Canção)	La esperanza (Relato)	La esperanza (Canção)	La muerte (Relato)	La muerte (Canção)	Epílogo (Relato - coro - relato - coro)	Epílogo (Relato)	Epílog (Cançã final)
Duração		0min 36s	2min 40s	0min 40s	4min 49s	1min 15s	3min 33s	1min 41s	1min 17s	3min
Composição	Própria									
	Folc. AL									
	Outros	Violeta Parra / Luis Advis	Violeta Parra / Luis Advis	Violeta Parra / Luis Advis	Violeta Parra / Luis Advis	Violeta Parra / Luis Advis	Violeta Parra / Luis Advis	Violeta Parra / Luis Advis	Violeta Parra / Luis Advis	Violet Parra
Temática	Política nacional									
	Política internacional									
	Acontecimento Contemporâneo									
	Episódio Histórico									
	Heróis/ Mártires									
	Mundo do Trabalho									
	Desigualdade social		X	X	X					
	Tradições culturais									
	Ofício do músico	X						X	X	
	Outra					subjetiva	subjetiva			unida AL
Abrangência	Mundial									
	Continental									X
	Nacional	X	X	X	X	X	X	X	X	
Instrumentação	voz	X	X	X	X	X	X	X	X	X
	violão		X		X		X	X		X
	outras cordas		charango, baixo		charango		tiple, baixo com arco, charango			baixo com a chara
	sopro		quenas							quena
	teclas									
	percussão				bombo, guiro					pandereta
Estilo		relato		relato		relato		relato e coro	relato	hino / march

Inti-Illimani – *Canto de pueblos andinos vol. 1* (1973, EMI Odeon) – LADO A

Faixa		1	2	3	4	5	6
Título		Sirviñaco	Mis llamitas	Amores hallarás	A vos te hay de pesar	Alturas	Taita Salasaca
Duração		2min 14s	2min 43s	2min 11s	3min 53s	2min 59s	2min 19s
Composição	Própria					Horacio Salinas	
	Folc. AL				Argentina		
	Outros	Jaime Dávalos / Eduardo Falú	Ernesto Cavour	Victor M. Salgado			Benjamín Aguilera
Temática	Política nacional						
	Política internacional						
	Acontecimento Contemporâneo						
	Episódio Histórico						
	Heróis/ Mártires						
	Mundo do Trabalho						X
	Desigualdade social						
	Tradições culturais	X	X	X		X	X
	Ofício do músico						
	Outra	amorosa	instru-mental	instru-mental	amorosa	instru-mental	
Abrangência	Mundial						
	Continental	X	X	X	X	X	X
	Nacional						
Instrumentação	voz	X			X		X
	violão	X	X	X	X	X	X
	outras cordas	charango	charango	violão de aço, charango	charango	charango	charango
	sopro	quenas		quenas	quenas	zampoña	rondador
	teclas						
	percussão	bombo	bombo		bombo	bombo	
Estilo		bailecito	huayno	sanjua-nito	vidala	andino	albazo

Inti-Illimani – *Canto de pueblos andinos vol. 1* (1973, EMI Odeon) – LADO B

Faixa		1	2	3	4	5	6
Título		Ramis	Tema de la Quebrada de Humahuaca	Tinku	Longuita	Papel de plata	Subida
Duração		2min 18s	3min 00s	3min 03s	1min 59s	2min 41s	1min 50s
Composição	Própria						
	Folc. AL	Peru	Argentina	Bolívia	Equador	Argentina	
	Outros						Ernesto Cavour
Temática	Política nacional						
	Política internacional						
	Acontecimento Contemporâneo						
	Episódio Histórico						
	Heróis/ Mártires						
	Mundo do Trabalho						
	Desigualdade social						
	Tradições culturais	X	X	X	X		X
	Ofício do músico						
	Outra	instrumental	instrumental	amorosa; índio	instrumental	amorosa	instrumental
Abrangência	Mundial						
	Continental	X	X	X	X	X	X
	Nacional						
Instrumentação	voz			X		X	
	violão	X		X	X	X	X
	outras cordas	charango	charango	charango	charango	charango	charango
	sopro	rondador, quena	zampoñas	quenas	rondador, quena	zampoña, quena	
	teclas						
	percussão	bombo, pandero	bombo, caja	bombo, pandero			
Estilo		huayno	carnavalito	tonada potosina	sanjuanito	huayno	bailecito

AGRADECIMENTOS

Agradeço a todas as pessoas e instituições que contribuíram com este trabalho, desde a fase de pesquisa até a publicação dos seus resultados em forma de livro:

À Editora Alameda e à Fundação de Amparo à Pesquisa do Estado de São Paulo (Fapesp), por viabilizarem a produção do livro e da coleção em que ele se insere, acreditando na importância de difundir o conhecimento histórico.

À Coordenação de Aperfeiçoamento de Pessoal de Nível Superior (Capes) e novamente à Fapesp, pelo necessário financiamento de meu projeto de Mestrado.

À minha orientadora, professora Tânia da Costa Garcia, por mostrar-se sempre acessível para esclarecer, debater e revisar com grande competência as ideias que embasaram o trabalho. Este livro, com o qual tenho a honra de inaugurar a coleção *História e Música*, só foi possível graças ao seu incentivo e à sua boa vontade.

À minha irmã Letícia Ayo Schmiedecke, pela companhia na viagem de campo ao Chile, que certamente teria sido muito menos proveitosa e divertida sem a sua presença.

No Chile, agradeço: a Nelly Carrasco, radialista e membro do Partido Comunista que se mostrou extremamente amável e disposta a cooperar com a pesquisa; a Rodrigo Sandoval Díaz, coordenador do Archivo de Música Popular Chilena (AMPUC), que se prontificou a localizar os materiais de que eu necessitava no período de férias do arquivo; a Max Berrú e Jorge Coulón, pelas atenciosas entrevistas que me concederam; a Juan Pablo Carvajal, por disponibilizar imagens e dados sobre os LPs gravados pelo conjunto Quilapayún; a Quena Arrieta, chefe de arquivo da Fundación Víctor Jara, por atender às minhas diversas dúvidas e solicitações de material; e ao historiador Claudio Rolle, professor da PUC-Chile, por me receber em sua sala e tecer importantes considerações sobre meu projeto.

Agradeço também aos professores Juan Pablo González e Marcos Sorrilha Pinheiro pelas valiosas sugestões apresentadas durante o exame de Qualificação e ao professor Marcos Napolitano por aceitar o convite para participar da banca de Defesa da dissertação, além de elaborar o texto da orelha do presente livro.

Ao professor José Alves de Freitas Neto, meu primeiro apoiador, quando estudar a música chilena ainda era para mim uma aposta de resultado incerto.

A Carine Dalmás, por compartilhar comigo informações referentes às suas pesquisas sobre o Chile e por oferecer ótimas ideias para o meu trabalho.

A Mariana Oliveira Arantes, amiga querida e pesquisadora competente com quem aprendo a cada conversa. Obrigada pela companhia em atividades acadêmicas e pelas opiniões certeiras em momentos decisivos.

Aos amigos Maíra Guimarães Paschoal, José Antonio Ferreira da Silva Jr., Gabriela Piai Assis, Luis Frederico Lopes dos Santos (*in memoriam*) e Renan Paiva Chaves, pela disposição em ajudar em diferentes fases do trabalho.

E a toda a minha família, pela compreensão e pelo estímulo incondicionais. Em especial, agradeço ao Guga, meu leitor mais atencioso e paciente. Sem seu apoio e seu carinho, cada etapa da pesquisa teria sido infinitamente mais difícil e este livro provavelmente não existiria.

Esta obra foi impressa em São Paulo pela Gráfica P3 no inverno de 2015. No texto foi utilizada a fonte Arnhem em corpo 10,5 e entrelinha de 16 pontos.